"社会工作硕士专业丛书"学术顾问委员会

社会工作硕士专业丛书·实务系列

社会工作专业服务项目的设计

实践逻辑与理论依据

DESIGNING AND PLANNING ON
SOCIAL WORK PROGRAMS:
Local Practice and Its Theory

童敏 著

社会科学文献出版社
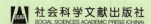
SOCIAL SCIENCES ACADEMIC PRESS (CHINA)

目　录

第一章　社会工作专业服务的项目化

随着我国社会经济的发展和改革开放的深入,人们在日常生活中遭遇的社会问题越来越多元和复杂,使政府原有的社会治理和公共服务模式面临诸多挑战。在这样的背景下,项目管理逐渐成为政府运用社会资源应对特定社会问题的主导机制(民政部社会工作研究中心,2013)。作为公共服务重要载体的社会工作目前在我国也正在经历相应的转变:由原先在机构内开展单个服务类别或设置专业岗位逐步转向政府购买的综合性社会工作服务项目(马骏达,2015;李迎生,2016)。这样,无论专业服务的开展还是成效的考核,以及专业人才的培养,都需要始终围绕服务项目。服务项目也就成为我国社会工作专业服务开展的重要凭借和运作方式,对它把握的好坏将直接影响我国社会工作职业化和专业化发展的进程("大爱之行"全国项目办公室,2016)。因此,如何从服务项目的角度重新理解社会工作专业服务的安排,规划与设计专业、科学的社会工作专业服务项目,就成为每个社会工作者在专业服务中首先需要面对的难题。

第一节　服务项目的起点和定位

在政府购买服务项目的机制下,社会工作者面对需要帮助的服务对象时,他有两种常见的专业服务设计思路:一种以机构为起点,从机构所能提供的专业服务出发,对服务对象的需求进行分类评估,挑选出符合机构服务范围的内容开展专业服务,在机构类型化服务的基础上进行组合和设计,目的是满足服务对象特定的需求;另一种以服务对象的生活场景为起点,围绕服务对象成长改变的要求设计综合化的服务,需要社会工作者学会利用和整合资源开展专业服务,特别是服务对象自身所拥有的能力和资源,目的是带动服务对象生活状况的改善。显然,前者采取的是"需求 -

满足"的服务设计逻辑，以需求为导向；后者采取的是"能力－提升"的服务设计逻辑，以成长为导向（童敏，2011：116）。我们来比较一下两者在项目专业服务设计上的具体差别。

一　服务项目的起点

在以需求为导向的项目专业服务设计思路下，社会工作者虽然也关注服务对象，也注重服务对象需求的评估与分析，但是侧重服务对象需求的类型分析，就是将服务对象的一些类似的需求概括为特定的类型，如安全需求、尊重需求等①，对需求进行分类，然后针对这些类型化的需求设计有针对性的专业服务。而针对这样的专业服务，机构往往已经有了标准化、规范化的程序和方式，其中最常见的就是将这样的专业化服务分为个案工作、小组工作和社区工作②。这样，在政府购买服务项目的机制下，社会工作者就可以根据服务对象需求类型的特点和机构所具有的标准化服务提供综合性的项目服务。这样的项目服务就是将标准化、规范化的三大社会工作专业方法（个案工作、小组工作和社区工作）进行组合。显然，这样的项目服务设计思路有它的优势，它在一定程度上能够保证和提高服务项目的规范性和专业性，可以与人们的日常安排和行政化工作区别开来。不过，它的局限性也非常明显，各个类型的服务之间缺乏内在的联系，甚至相互割裂，特别是在面对多重复杂需求的服务对象时，这种服务项目的设计容易出现服务的重复和浪费，常常流于形式，它的专业服务成效也难以得到保障（童敏，2016a：30）。

想象一下，一个专注老年人服务的机构承接居家养老的服务项目时，它在评估服务对象需求的过程中就会将老年人的居家养老服务需求归纳为生活照料、医疗保健、社会参与和精神慰藉等不同的类型，然后根据这些类型化的需求设计服务方案，把机构所擅长的标准化、规范化服务运用于服务方案中；同样，专注于边缘青少年服务的机构在评估青少年服务对象

---

① 最常见的需求分类标准依据的是马斯洛五层次需求理论，将服务对象的需求分为生理需求、安全需求、归属需求、尊重需求和自我实现需求。
② 将社会工作专业服务分为个案工作、小组工作和社区工作三种类型，这是最常见的一种分类。有的学者将社会工作专业服务分为五种类型，即在传统的三种类型基础上增添家庭社会工作和组织社会工作。

需求时，也会将边缘青少年的服务需求概括为偏差行为的矫正、积极兴趣爱好的培养以及不良家庭关系的调整等，然后设计相关的服务，以满足边缘青少年类型化的需求。显然，按照这样的逻辑设计服务项目，即使机构能够将某种类型化服务做得非常专业，也很容易与服务对象的实际生活相脱节，最终难以使服务对象在日常生活中维持服务所带来的改变，因为在实际生活中人们的需求不可能是相互割裂的，也不可能是静止不变的，它们随着生活场景的变化而变化，而且它们本身就是这种生活变化的构成部分（Adams & Nelson，1995：17）。因此，可以说，这种以需求为导向、类型化的服务策略，到底能够给予服务对象什么样的帮助，很大程度上取决于机构自身所拥有的类型化和标准化的服务，而不是服务对象到底能否真正获得成长和改变（Halpern，1995：19）。

　　与类型化的服务策略不同，生活场景中的服务策略则要求社会工作者首先走进服务对象的日常生活中，不是评估服务对象的需求，而是了解服务对象在日常生活中的安排以及遭遇到的困难，把服务对象的需求与遭遇问题的生活场景联系起来，从服务对象的日常生活场景出发理解服务对象的问题，考察服务对象在应对问题中出现的需求（Fook, Ryan, & Hawkins, 1997：415）。这样，服务对象的需求不仅与个人有联系，而且与周围环境相关联，表现为人们在问题处境中的应对周围环境挑战的能力状况，其中既有成功有成效的部分，也有不成功无效的部分（Fook，2002：146）。这样，服务对象的需求就是问题处境中应对能力提升的要求，它不是类型化的服务要求，而是扎根于服务对象的特定生活场景并且随着生活场景变化而变化的个性化的服务要求（Gray & Webb, 2009：93）。例如，有一对空巢老人，丈夫生病住进了医院，妻子原来就患有多种慢性病，行走不是很方便，因为要经常去医院看望自己的丈夫，身体吃不消，向社会工作者求助。按照类型化的服务策略，社会工作者可以很快得出服务对象有他人协助的需要，希望有人帮助她去医院探望自己的丈夫。如果社会工作者转换观察角度，从生活场景出发理解服务对象遭遇到的问题就会发现，服务对象去医院看望自己的丈夫是有一定能力的，只是这样的能力不足以完全承担去医院看望的任务。因此，社会工作者就需要对服务对象的这种能力进行评估，围绕这种能力的维持和提升设计服务的方案。

　　以服务对象的生活场景作为服务项目设计和安排的起点，这种服务策略有以下三个优点：第一，服务的设计和安排直接立足于服务对象的日常生活，使机构提供的专业服务能够有针对性地回应服务对象在日常生活困境中的不同层面的需求，由机构来适应服务对象成长改变的要求，而不是由服务对象来适应机构的标准化服务；第二，针对不同服务对象的特定生活处境充分运用他们自身的能力和资源，使机构提供的专业服务能够直接提升服务对象应对生活困境的能力，而不是仅仅满足服务对象的需求，避免问题的重复出现；第三，从生活场景出发评估服务对象的需求，能够最大限度将服务的安排和内容与服务对象的日常生活联结起来，使机构提供的专业服务通过服务对象应对生活困境能力的提升来实现日常生活的真正改变，达到社会工作所倡导的"助人自助"的服务目标，而不是仅仅提高服务对象对服务的满意度。显然，以成长为导向的专业服务思路与以需求为导向的专业服务思路不同，两者在服务项目的起点上的差异如图 1 - 1 所示。

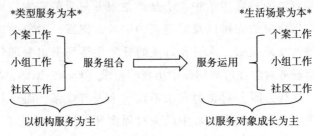

图 1 - 1 需求导向与成长导向的服务项目起点对比

从图 1 - 1 看出，需求导向的项目服务策略是规则取向的（rule-bound），以机构已有的个案工作、小组工作、社区工作等类型服务为基础，采取"自上而下"的服务逻辑展开项目服务，目的是满足服务对象的需求（Healy，2014：1）。成长导向的项目服务策略则不同，它是成效取向的（efficiency-derived），从服务对象日常生活场景出发，采取"自下而上"的服务逻辑，目的是促进服务对象的成长改变（Webb，2006：10）。

二 服务项目的焦点

在服务项目焦点的确定上，以需求为导向的专业服务设计思路有一个显著特点，就是运用类型化的思维方式确定服务的具体焦点，这个焦点可以是具有某种特征的弱势人群面临的困难，如高龄独居老人的居家安全、精神障碍患者的社会参与或者农村留守儿童的能力提升等，也可以是某种类型的单位在生活中遭遇的困难，如失独家庭的情感创伤、小区邻里的互助或者农村社区的贫困帮扶等。显然，在这种类型化的服务焦点确定过程中，虽然服务焦点明确了，但它是从人们的日常生活场景中抽离出来的，变成一种静态的服务介入的要求（Sands & Nuccio，1992：492）。在这种情况下，与这一焦点相关联的生活场景中的其他方面以及相互之间的影响，都被排除在了项目服务的范围之外（Hick & Pozzuto，2005：xvi）。可以说，这样的项目设计只见"树木"，不见周围的"森林"。

就拿跟随打工的父母来到城市就学的流动儿童来说，他们面临的问题常常是多层面的，从个人课业上的困难到家庭亲子互动中的冲突，再到适应城市社区环境的压力等，这些不同层面的生活挑战是相互关联的。如果运用类型化的思维方式仅仅概括抽离出流动儿童课业上的困难或者家庭亲子互动中的冲突等，并将此作为服务焦点，我们很快就能够发现，不仅流动儿童的其他生活方面会被忽视，而且服务焦点类型化之后，它与流动儿童日常生活之间的动态关系也会被掩盖掉。这样，服务焦点就被硬生生地与其赖以生存的日常生活场景割裂开来，成为孤立的服务内容，不仅难以推动服务对象发生改变，而且难以带动服务对象整体生活状况的改善。

以成长为导向的专业服务设计思路就不同了，它把服务对象的生活改善作为服务目标。这样，服务对象在日常生活中到底遇到什么困难以及这样的困难如何解决就成为这种专业服务设计思路下的服务项目焦点。因此，就以成长为导向的项目服务而言，它的关注焦点不是服务对象的类型化的服务需要，而是服务对象在日常生活困境中的应对能力，即在生活困境面前服务对象是采取什么方式应对的，其中有效的部分就需要保持，而无效的部分就需要改变。正是因为需要协助服务对象调整困境的应对方式，所以社会工作也就拥有了自己的服务要求：针对服务对象在生活困境中应对能力的提升，设计和规划不同类型的专业服务，将它们组合成有成效的服务项目。这里既涉及服务对象自身能力的提升，也涉及服务对象与周围他人，特别是重要他人的支持关系的改善，以及社会环境支持状况的加强等。显然，在以成长为导向的专业服务设计中，无论社会工作者使用的是个案工作还是小组工作或者社区工作的专业方法，他始终都需要围绕服务对象在日常生活场景中遭遇的困难以及所采取的应对方式。可见，服务对象在生活困境中的应对方式——行动，才是以成长为导向的服务项目设计的焦点。

正是基于对服务对象在生活困境中的应对方式的考察，以成长为导向的项目专业服务设计在服务焦点的确定上也就拥有了另一个重要特点，就是变动性。也就是说，服务对象的任何改变，包括社会工作的服务介入，都需要放在服务对象的日常生活场景中去考察，因为其中任何一个因素的改变都会影响服务对象的成长改变进程，都会以服务对象在日常生活场景中遭遇的不同困难以及不同的应对要求呈现出来。这样，对于专业服务项目来说，它的服务焦点就与实践的场所和时间密切相关，是服务对象在特定生活场景中呈现出来的成长改变要求。值得注意的是，就连服务对象成长改变本身也需要作为服务项目焦点的考察内容来规划。

在确定服务项目的焦点时，还有一个方面也需要社会工作者的关注，就是项目服务的关联性，即服务对象与周围他人之间关系的考察。在以需求为导向的专业服务设计思路下，服务对象是专业服务的中心，周围他人则是服务对象的重要外部资源，社会工作者需要考察的是周围他人是否能够为服务对象提供必要的社会支持，而周围他人在日常生活中面临的困难以及应对方式则不在服务考察的范围内。这样，周围他人的日常生活就成为社会工作者关注的边缘，他们的成长改变要求常常被忽视。显然，这样理解服务对象与周围他人之间的关系是不利于服务对象的成长改变的，使服务对象成为被照顾、被关注的对象，忽视服务对象生活责任感的培养。以成长为导向的专业服务设计思路不同于以需求为导向的专业服务设计思路，它把周围他人，特别是重要他人也作为有着自己成长改变要求的项目服务的关注对象。因此，周围他人也就不仅仅是服务对象的外部资源，他们在日常生活中遭遇的困难以及由此表现出来的成长改变要求也是项目服务范围内的考察内容。他们与服务对象在日常生活中的相互作用方式恰恰是专业服务考察的重点，因为对于服务对象来说，周围他人为他们提供支持；同样，对于周围他人来说，服务对象也可以为他们提供重要支持。可以说，在以成长为导向的专业服务设计思路下，服务项目的焦点包括与服务对象想解决的困扰相关联的一系列互动关系，以及这些互动关系所处的生活场景。

可见，以成长为导向的服务项目的关注焦点是服务对象应对困境的方式，它始终需要围绕服务对象在生活困境中的应对行动以及相关联的互动关系进行考察，不同于以需求为导向的服务项目，只关注服务对象的类型化需求。

三 服务项目的安排

在类型化思维方式的指导下，以需求为导向的项目服务方式注重标准化、程序化的服务要求，因为只有对服务进行标准化梳理和规范，整个专业服务过程才不至于受执行者的主观偏好的影响。显然，在这样的项目服务逻辑框架下，社会工作者首先需要依据机构服务的标准对服务对象的需求进行评估和筛查，找到那些符合机构标准化服务的服务对象以及他们的服务需求。如果服务对象的需求符合机构所能提供的服务类型和标准，那么机构就会根据现有的服务能力为服务对象提供专业服务。而且机构在整个服务过程中需要扮演铁面无私的"包公"角色，无论在服务内容的安排还是过程的设计上，都起着主导的作用（Abramovitz，1998：519-520）。相应地，服务对象在整个服务过程中则偏向于被动接受，承担配合者的角色，需要跟着机构所规定的服务方向和节奏来走（Weick et al.，1989：351）。因此，在这样的专业服务互动关系中，机构拥有绝对的权威，什么样的对象可以成为服务对象、服务对象的哪些问题需要解决以及用什么方式解决等，这些问题都需要由机构内提供服务的专业人士来判断和决定。服务对象本身在这个过程中处于弱势的位置，他们作为有问题的、需要帮助的人，只能被动地接受机构中专业人士的评估和服务（Rapp & Goscha，2006：12）。

与此不同，以成长为导向的项目服务把服务对象的日常生活场景作为专业服务的出发点，围绕服务对象在日常生活困境中的应对方式设计和安排专业服务。这样，社会工作者首先需要做的是，走进服务对象的日常生活场景中，观察和体验服务对象的日常生活安排，与服务对象以及周围他人一起寻找服务对象在日常生活中遇到了什么困难以及采取了什么样的应对方式，包括服务对象和周围他人是如何理解这些问题的、他们各自对这些问题的解决抱有什么希望等。因此，每一个项目从何处入手开始服务、如何安排服务的内容以及如何推进整个服务等，都需要根据特定的服务对象以及他们在生活场景中遭遇的特定困难和采取的具体应对方式来确定，是一种个性化的服务设计。这样的项目服务设计强调对服务对象特定生活场景和特定成长阶段的深度挖掘，服务越具有个性化，它的实用性越明显，成效也越突出，也越能够说明这样的服务是具有专业性的（童敏、许嘉祥，2019：117）。当然，就机构来说，即使机构本身对如何开展某种类型的服务有丰富的经验，甚至有标准化的服务规范，但是这些经验和规范在以成长为导向的专业服务设计思路下，只是作为帮助机构的社会工作者走进服务对象的日常生活中、开展个性化的专业服务的指引，它们本身并不是服务的"蓝本"，可以让社会工作者照着这个"葫芦"画"瓢"。恰恰相反，它们只是启发社会工作者学会放弃类型化、标准化服务并且尝试个性化服务的工具。

显然，在这种以成长为导向的专业服务设计的思路下，服务对象的日常生活以及在日常生活中遭遇的困难和应对方式才是社会工作者关注的焦点。正是因为如此，在整个项目服务的开展过程中，社会工作者始终需要围绕服务对象的日常生活来推进。如果服务对象在日常生活中遭遇的困难发生了改变，社会工作者的服务介入计划也需要做出相应的调整；同样，如果服务对象应对生活困境的能力得到了提升，社会工作者的服务活动安排也需要及时做出调整。这样，在服务开展过程中社会工作者就不是"专家"，而是陪伴服务对象一起度过日常生活中的困境、寻找问题解决方法的协助者。服务对象到底需要解决什么问题、用什么方式解决、怎样解决等，则是由他们自己来确定，服务对象因此也拥有了自己生活的决定权和参与权，而不再是项目服务的被动接受者（Saleebey，2006a：1）。对于社会工作者而言，这种项目服务设计逻辑需要他采用弹性化的方式处理具体的服务活动安排，能够跟随服务对象成长改变的步伐随时调整自己的工作节奏和工作方法，并且把自己的改变也作为影响服务对象成长改变的因素之一。

值得注意的是，由于两种项目服务设计所采取的视角不同，它们对于专业服务的理解也不一样，两者在项目服务的安排上也各自有不同的侧重点。以需求为导向的项目服务设计注重类型化、标准化的服务，通常把个案工作、小组工作和社区工作三大社会工作专业方法作为专业服务的标志，推崇这种正式的服务（Specht，1988：45）。而日常生活中的非正式支持以及与此相关联的非正式的活动安排则被认为是不专业的，不是被机构排除在专业服务之外，就是作为正式的专业服务的补充，很难得到机构的认可和重视。以成长为导向的项目服务设计就不同了，它直接从服务对象的日常生活场景出发，注重服务对象在生活困境中的应对能力的提升，因此，它强调围绕服务对象的成长改变来设计项目服务，服务对象的非正式支持以及与此相关联的非正式活动安排自然就成为专业服务重点考察的内容，而正式的专业服务只有融入服务对象非正式的生活安排中才能发挥专业的作用，真正带动服务对象的成长改变（Halpern，1995：19）。显然，以成长为导向的项目服务设计倡导的是一种日常化的专业化思路，不是把专业服务从日常生活中抽离出来，而是通过与非正式生活安排的结合把专业服务融入服务对象的日常生活中。例如，在老年人的社区服务中，社会工作者就可以借助居民常见的茶话会、义诊、广场舞以及生日庆典等方式设计专业的服务活动，这样做不仅让居民更容易了解服务活动的内容安排，主动参与到活动中，而且能够更充分地运用居民自身拥有的非正式支持，提升他们应对生活困境的能力。

可见，在项目服务的安排上，以成长为导向的项目服务设计思路与以需求为导向的项目服务设计思路形成鲜明的对比，前者注重服务的个性化、弹性化和日常化，后者强调服务的标准化、程序化和正式化。相比较而言，以成长为导向的项目服务设计更具整体视角，它把服务对象的困扰放在具体的日常生活场景中去理解，视之为有不同层面的表现，并且与服务对象的周围他人关联起来考察。这样的关联性和复杂性不是靠单独的某一种服务方法做得足够专业就能应对的，它需要深入服务对象的日常生活场景中，围绕服务对象生活困境应对能力的提升设计综合性的服务框架，充分运用服务对象以及周围他人的能力带动服务对象日常生活的改善。这样，专业服务也就不是日常生活之外的某种特殊服务形式，而是在日常生活之内并且能够带动日常生活改善的有效服务形式。

四　服务项目的目标

由于采取了类型化的思维方式，以需求为导向的项目服务关注服务对象那些未被满足的需求，通过这些需求的满足帮助服务对象消除面临的困扰。例如，一个做儿童行为矫治的机构，如果采用了以需求为导向的专业服务设计思路，就会将有行为问题的儿童筛查出来作为服务对象，然后对这些儿童进行分析，了解他们出现问题行为背后的原因，找到这些儿童在问题行为中那些还未被满足的需求，接着针对儿童的那些未被满足的需求设计服务的目标，开展专业的服务。一旦这些儿童的需求得到了满足，他们的问题行为就会消失，服务目标也就达到了。但是，这些儿童的问题行为给他们身边的重要他人带来什么样的压力和影响、问题行为的消失给这些儿童的生活带来怎样的改变，以及如何帮助这些儿童防止这类问题行为再次出现等方面的思考，则属于机构服务范围之外的内容，不会作为服务的目标来考察。

相比较而言，以成长为导向的项目服务就有所不同，它不是关注服务对象那些从日常生活的困扰中抽离出来的未被满足的需求，而是将服务对象的困扰放在具体的日常生活场景中去理解，不仅关注服务对象在日常生活中遇到什么困扰，而且注重了解服务对象应对这些困扰的具体行动方式以及其中蕴藏的能力。它的目标是提升服务对象针对这种生活困境的应对能力，以便在以后的生活中服务对象能够有信心去面对类似的问题。我们还是以儿童行为矫治为例，如果机构采用的是以成长为导向的专业服务设计思路，它就会将这些儿童的问题行为放在他们的日常生活处境中来理解，分析这些问题行为与谁关联在一起、是在什么事情中呈现出来的、这些儿童和周围他人是如何应对的、他们希望得到什么方面的能力提升等，基于这样的困境应对能力分析，社会工作者才能制定服务的目标，开展相应的专业服务。一旦这些儿童应对困境的能力得到了提升，能够克服面临的困难，服务也就结束了。因此，有时候即使服务对象面临的困难仍旧存在，只要他们有能力应对，服务目标也就实现了。

值得注意的是，在制定项目服务目标的过程中，以需求为导向的专业服务设计采用的是因果分析的逻辑，注重从服务对象过往的经历中寻找问题出现的原因，并且由此确定一种修补式的目标（Glicken，2004：206）。这是一种过去指向的分析思路，假设过去的不足决定了现在的问题，忽视了每个人所拥有的选择能力。而且这样的分析思路容易弱化服务对象以及周围他人的能力，把社会工作者视为服务对象问题解决的"专家"（Rapp & Goscha，2006：8 - 9）。以成长为导向的专业服务设计不认同这样的分析思路，它虽然也赞同一个人的过往经历影响他现在的生活安排，但是更为关注每个人所拥有的选择能力，强调过往的经历也需要每个人自己的解释，即使一个人在日常生活中面临很多困难，但他仍然拥有选择的能力，因为只要他愿意改变，未来就提供了重新选择的可能（Saleebey，2006b：279）。

显然，以成长为导向的项目服务是一种未来指向的分析思路，它相信每个人都是有尊严的，都拥有相对的自主性，能够为自己的生活做出某种选择。①

五　两种项目设计思路的比较

通过上述的比较可以发现，在社会工作的服务项目上存在两种不同的专业服务设计的思路：一种以类型化的思维为主要的思考方式，采用"需求 - 满足"的服务设计逻辑，以问题的消除为中心；另一种以差异化的思维为主要的思考方式，采取"能力 - 提升"的服务设计逻辑，以人的成长为中心。为了全面了解两种项目设计思路的差别，我们将两者的区别做对比（见表1 - 1）。

表1 - 1　以需求为导向和以成长为导向的项目设计逻辑对比

比较内容	以需求为导向	以成长为导向
项目起点	类型化的服务需求	生活困境的应对能力
项目焦点	类型化的困难 （具有类型化、割裂化、静态化的特征）	生活困境的应对方式 （具有差异化、变动性、关联性的特征）
项目安排	服务规范性 （具有标准化、程序化、正式化的特征）	服务个别化 （具有个性化、弹性化、日常化的特征）
项目目标	问题消除 （过去指向）	能力提升 （未来指向）
服务关系	专业指导	平等协助
逻辑基础	因果逻辑	选择能力

尽管这两种项目设计的思路不同，但它们都是针对服务对象提出的问题而采取的服务应对策略，目的都是帮助服务对象减轻或者消除日常生活中遭遇的困扰，改善服务对象的生活状况。相比较而言，以需求为导向的项目设计更明确，也更简洁，但是这样的项目设计思路也有明显的不足，就是类型化地看待服务对象的不足和服务的实施过程，容易忽视服务对象的真实要求，也容易僵化服务的流程。特别值得注意的是，这样的项目设

① 关注服务对象的自决能力，这是社会工作的传统，也是社会工作的基本伦理价值的要求，但是把人的自决能力放在变动的生活场景中来考察则是受到后现代主义思潮的影响，见Dominelli（2002）。

计思路需要依赖"专家"的标准，以专业的身份和专业的资源为依托；否则，社会工作者与服务对象之间的专业合作关系是无法建立起来的，专业服务的开展更是无从谈起。对于中国的社会工作者而言，他们的工作场所通常是在家庭、社区等服务对象日常生活的地方，在那样的工作场景中他们既没有专业的身份，拥有的专业资源也非常有限，以这样的条件运用以需求为导向的项目设计思路，难度可想而知，很容易走向行政化和形式化（陆德全，2017：35）。以成长为导向的项目设计需要社会工作者走进服务对象的日常生活中，跟随服务对象的成长步伐寻找专业服务开展的空间，它可以避开对社会工作者的专业身份和专业资源的要求，真正瞄准服务对象的成长改变的要求，实现社会工作的"助人自助"的目标；但是它对社会工作者提出了完全不同于以需求为导向的项目设计的要求，需要社会工作者学会在日常生活中建立专业关系，并且运用一种差异化的思维方式，设计个性化的服务方案（童敏、史天琪，2017：108）。

通过这一节的梳理我们可以看到，以需求为导向的项目设计和以成长为导向的项目设计在项目服务的起点、焦点、安排、目标以及专业服务关系上都存在明显的差别。两者的不同，说到底，是逻辑基础的不同，前者把社会工作者视为服务对象生活的"专家"，通过对服务对象过往经历的分析找到服务对象改变的普遍规律，指导服务对象解决问题，它遵循了类型化思维的实证主义哲学逻辑（Fook，2002：129）；后者把服务对象作为自己生活的专家，通过挖掘服务对象的现实生活困境的应对能力，提升服务对象的生活自决能力，从而协助服务对象找到更有改变希望的生活，它相信每个人都有选择的能力，秉持的是一种人本和存在主义的哲学逻辑（Krill，2014：178）。正是在这样的哲学逻辑指导下，以成长为导向的项目设计让社会工作者有了在服务开展的动态过程中的专业身份和专业资源，因为通过日常生活中实际问题的解决，服务对象及其周围他人就能看到服务的成效，由此确认社会工作者的专业身份和专业资源。这样，社会工作者也就与心理治疗师和社区工作者有了明显的专业身份上的差别（童敏，2016b：45）。他们之所以不同于心理治疗师，是因为他们在日常生活中通过社会支持的改变来实现心理状况的改善；他们之所以不同于社区工作者，是因为他们在链接社会资源的时候，还会结合服务对象自身的成长要求，让外部的社会支持真正成为服务对象成长改变的条件。

可见，从中国社会工作开展的实务处境来看，以成长为导向的项目设计思路要比以需求为导向的项目设计思路具有更好的适应性和更高的学习推广的价值，它也更值得本土社会工作者去探索、总结和提炼。正是基于这样的考察，本书将围绕以成长为导向的项目设计分析和介绍它的理论逻辑框架、设计的基本原则以及具体的书写要求等，以便给中国的社会工作者开展专业服务提供指引。

第二节　服务项目设计的三个维度

以成长为导向的项目设计需要考虑三个维度，即空间关系维度、时间发展维度和意义解释维度，因为人们在日常生活中遭遇的困扰以及寻求解决的过程就是在这三个维度上展开的，表现为生活安排的变化、成长计划的调整以及心理感受的调适等。因此，通过对这三个维度的综合把握，项目的服务内容和服务安排才能够与服务对象的日常生活安排对接起来，使项目的服务逻辑能够符合服务对象日常生活的逻辑。社会工作者能真正在服务对象的日常生活中理解服务对象的成长改变要求，带动服务对象的成长改变。

一　空间关系维度：注重关联性

社会工作专业服务的最直接目标是在日常生活的困境中协助服务对象找到问题解决的方法和途径。然而，这些问题是嵌入在服务对象的日常生活场景中的，不仅与服务对象的其他生活安排相关联，而且与服务对象身边的重要他人相联系。因此，项目设计的空间关系维度考察就要求社会工作者在了解服务对象的困扰时，注意观察与困扰相关联的服务对象的日常生活安排和人际关系[1]。

在考察服务对象的困扰与日常生活安排的关联性时，社会工作者就需要了解以下这些方面的内容：服务对象想解决的问题出现在他的日常生活

---

[1]　这里讨论的空间关系是系统视角与生态视角的综合，既关注服务对象日常生活中的不同安排，考察不同生活安排中各系统之间的关系，也关注服务对象与周围他人之间的相互影响，分析服务对象的环境适应状况。

安排中的什么环节？问题所在的生活场景是什么样的？服务对象有哪些其他生活方面也受到这个问题的影响？针对这一问题的服务介入会如何影响服务对象日常生活中的什么安排？服务介入所带来的问题状况的改变又会对服务对象的生活有哪些连带的影响？这样的考察不仅将服务对象的问题还原到他的生活场景中，看到服务对象日常生活安排的不同环节之间的关联，而且把社会工作专业服务本身放到了服务对象的日常生活中，因为当服务对象分出一部分时间和精力参与社会工作者组织的服务活动时，他的其他生活安排也需要做出相应的调整。可见，服务对象困扰的解决不是孤立的事件，它需要与服务对象其他的日常生活安排相配合；同样，社会工作者开展的专业服务也不是服务对象生活之外的附加成分，它需要融入服务对象的日常生活安排中。

当考察服务对象的人际关联性时①，社会工作者就需要了解：服务对象困扰的出现、变化以及解决过程会影响到服务对象身边哪些重要他人？服务对象与他们之间是如何进行沟通交流的？其中，哪些对于服务对象来说是重要的社会支持，哪些阻碍服务对象的成长改变？每个人都生活在人际交往中，人际交往状况的变化直接影响着人们对生活的安排（Freedberg，2009：x）。当然，不同类型的人际交往关系对人的生活影响的程度是不同的，通常而言，身边的重要他人对人的影响最为突出，像家庭生活中的照顾者、学校生活中的老师、同龄伙伴中的朋友等，就是典型的例子。不过，需要注意的是，重要他人的影响程度也会随着生活场景的变化而改变。例如，对于一个学龄儿童来说，无论父母还是老师都是他的生活安排的重要影响人。当孩子放学在家时，父母与孩子之间的互动对孩子的影响会比老师更大；而当孩子在学校时，情况常常相反，老师对孩子的影响更为明显。因此，通过了解人际的关联性社会工作者就能够看清楚，在不同的生活场景中，服务对象与身边重要他人的互动如何影响他的日常生活安排。

值得注意的是，在考察服务对象的人际关联性时，这种人际关联可以从两个层面来理解：一个层面是指人与人之间的直接互动，像服务对象与身边的重要他人之间的相互影响就属于这一层面，它是两个个体之间的交

---

① 有关服务对象的改变与人际关联的讨论在社会工作领域由来已久，特别是在女性主义的倡导下，个人的自我被视为人际关联中的自我（self-in-relation），详见 Miehls（2011）。

往；另一个层面是指角色与角色之间的直接互动，因为每个人在社会生活中都承担着一定的角色，人与人之间的相互影响就会带动角色与角色之间的相互作用。例如，母子之间的沟通，如果发生在家里，就受到家庭角色分工的影响；如果发生在学校，则受到家庭环境之外角色扮演要求的影响。可见，人不是生物意义上的个体，他需要承担社会角色，而且只有通过社会角色的承担，人与社会之间的关联性才能更好地呈现出来。这样，社会工作的专业服务项目就不会局限于个人或者人际这样微观的层面，它同时拥有了更为宏观的社会层面的考察，展现社会工作的"社会"本质。①

通过空间关系维度的考察，社会工作的服务项目就不再是针对某个孤立问题而设计的活动安排，而能够将这些不同的活动安排在空间上进行有机组合，其核心是最大限度地运用服务对象所拥有的能力和资源，带动服务对象的成长改变。

二　时间发展维度：注重成长性

如果说空间关系维度的考察是为了了解服务对象在接受服务的当下这一时间截面上的生活关联性，那么时间发展维度的考察则是将这些空间的关联性置于时间发展的脉络中，理解服务对象成长改变的进程以及服务项目可能给服务对象的未来生活安排带来的改变。② 这也意味着，项目服务有一个很重要的特征，就是时间跨度比较大，通常需要一年或者更长的时间才能完成。因此，在设计社会工作专业服务项目时，时间发展维度的考察就显得非常重要，它能够帮助社会工作者了解服务对象成长变化的规律，配合服务对象成长改变的步伐设计有针对性的服务活动安排，让社会工作专业服务项目能够随着服务对象成长改变步伐的变化有不同的侧重点。

人们的日常生活在时间上是一个连续展现的过程，每一个时间点上发

---

① 将社会工作的微观服务与宏观服务结合起来一直是许多社会工作者探索的目标，特别是 21 世纪后，随着人们在日常生活中遭遇的问题变得越来越复杂、越来越综合，社会工作也开始强调运用"社会思维"（social thinking）来理解社会工作的专业服务安排，详见 Mosely（2016）。

② 从时间维度出发考察社会工作专业服务安排，这样的想法最早是由社会工作的功能理论（the functional theory）提出的，但最为典型的是生活模式（the life model），它将服务对象个人成长划分为个人时间（individual time）、社会时间（social time）和历史时间（historical time）三个层面的时间维度来考察，详见 Gitterman & Germain（2008）。

生的事情都以之前的日常生活为基础，同时又影响着之后的日常生活安排。服务对象需要解决的困扰也处在这样的生活脉络中，社会工作者提供的项目服务也是如此，都脱离不开时间的要素，甚至社会工作者与服务对象一起分析和界定问题的过程也需要考虑时间的要素，而不能仅仅看作某个时间点需要完成的一项任务，因为服务对象在寻找和明确自己的问题的时候，他的日常生活安排和人际关系也因此发生改变。为应对这样的变化，项目设计思路也就不能采用固定不变的类型化服务方式，而需要引入时间发展维度，除了分析服务对象困扰产生的原因和当前的状况之外，社会工作者还需要考察服务对象之后的发展以及每一步项目服务可能给服务对象带来的改变，预估服务对象的成长改变趋势，采用互动中循环推进的方式理解项目设计的逻辑。这样，社会工作专业服务项目也就拥有了阶段性和灵活性的特征，它不仅需要适应服务对象当前的生活状况，而且需要跟随服务对象成长的步伐，及时调整服务的安排。

时间发展维度考察的另一个重要方面是把服务对象的成长改变过程放在历史的角度去分析，不能只是将服务对象视为成长变化的，需要把服务对象生活的周围环境也看作不断改变的（Germain & Gitterman, 1995：819）。这样，在理解服务对象困扰产生、变化的过程中，社会工作者就需要注意服务对象生活的时代背景的变化，特别是其中的价值原则和生活方式的改变，对服务对象的成长有直接的影响。例如，在设计有关老年人的健康服务项目时，就会涉及人们对疾病和健康的看法以及社会医疗保健制度的建设，包括医疗费用能否报销、是否需要照顾，以及如何分担照顾责任等，这些方面的变化直接影响老年人的日常生活安排。可见，社会工作专业服务项目的时间发展维度考察是具有历史内涵发掘的要求的，它让社会工作专业服务扎根于服务对象生活的历史处境中。

如果说空间关系维度的考察让服务项目的活动能够融入服务对象的日常生活安排中，使社会工作专业服务项目具有社会性，不再是相互割裂的多种活动的机械组合，那么时间发展维度的考察则让服务项目的活动能够结合服务对象的成长改变的时间要求，使社会工作专业服务项目具有历史性，不再是抽离时代处境的不同活动的简单叠加。这样，社会工作专业服务项目的设计也就从服务对象具体遭遇的日常生活困扰中看到了相关联的社会和历史的处境，使社会工作专业服务具有了社会历史的专业"深度"

（童敏、许嘉祥，2019：117）。值得注意的是，不管服务项目多么优秀，它终究有结束的一刻，而服务对象的生活却不会因服务项目的结束而停止。从这个意义而言，服务项目在空间和时间上的延伸考察是为了更好地理解服务对象在特定处境、特定时间的成长改变要求，以便让项目的服务成效能够与服务对象的日常生活安排更好地对接，在服务项目结束后仍旧能够对服务对象的日常生活发挥积极的作用，甚至服务对象能够"举一反三"，把学到的运用于其他的生活方面，而不是项目实施时间的延长。因此，服务对象自身对困扰的理解以及在整个服务过程中的参与状况就成为项目设计不可忽视的考察内容。

三　意义解释维度：注重主体性[①]

空间关系维度和时间发展维度的考察是为了帮助社会工作者了解服务对象遭遇困扰的时空特点，以便社会工作者在设计服务项目时能够看清楚服务对象困扰在时空方面的关联性。然而，服务对象不只是被观察的对象，他和社会工作者一样也有自己不同的观察视角和生活体验，也需要为自己的生活安排做出决定，承担起自己需要承担的责任。因此，社会工作者在设计专业服务项目时还需要另一种从服务对象主观感受角度出发考察的维度，这就是意义解释维度，即考察服务对象在日常生活的困境中是如何理解自己遭遇的问题和生活处境的。[②]

实际上，任何日常生活的安排都离不开个人的生活体验和行动决定；同样，不同的日常生活安排又为人们不同的生活体验和行动决定创造了新的机会。可以说，人生活在不同的生活安排体验和行动决定的过程中，不仅日常生活安排影响着个人的主观感受和行动决定，个人的主观感受和行动决定同样也影响着个人的日常生活安排，两者的影响交织在一起，根本无法拆分开来。正是在这样的动态影响过程中个人才拥有了生活的掌控感

[①]　主体性与主动性不同，前者更为关注个体自身的理解能力和决定能力，是个体参与自己生活并且愿意为自己的生活承担责任；后者只是强调个体的主动参与性。两者之间的具体差别参见 Healy（2000：45）。

[②]　社会工作对服务对象内心感受和主观价值的关注表现为两个层面：一是专业层面，它沿袭了西方启蒙运动所注重的人文主义的观点，强调社会工作就是一种人文主义的学科；二是哲学层面，它吸收了人本主义的思想，认为人生活在经验现象世界中，始终脱离不开对生活的理解和解释。两者之间的差异以及相互之间的影响参见 Payne（2011）。

和满意感，而一旦这样的动态关系遭到破坏，困扰也就随之产生。例如，对于一位突发中风的老年人而言，他的生活改变不只是日常生活安排和社会支持关系的改变，同时还包括时间安排上的调整，需要住院接受康复治疗，以提高生活的自理能力。此外，他的内心主观感受和行动决定能力也会随之变化，影响康复治疗的进程。因此，在设计社会工作专业服务项目时，对服务对象面对生活困境时的内心感受和行动决定方式的考察就显得非常重要。

就意义解释维度而言，服务对象在生活困境中对问题的认识（心理的认知因素）、感受（心理的情绪因素）和行动（心理的行为因素）等因素反映了服务对象的基本心理状况，是社会工作者在设计服务项目时需要考察的内容。① 值得注意的是，在实际生活中这三个心理元素是围绕问题的确定和解决的过程而展开的，既涉及解决问题行动的规划，也涉及解决问题行动的实施和经验总结。正是在这样的规划—行动—反思循环往复的过程中，服务对象的生活才可能发生改变（Reid，1992：6）。同时，也正是在这样的问题确定和解决的过程中服务对象形成了对自己的认识和评价，这就是人们通常所说的自我。它给服务对象的行动赋予了个人的意义解释，使个人的日常生活拥有了个性化的观察视角和独特的生命体验，成为个人生活的参与者和责任的承担者。②

可见，服务对象的成长改变离不开意义解释维度的考察，它让社会工作者对服务对象的理解延伸到个人的内部心灵，与服务对象在特定文化中的精神资源联系起来。这样，意义解释维度就与空间关系维度和时间发展维度一起构成理解服务对象成长改变不可缺少的重要方面，成为考察服务对象在日常生活中遭遇困扰并且寻求解决过程的基本逻辑框架。需要注意的是，这三个维度是相互关联的，它们处在一种动态的相互作用过程中，其中任何一方的变化都会影响其他两方。当然，就个人的主体性而言，意

---

① 将个人心理因素分为认知、情绪和行为，这是最常见的一种分类方法，在认知行为治疗理论中非常普遍，参见 Thomlison & Thomlison（2011）。

② 个人的自我常常作为理解个人独特观察和解释视角的核心概念，但是有关自我的内涵却众说纷纭，概括起来有三种常见理解：一是作为本我与超我之间的平衡机制；二是当作个人适应外部环境的协调机制；三是视为具有意义组织功能的生活规划机制，参见 Goldstein（1995）。

义解释维度注重的是个人的主观感受、价值信念和行动能力等内部的心理状况，而空间关系维度和时间发展维度则是个人生存的外部生活状况，正是在这样的内部与外部的交错影响中，个人体验着生活的起伏变化，学习掌控生活的能力，寻找心灵安顿之处。

第三节　生态社会理论下的项目设计

由以上的讨论我们可以看到，以成长为导向的项目设计是在日常生活场景中理解服务对象的成长改变要求的，它假设服务对象是生活场景中的行动者，他的成长改变与其所处的生活场景之间有着密切的联系，即服务对象的任何个人改变都是发生在特定的生活场景中的，而任何生活场景的变化又会影响个人的改变。因此，社会工作的专业服务项目设计需要面对的是服务对象在生活困境中与周围环境相互作用和动态选择的过程，服务对象及其需要解决的问题只是项目设计关注的焦点之一，并不是项目设计需要考察的全部内容，即使是服务对象和问题本身也无法从人与环境的日常生活关联中抽离出来。显然，这样的社会工作专业服务项目设计遵循的是生态系统视角。

一　生态社会理论

生态社会理论在生态系统理论基础上增添了社会结构维度的考察，它假设人类的社会生活环境不同于自然的生态环境，以一定的社会分工和社会制度作为支撑。这样，生态环境的变化意味着社会结构的改变；同样，社会结构的改变也会影响生态环境的变化（Gould，1987：348）。就生态系统理论而言，它把人的生活看作个人与其所处的生活环境相互影响、不断适应的过程。问题的产生也来源于某种适应的平衡状态被打破时所产生的压力。[①] 因此，在生态系统理论看来，问题不是单单出在个人或者环境方面，而是出在个人与环境的互动关系中。为此，社会工作专业服务也就不能只将焦点锁定在个人或者环境上，而需要关注个人与环境之间互动关系的调整。生态系统理论认为，个人与环境的互动关系可以从微观到宏观划

①　有关生态系统理论在社会工作中的运用的讨论参见 Payne（2005）。

分为不同的系统层次。这些系统层次之间并不是相互割裂的，只是在作用范围和影响力方面呈现一种层层递进、层层包含的关系。例如，一个人所处的微观系统往往是与其最直接相关、互动最为频繁的像家庭、同龄群体等情感联系最为紧密的系统。概而言之，而中观系统则是两个以上系统之间的联系，其中至少有一个是微观系统。当不同的微观系统之间的联系加强时，建立在这些联系上的中观系统就能给个人的成长改变带来更大的影响；外观系统是那些不通过直接互动交流产生影响的系统；更为基础的则是宏观系统，它是指像社会政策、法律体系和文化价值等能为其他系统提供支持的系统（Bronfenbrenner，1989：245）。

生态系统理论之所以得到社会工作者的普遍认可，是因为：①它秉持了社会工作的基本原则，把个人内部心理改变与外部环境改变两个方面结合在了一起，不再将两者割裂开来；②它坚持一种"个人－环境"的整全视角，用这种整全视角理解个人与环境的关系，把两者视为相互影响、相互转化的整体，既不偏向个人心理，也不偏向环境；③它倡导一种成长取向的服务，注重服务对象自身能力的挖掘和社会资源的运用，认为社会工作者的帮助过程就是实现服务对象增能的过程，包括服务对象日常生活中的社会支持网络的加强（Greene，2008a：199－200）。显然，生态系统理论把关注的焦点放在了个人与环境之间的相互转换（transaction）[①] 上，它反对人们长期以来将个人与环境视为二元对立的观点，尝试突出个人的成长改变的要求，关注个人潜能的发挥，而这与社会工作所推崇的人文关怀是一脉相承的。

尽管生态系统理论给社会工作者提供了一种能够同时关注个人改变和环境改善的整全视角，能够把不同系统层面的服务和不同方式的服务结合在一起，但是它自身也存在一些明显的局限，其中受到社会工作者质疑最多的是它提出的适应概念。一旦强调个人对环境是一种适应的关系，这也就意味着关注个人改变多于关注环境改善，而且从这一概念出发来理解个人与环境的互动关系，就会出现这样的情况：如果个人不能适应环境，这就表明个人应对环境挑战能力的不足，这样，人们很容易将不能适应的原

---

① 相互转换（transaction）不同于相互作用（interaction），它强调通过相互影响，个人成为环境的一部分，环境成为个人的一部分，这样，个人与环境一起改变，参见 Germain（1979）。

因归结为个人的问题。实际上，个人不能适应环境有多种不同解释，过多关注个人的因素只会忽视环境中存在的不足，导致把个人作为问题出现的"替罪羊"，从而限制社会工作者的专业服务视野（Kemp，Whittaker，& Tracy，1997：43）。

正是基于对生态系统理论所强调的"适应"这一概念的批评，它启发了社会工作者，让社会工作者看到生态系统背后的社会结构的影响，如阶级、种族和性别等方面的社会结构分析，就是生态系统理论所缺乏的（Payne，2005：152）。显然，生态系统理论的分析框架不仅很容易引发社会工作者的一些不现实的服务期望，把个人对环境的适应作为服务对象行动的目标，不自觉地相信个人的发展要求能够与社会环境的要求保持一致，忽视社会环境背后复杂的社会结构因素的影响，而且很容易促使社会工作者无视社会本身的发展要求，不去了解社会发展的历史规律，看不到社会发展与个人成长之间的关系，导致社会工作缺乏社会历史维度的深度考察。① 特别是 21 世纪之后，在深度生态学（deep ecology）和生态女性主义（ecofeminism）的影响下，生态系统理论与社会环境背后存在的社会权力和社会结构的运行机制分析建立起了直接的关联，它让社会工作者看到从社会结构角度理解生态系统的可能性和必要性，促使生态系统理论向生态社会理论转变（Besthorn，2002：70）。

实际上，生态系统理论向生态社会理论的转变经历了三个发展阶段：第一阶段是生态系统理论阶段，它产生于 20 世纪 60 年代，发展于 20 世纪 70 年代，关注个人与环境多个系统之间的交流和转换，有时也称为生态系统视角（the ecosystems perspective）；第二阶段是生活模式（the life model）阶段，它出现在 20 世纪 70 年代末，时兴于 20 世纪 80 年代，注重个人与环境之间的动态适应过程；第三阶段是生态社会理论（the eco-social /eco-critical /eco-feminist approaches）阶段，它开始于 20 世纪 90 年代，直到 21 世纪之后才受到人们的关注，强调生态环境背后社会结构的影响，认为个人生活在社会结构中，在受到社会结构影响的同时，也在影响社会结构的改变

---

① 有关生态系统理论缺乏社会历史视角的讨论比比皆是，特别是 20 世纪 90 年代兴起的反歧视、反排斥社会工作，倡导将社会工作的专业服务建立在社会分层和社会分化的考察基础上，参见 Dominelli（2002）和 Okitikpi & Aymer（2010）。

（Payne，2005：149）。值得注意的是，生态社会理论除了融入社会批判和社会性别视角关注生态环境背后的社会结构分析之外（Coates，2003：124），还强调个人成长改变过程中的灵性角度的分析，坚持认为个人有自决的能力，能够参与自己的生活并且为自己的生活选择发展的方向（Cews & Besthorn，2016：98）。

二　生态社会理论与问题解决视角

尽管从生态社会理论来看，服务对象与周围环境之间关系的考察已经从两者直接相互作用的观察延伸到环境背后不同系统的交互影响以及更深层次的社会结构运作机制的分析，使社会工作专业服务有了生态系统的整全视角和社会历史的深度考察，更为贴近日常生活的实际处境，但是随着分析的深入，社会工作者在实际服务中就会面临另一个实际困难：如何在繁杂纷乱的影响因素中把握明确的专业服务方向。显然，生态社会理论是无法解答这一问题的，它需要社会工作者站在实际服务的角度思考和补充现有的生态社会理论，使生态社会理论能够更好地适应服务对象在实际生活困境中提升问题解决能力的现实要求。

从表面上看，社会工作专业服务有很广的范围，领域也很多，服务对象遭遇的困难也千差万别，但是它们都有一个共同的要求，就是协助服务对象解决面临的问题（Perlman，1957：12）。服务对象之所以能够与社会工作者建立一种专业的服务合作关系，是因为他在日常生活中遇到困难而自己又没有办法解决，需要他人的帮助。从这个角度而言，社会工作的专业服务过程与人们在日常生活中的问题解决过程是一致的，两者没有截然的差别，都是成长过程中不断努力调整自己以应对外部环境的要求，探寻成长改变的方向和途径，争取在生活中获得最大的满意度。[①] 显然，在这样的观察视角下，服务对象在日常生活中遭遇的问题就不能被视为服务对象个人内部的心理困扰或者外部环境的不足，而需要作为服务对象在日常生活中必然会遭遇到的现象，它本身就构成个人成长和经验学习中不可缺少的

①　把问题解决作为社会工作专业服务的本质特征，这一观点最早是由波尔曼（Helen Harris Perlman）在心理社会治疗模式和功能理论基础上提出的，并以此形成了社会工作的问题解决模式。不过，本书所使用的问题解决概念与波尔曼略有不同，更为突出杜威所强调的经验学习和生活探究的要素，而不是把问题解决仅仅视为对外部环境的适应。

一部分。因此，问题解决的目的不是帮助服务对象消除问题，而是提升服务对象对外部环境的适应和探索能力，以提高服务对象的生活满意感。这样，问题解决就可以界定为一种努力探索问题影响的认知活动，它通过系统的、一步一步的思考和行动的过程，协助服务对象逐渐消除问题的不良影响，使服务对象能够从不满意的生活状态转变成满意的生活状态（Gel-fand，1988：1）。

在问题解决过程中，一个人所采取的策略不仅受到他过去生活经历的影响，而且与他现在的生活状况以及对未来的规划有关系。从时间维度而言，一个人的今天是昨天发展的结果，而今天又是明天发展的基础，人的生活就是每天在应对现实生活的问题中努力保持发展的平衡，不断由现在出发迈向未来（Perlman，1957：20）。因此，对于问题解决的服务逻辑框架来说，现在这个时间点在问题的解决中具有特别重要的意义，它既是理解服务对象现实生活的基础，也是开展社会工作专业服务的焦点。尽管社会工作者在考察服务对象现在的生活状况时，常常既需要关注过去经历对服务对象的影响，又需要注意未来的期望对服务对象的作用，但是所有这些考察都需要始终围绕服务对象现在的生活状况，并以此为基础协助服务对象在当前日常生活中寻找问题的解决方法，绝不是像人们一般生活经验的做法，聚焦于过去，寻找服务对象问题产生的过往原因。而且，正是由于个人的成长改变是承接历史面向未来的过程，所以社会工作者在了解服务对象目前生活状况时就不能仅仅停留在对问题原因和影响结果的分析上，而需要重点考察其中可以改变的因素和资源，寻找服务对象的成长改变空间。如果说现状和历史的分析是寻找问题解决方法的基础，那么可改变的因素和资源的寻找就是问题解决方法的核心，只有找到可改变的因素和资源，才能真正阻止服务对象日常生活中的"老问题"不断延续。[①]

值得注意的是，问题解决视角也认同个人与周围环境是不能割裂开来的，不能把个人从周围环境中抽离出来，也不能把周围环境简单视为某种固定不变的"事实"，因为个人总是处在与周围环境的相互作用过程中，而正是在这样的相互作用过程中个人又会赋予自己的生活以一定的意义和目

---

① 在当下的日常生活中寻找可改变的空间是在问题解决模式基础上融入了精要治疗模式（the solution-focused therapy）的理念，参见 De Shazer（1994）。

标。这样，即使社会工作者在专业服务过程中面对的是服务对象一个人，他仍然需要将服务对象与周围环境，特别是服务对象身边的重要他人联系起来考察，避免使自己陷入无视周围环境影响的主观任意猜测中（Perlman，1957：19）。

随着问题解决实践的深入，越来越多的社会工作者受到它的影响，问题解决也因此不再作为一种专业服务的技术或者一种社会工作理论流派的观点，而是被视为社会工作的基本服务框架，用于指导社会工作甚至其他助人的服务活动（McMahon，1990：12）。从这个意义上而言，问题解决已经超越服务的领域和人群的要求，成为社会工作服务的一项基本要求，融入任何社会工作专业服务的开展过程中（Payne，2005：80）。

因此，可以说，生态社会理论为社会工作专业服务项目的设计提供了时空的关联框架，让社会工作者不再把服务对象遭遇的问题与其日常生活割裂开来，孤立地理解服务对象的困扰，而是将服务对象遭遇的问题深深扎根于服务对象的日常生活，在时间发展维度和空间关系维度上延伸对问题的理解；而问题解决视角则为社会工作专业服务项目的设计提供了哪里可以着力的服务逻辑，使社会工作者不再是服务对象生活的旁观者，站在服务对象生活之外指导服务对象解决问题，而是借助问题的探寻走进服务对象的日常生活，协助服务对象在生活的困境里挖掘自身拥有的问题解决能力和改变资源，提升服务对象应对生活困扰的问题解决能力。显然，只有将生态社会理论与问题解决视角结合起来，社会工作者在设计专业服务项目时才能够做到既有宽度和深度又有明确聚焦。另外，值得注意的是，生态社会理论对于人的时空关联是从两个层面来理解的：一个是生态，指那些人们能够直接观察到的不同层次的系统和它的变化；另一个是社会，指那些不能被人们直接察觉到，需要分析才能揭示出来的生态系统背后的社会结构及其运行机制。

三　生态社会理论的项目设计要求

如果社会工作者从结合了问题解决视角的生态社会理论出发来设计专业服务项目，那么他的考察重点就与一般项目的设计不同，需要将自己融入服务对象的日常生活中，站在服务对象的位置理解其在日常生活中遭遇的困扰，以服务对象的成长为导向规划服务活动的安排，提升服务对象在日常生活中的问题解决能力。具体而言，这样的以成长为导向的服务项目设计有以下四个方面的要求（童敏，2016a：25）。

第一，针对性，即社会工作专业服务项目设计要有明确的目标人群，并且能够针对目标人群在日常生活中遭遇的具体问题开展服务，协助目标人群提升日常生活困境中的问题解决能力。这里所说的目标人群是指项目服务中涉及的最核心的需要帮助的人群。由于项目服务不同于传统的个案工作、小组工作和社区工作，它的服务时间比较长，涉及的活动也比较多，所以它惠及的人群也常常不止一类。但是无论服务项目的设计如何复杂，它都有一个最为核心的需要服务的人群，而其他人群都因为针对这一核心人群的服务而关联在一起。这一核心服务人群就是服务项目的目标人群①。例如，一个有关社区矫正的服务项目，它涉及的服务人群就常常包括社区矫正人员、矫正人员的家属以及社区的志愿者等，其中社区矫正人员就是服务项目的核心人群。显然，这一服务项目的目标是否清晰、它的核心成效如何考核，都与社区矫正人员的改变直接关联在一起。可以说，针对性给了服务项目明确的服务焦点和方向。

第二，结构性，即社会工作专业服务项目设计的活动安排要有层次性，能够形成一个有机整体，以提升项目的服务成效。这一要求使服务项目的活动安排不再是简单相加，只是个案工作、小组工作和社区工作的集合，而是依据目标人群的成长改变要求和实际服务的处境安排有针对性的服务活动，实现服务活动安排的最佳组合。还是以社区矫正服务项目为例，整个项目有多种服务活动安排，有的是直接针对社区矫正对象的，有的是直接服务于社区矫正对象的家属的，有的是帮助社区建立志愿者队伍的，等等。因此，服务项目的设计就需要有一个主线，能够将这些不同的服务活动安排有效地组合起来，而这个主线就是社区矫正人员。这样，整个服务活动安排就不再是相互割裂、无序散乱的，而能够相互支持，使服务项目拥有了层次分明的整体性。

第三，转接性，即社会工作专业服务项目设计的活动安排能够前后衔

---

①　如果服务项目针对某类单位开展服务，这样的服务项目就可能同时涉及几个目标服务人群，如特困儿童家庭的服务项目，也可能同时涉及特困儿童及其父母。但是，就人群服务而言，服务项目的目标人群最好只有一个，以便规划服务项目。

接起来，由一种类型的服务活动自然过渡到另一种类型的服务活动，特别是注重深度成效的微观服务与关注广度成效的宏观服务之间的相互转化，以保证服务项目的稳定性和有效性。由于项目常常涉及很多类型的不同服务，有的关注个人心理层面的改变，有的注重支持关系的调整，有的强调社会环境的改善等，这样，不同类型的服务活动之间的相互转接就成为社会工作者开展项目服务时需要应对的难题。有效的项目服务活动转接不是简单地将两种不同类型的服务活动放在一起，而是需要考虑如何将不同服务焦点的活动顺利地联结起来，特别是微观服务与宏观服务之间的衔接，它直接关系到项目的服务深度和广度，使服务项目真正成为一种能够整合微观成效和宏观成效的综合服务。显然，这样的服务项目设计就需要社会工作者拥有一种在变动的社会结构中理解人的成长改变要求的服务逻辑，确保项目服务的每一个活动安排都能够在服务的深度和广度上进行考察，安排好与之相关联的其他不同类型的服务活动，提升服务对象在日常生活困境中的问题解决能力。

第四，累加性，即社会工作专业服务项目设计的活动安排在成效上能够累积起来，逐步增加服务的改变成效，避免那些重复的和无效的活动设计。这意味着社会工作者在设计专业服务项目时需要考察每项服务活动安排之间的关系，根据目标人群的改变成效有意识地安排服务活动的先后顺序，让前一项服务活动的安排为后一项服务活动提供改变的条件。这样，通过一项一项的服务活动，目标人群就能够获得最大限度的改变。例如，针对学困儿童的服务，社会工作者在设计服务项目时，就可以从学习困难入手。但是一旦儿童的学习困难得到了缓解，他们其他方面的成长改变要求就会逐渐呈现出来，如同伴的交往、亲子关系以及同学关系等，这时，项目的服务活动就不能仅仅局限于儿童的学习困难辅导，还需要结合他们其他方面的成长改变要求。不过，需要注意的是，无论安排什么样的服务活动，社会工作者都需要问自己：这样的活动安排是否能够促成目标人群的改变？是不是还有其他更有效的服务活动安排？显然，只有围绕目标人群的成长，社会工作者才能够有一条清晰的主线将项目中的每个服务活动有规则地联结起来，形成一个有机的整体。

总之，服务项目不同于一般的个案工作、小组工作和社区工作的安排，它涉及的受益人群比较广、内容比较多，而需要的时间又比较长。因此，一个好的社会工作专业服务项目就需要有针对性、结构性、转接性和累加性，能够围绕目标人群以及他们需要提升的问题解决能力开展服务，在三个维度上设计不同的专业服务活动安排，不仅能够将空间关系维度上的相关服务人群的活动安排有机地结合起来，使服务项目具有结构性，而且能够在意义解释维度上把不同类型的服务活动衔接起来，使服务项目具有转接性，同时还能够在时间发展维度上把相关的服务活动联结起来，使服务项目具有累加性，实现服务活动安排的最佳组合。

第二章 服务项目设计的针对性：
做好需求评估

社会工作专业服务项目可以有多种多样的设计，但是不论什么样的设计，社会工作者首先需要明确项目的服务人群在哪里，他们面临哪些困难以及有什么服务需求，等等。只有对这些问题有了充分的了解，社会工作者才能在此基础上规划和制定有针对性的服务项目。这样，项目服务人群的需求评估就成为项目科学设计的第一步，它要求社会工作者对项目服务人群面临的问题和拥有的需求有清晰的界定。这就是人们通常所说的服务项目的需求评估。

第一节 服务项目需求评估的基本框架

在日常生活场景中针对谁开展什么方面的评估，是社会工作者开展服务项目需求评估时首先需要解决的难题。服务项目不同于一般的服务活动，它涉及的服务人群比较多，影响范围也比较广，因此，社会工作者需要学会从服务的相关人群中清晰界定项目的主要受益对象，确定项目的服务人群，并且能够将项目服务人群的不同方面的需求评估资料根据它们之间的内在关联整合起来。这个能够整合服务人群需求评估资料的框架就是服务项目需求评估的基本框架，它能够帮助社会工作者全面、准确了解项目服务人群的成长改变要求。

一 需求、问题、能力和资源

通常情况下，社会工作者在设计服务项目、参与项目购买招标之前就已经从政府相关部门了解到项目服务的一些基本信息。这些项目服务信息尽管详细程度不同，但是通常都包括三个方面的基本内容：项目的服务人群、基本服务范围和基本服务要求。我们先来看一看下面这个案例。

案例 2 -1：社会工作者小王来到一个街道，想做儿童服务项目的需求评估，以便针对该街道的居民需求设计出专业的社会工作服务项目，向政府申请项目的购买资金。之前，小王已经对该街道做了初步的走访，了解到该街道的流动人口不少，有好几万人，其中有许多跟随父母来到城市就学的流动儿童。

在这个案例中，项目的主要受益对象是"跟随父母来到城市就学的流动儿童"，因此，他们也是该项目的服务人群。这个项目的服务范围是这些流动儿童生活的街道，项目的基本服务要求是帮助这些流动儿童解决来到城市就学面临的困难。显然，了解到项目的服务人群之后，社会工作者就需要针对他们开展需求评估，以便找到该项目的核心服务人群，明确他们的服务要求。不过，值得注意的是，一旦社会工作者走进项目服务人群生活的社区开展需求评估时，就面临对什么开展评估的难题。

实际上，一提及需求评估，社会工作者就会想到"需求"、"问题"、"能力"和"资源"等相关概念。[①] 到底在需求评估工作中评估什么？是"需求""问题""能力"，还是"资源"？不同的社会工作学者有不同的答案，有的认为是"需求"，相信项目的服务人群需要什么，就应该提供什么服务（Woods & Hollis，1990：28）；有的强调是"问题"，认为只有解决了服务人群的问题，他们的生活才能发生实际的改变（Perlman，1957：60）；有的注重"能力"，坚信每个人都是有能力的，只有发掘了服务人群的能力，才能做到"助人自助"（Weick & Chamberlain，1997：45）；有的则发现"资源"的运用很重要，只有借助一定"资源"的运用，才能促使服务人群发生改变（Saleebey，2006b：10）。显然，这些需求评估中的焦点是不同的，也意味着它们的需求评估框架也不尽相同。尽管这些不同的需求评估框架看起来都有它们的逻辑和理由，但同时也会让社会工作者感到困

---

① 由于社会工作一直秉持"助人自助"的原则，强调关注服务对象自身拥有的能力和资源，所以在需求评估时，常常把能力和资源也作为重要的评估内容，参见 Cowger，Anderson，& Snively（2006）。

惑，不知道如何做选择，才能针对服务人群做一个全面、准确的需求评估。

有实际服务经验的社会工作者都会明白，之所以能够开展专业的社会工作服务，不是因为服务人群有需求，而是他们在实际的日常生活中遭遇到了问题。当服务人群遭遇到了问题而又无法依赖自己的能力解决时，他们就需要借助外力克服生活中面临的困难。因此，这里所说的问题是指人们在生活中遭遇的困境，它是一种生活的状态，不是一种异常现象。[①] 正是在这样的问题困境中，服务人群才会产生改变的意愿，这就是人们常说的需求。[②] 不过，需要注意的是，这里所说的需求是与特定的问题困境相关联的，它既来自这种问题困境的体验中，又对困境中的问题产生直接影响。可以说，这是一种问题中的需求。在问题需求的推动下，服务人群就会运用自身拥有的能力和资源进行改变的尝试，如果尝试成功，问题就会消除；如果尝试失败，问题就会加剧。显然，问题、需求、能力和资源这四个概念在实际生活中是紧密关联的，很难拆分开来，它们一起构成需求评估的基本框架。它们之间的关系如图 2-1 所示。

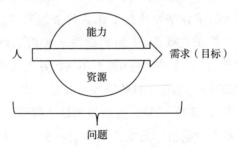

图 2-1 服务项目需求评估框架

从图 2-1 可以发现，服务项目需求评估中所说的"需求"，不是指一般情况下人们的需求，而是特指人们在问题困境中出现的需求，因为如果把一般情况下出现的需求作为项目考察和帮助的焦点，除了会出现需求评

---

① 埃伦·平克斯（Allen Pincus）和安尼·明南汉（Anne Minahan）在探讨社会工作通用服务逻辑框架时，对此有深入的分析，并以此为基础创建了社会工作服务的四系统理论，参见 Pincus & Minahan (1973)。

② 将人的需求放在生活处境中考察，这是生态系统视角的基本观点，也是生态系统视角社会工作的重要贡献之一，参见 Meyer (1983)。

估的焦点过于宽泛、不够精准之外，还会出现过度介入和服务依赖的现象，使社会工作成为保姆式的照顾，根本无法实现社会工作"助人自助"的目标（童敏、吴宝红，2019：135）。这样，需求的分析就需要与问题的分析结合在一起。同样，问题的分析也不能与需求的分析割裂开来，只有对问题困境中人们的需求进行考察，社会工作者才能够真正将项目的服务人群视为有能力的人，他们之所以寻求社会工作者的帮助，不是因为他们没有改变能力，而是现实的挑战超过了他们现有的能力，使他们无法有效应对现实的困难。这样，社会工作者的帮助就不是给予式的救济服务，而是与服务人群一起在问题困境中挖掘能力和寻找资源的过程，从而提升服务人群在问题困境中的问题解决能力。

可见，服务项目需求评估是对人们在问题困境中的应对能力进行分析和考察，它包括两个维度的评估，即问题需求和能力资源。前者考察需要改变的焦点，即服务人群在应对环境挑战的什么行动焦点上需要他人的帮助；后者考察需要改变的方式，即服务人群在应对环境挑战的什么行动方式上需要他人的帮助。这样，通过服务项目的需求评估，社会工作者就能明确服务人群到底需要在什么行动焦点上以及什么行动方式上做出改变和调整。

二　传统需求评估的基本逻辑

了解了这种以成长为导向的项目需求评估框架之后，我们再来分析一下以往在开展项目需求评估时常常采用的需求评估的基本方法以及背后所呈现的基本逻辑。我们先来看一看下面这个案例。

案例2-2：在了解了政府相关部门对项目购买的一些基本信息之后，小王开始针对该街道的流动儿童需求进行调查，希望能够找到他们的真实需要。他发现这个街道的流动儿童有几项主要的需求：34%有课业辅导的需求；26%有兴趣培养的需求；15%有提升自我管理能力的需求；6%有调整性格和行为的需求。

传统的需求评估通常直接针对服务人群的需求开展分析，采用以需求为导向的服务逻辑，它把服务人群的需求分为不同的类型，并且以需求所占比例高低作为评价标准对服务人群的需求类型进行筛选，选择其中比例最高的需求类型作为项目服务的焦点。就拿上面的例子来说，该街道的流动儿童有课业辅导、兴趣培养、自我管理能力提升以及性格和行为调整等方面的不同需求，其中课业辅导占比最高，达34%。显然，按照传统需求评估的方式，这个项目的服务焦点应该选择流动儿童的课业辅导，因为以课业辅导作为服务介入的焦点，项目服务的受益人数是最多的。

如果社会工作者做进一步的分析就会发现，这种以需求占比高低作为项目服务焦点选择的依据存在明显的不足。虽然占比越高的需求受人们的关注度越高，但是这并不代表需要社会工作介入的程度越高。就像该街道的流动儿童，他们的课业辅导需求高达34%。在这34%的流动儿童中，并不是所有儿童都没有找到应对的办法。也就是说，那些已经找到办法应对课业辅导困难的儿童就不需要社会工作者的介入。显然，针对需求类型进行分析的传统需求评估缺少了对问题的考察，使需求分析聚焦不清。

实际上，社会工作者在开展需求评估时，除了需要关注需求所占比例之外，还需要考察服务的连带影响，因为人们的需求是相互关联的，一个方面的问题解决会直接影响其他方面的问题解决。如果社会工作者在设计服务项目时，选择了那些有明显连带影响的需求作为服务的焦点，这样的项目成效就更为突出。例如，在上面的案例中，提升自我管理能力这一需求就有这样的特点，虽然这一需求占比不是最高的，只有15%，但是这一需求的关联性很强，不仅与儿童的课业辅导和兴趣培养有直接的联系，而且与儿童的性格和行为调整相关联。如果开展了以提升自我管理能力为焦点的项目服务，社会工作者就能够以此为基础跟随服务人群的成长改变步伐进一步延伸出新的项目服务。可见，在实际的日常生活场景中，服务人群的需求并不是相互割裂的，它们之间有内在的联系，这就需要社会工作者用一种成长发展的关联视角来分析服务人群不同类型的需求，找到其中影响服务人群成长改变的关键点，并以此作为项目服务焦点的选择依据，最大限度地提升服务人群在生活困境中的问题解决能力。

不过，有时社会工作者也会选择那些占比较低、情况比较特殊的需求作为项目的服务焦点，因为这些需求虽然涉及的服务人群比较少，出现的概率比较低，但是带来的危害通常比较大，也比较难解决。以上面的流动儿童的案例为例，其中6%的流动儿童有调整性格和行为的需求，这一需求就明显带有这一特点，它与行为偏差儿童、失学失管儿童以及特殊困境儿童等人群的问题联系在一起，如果这一项目服务得以开展，它产生的社会影响是显而易见的。当然，这一项目的开展有一定的难度，它需要社会工作者具备相关的专业知识和技能。就服务项目本身而言，这样的服务项目是社会急需的，也最能够带动社会工作的专业化发展。

除了类型化的需求分析之外，在传统的需求评估中社会工作者经常采用的另一种分析方法是影响因素分析，即对导致人们出现困扰的影响因素进行考察。依据这样的影响因素分析，社会工作者就可以选择那些占比较大的影响因素作为项目服务的焦点。例如，对上述案例中的流动儿童进行调查发现，影响该街道儿童课业辅导需求的因素有很多，其中个人层面的因素占56%，家庭层面占22%，学校层面占12%，社会层面占10%。显然，依据传统需求评估的要求，社会工作者在设计这样的服务项目时，就需要选择以个案辅导和家庭教育为主导的服务框架，以便针对服务人群面临的个人和家庭层面的具体困难开展项目服务。但是，实际上，只要做进一步的分析就会发现，该街道流动儿童在个人层面上的影响因素并不是孤立的，它们常常与家庭、学校甚至社会联系在一起。因此，个人层面的介入就完全可以从家庭层面或者学校和社会层面着手。这样，不仅可以减少项目服务的重复和浪费，而且能够将这些不同类型的服务与服务人群自身成长改变的要求衔接起来，更为重要的是，这种将不同影响因素整合起来的分析视角根本改变了项目服务的逻辑，不是关注服务人群的过去和不足，而是注重服务人群的未来和成长。

因此，可以说，这种针对服务人群的需求类型开展分析的传统需求评估，采用了类型化的分析逻辑，忽视了需求中的问题考察，使项目的需求评估缺乏明确的聚焦点，看不到需求背后所呈现的服务人群的成长改变要求以及不同类型需求之间内在的关联。而传统需求评估的影响因素分析也运用了类型化的分析逻辑，只关注孤立因素的考察，无视服务人群在特定问题困境中的应对能力，导致只注重对服务人群生活中不足的修补，而无法挖掘服务人群自身拥有的能力和资源。

三　传统需求评估面临的问题

从表面上看，传统的需求评估不仅具有现实的依据①，而且有针对性，它以服务人群的需求为导向，根据服务人群的需求设计有针对性的项目服务计划，以便满足服务人群目前还无法得到满足的需求。然而仔细分析就会发现，传统需求评估是建立在"需求－满足"的基本理论假设基础上的，它以人们的需求为出发点，假设人们行动的动力是建立在需求基础上的②，根本忽视了需求本身的现实依据以及对现实生活的影响，成为因果单向逻辑的考察，看不到人们既受现实生活的制约又能带动现实生活改变这一基本的现实。因此，采用传统的需求评估方式来考察服务人群的成长改变要求时，社会工作者就会不自觉地依据自己的标准理解服务人群的需求，与服务人群的现实生活脱节。显然，这样的需求评估方式无法适应我国社会工作发展以社区的日常生活场景服务为主的现实要求，它与人们的日常生活经验之间会形成明显的冲突，具体表现在以下三个方面。

第一，传统需求评估以人们的需求为分析的基础，没有对需求本身的现实基础进行考察。这样的需求评估方式只会关注需求的类型和内容分析，其中常用的分类方式就是马斯洛的五层次需求理论和埃里克森的人生八阶段理论等，以这些理论的需求分类为标准对服务人群的现实需求进行分析，归纳出服务人群的需求类型和内容。例如，在对该街道的流动儿童进行需求调研时，社会工作者就可以运用马斯洛的五层次需求理论将他们的需求分为生理需求、安全需求、归属需求、尊重需求和自我实现需求，或者采用埃里克森的人生八阶段理论，对处于学龄期和角色统一期等不同人生发展阶段的儿童进行类型化的需求分析。显然，这样的需求分析虽然找到了理论的依据和现实的数据，但是缺少对服务人群所处现实生活场景的考察，导致需求评估没有现实生活的基础，成为"无本之木"。

---

① 证据为本（evidence-based）是社会工作实践的一项重要原则，特别是 20 世纪 90 年代后，它占据了社会工作实践的主流，成为社会工作实践的基本要求，而传统的需求评估恰恰是建立在这样的逻辑基础上的。
② 人的行动动力来自自身需求这样的理论假设逻辑，很容易让社会工作者只关注个人信息的收集，而忽视环境的影响，特别是宏观环境的作用，陷入心理取向的服务逻辑中，参见 Specht & Courtney（1994）。

第二，传统需求评估只关注人们未被满足的要求，没有对这些要求背后所呈现的成长改变空间进行考察。这样的需求评估方式只注重对服务人群现有生活中不足的分析，并且依据因果分析逻辑从服务人群过往经历中寻找不足产生的原因。显然，这是一种以现实不足为分析焦点、注重过往因果逻辑寻找的分析方法，它忽视了人们的成长改变总是需要面对未来选择这一现实。因此，对于服务人群而言，与未被满足的要求相比，成长过程中的改变空间更为重要，它决定了服务人群到底能做什么才能给自己的生活带来更大的希望，才能逐渐摆脱日常生活中遭遇的困境。例如，该街道的流动儿童中有34%的需要课业辅导，如果仅仅从这个数字来理解他们的成长改变要求，就可能忽视他们自身拥有的成长改变空间。事实上，这些流动儿童在面对缺乏课业辅导的困境时都有自己的应对方式，有的可能已经组成了同伴互助小组，有的可能采用了邻里互助的方式，有的可能已经接受临时的补课，等等。如果社会工作者忽视了这些流动儿童在日常学习困境中形成的应对方式，不去考察他们自身拥有的成长改变空间，而直接采取课业辅导这种修补不足的方法，不仅极易出现项目结束后成效回退的现象，而且可能破坏他们已经形成的应对学习困境的能力，而一旦服务项目结束，就会导致他们不知所措的现象。这样，就会出现恶性循环：课业辅导得越多，这些流动儿童自身的应对能力越弱，他们的成长改变空间也就变得越小。

第三，传统需求评估只注重影响因素的类型化分析，没有对这些因素之间的内在关系进行考察。这样社会工作者既无法了解服务人群面对的生活现实，也无法了解服务人群自身的生活选择，更不用说两者之间的动态关联。因此，这样的需求评估不是夸大现实因素的影响，相信环境决定论的观点，就是强调个人自身主观因素的作用，推崇意志决定论的想法。事实上，社会工作所要强调的是服务人群在现实生活困境面前的选择能力，既注重日常生活的现实要求，也注重服务人群自身的成长意愿。这样，对生活困境中的现实要求的考察就自然成为服务人群选择能力提升不可缺少的一环，它本身就构成服务人群选择能力的重要内涵之一。例如，对需要课业辅导的34%的流动儿童来说，让他们呈现需要课业辅导的理由就显得非常重要，只有借助这样的呈现，才能帮助他们厘清在日常学习中面临的现实要求以及成长改变意愿，并以此为基础协助他们做出成长改变的选择。

可见，只有放弃传统需求评估的思维逻辑，社会工作者才能够围绕服务人群自身成长改变的要求和步伐，将这些不同层面、不同系统的影响因素整合起来，实现最优化的服务组合，提升服务人群在生活困境中的问题解决能力。

实际上，传统需求评估的这三个方面不足是相互关联的，正是因为采取的是一种类型化的需求分析，这样的需求评估只关注未被满足的不足部分，而对这些不足部分就会采取修补的策略；同样，当人们只关注未被满足的不足部分时，就会运用类型化的需求分析，寻找什么方面存在不足，需要什么样的修补。当然，类型化的因素分析也一样，它也需要以类型化的需求分析和对需求不足部分的了解作为支撑。显然，传统需求评估采取的是一种抽离生活场景的需求分析技术，它既没有扎根于服务人群的日常生活，也没有以服务人群的成长为导向，很容易出现为了专业服务而服务的现象，根本无法与服务人群的日常生活对接起来。而以成长为导向的需求评估就不同了，它的服务逻辑正好与传统需求评估相反，采取的是一种融入生活场景的需求分析技术，目的是增强服务人群的成长改变意识，充分挖掘他们自身拥有的能力和资源，提升他们在生活困境中的问题解决能力，扩展他们的成长改变空间。

第二节 以成长为导向的服务项目需求评估

与抽离生活场景的类型化需求分析不同，以成长为导向的服务项目需求评估则要求社会工作者走进服务人群的日常生活场景，在服务人群的日常生活场景中理解他们遭遇到的问题以及由此提出的改变要求，把服务人群的需求和问题的界定与他们的日常生活结合起来。这样，服务项目的需求评估就不仅仅是了解服务人群需要什么以及影响服务人群需求的因素有哪些，同时还要求社会工作者深入了解服务人群在满足日常生活特定需求时遇到了哪些问题和困难，或者在日常生活的问题困境中产生了什么样的改变需求。除此之外，要想将项目与服务人群的原有生活对接起来，社会工作者还需要进一步了解服务人群自身所做的改变尝试。这样，服务项目就能够在问题需求和能力资源两个维度上准确评估服务人群的成长改变空间。

一　从"需求"到"问题需求"

在以成长为导向的服务项目需求评估中，社会工作者所要做的不是分析服务人群有什么需求，而是寻找服务人群自身的成长改变意愿，将服务项目从被动接受指导的"要你改变"转变成主动寻求机会的"我要改变"。因此，服务项目的需求评估就不能围绕服务人群的需求开展，因为这样的需求评估方式只会促使服务人群按照原来的方式生活，只有当服务人群在满足某个或者某些需求遭遇到问题时，他们才有寻找改变的动机。因此，服务项目的需求评估就需要结合服务人群在日常生活中遭遇到的问题来考察，了解遭遇到问题之后服务人群有什么成长改变的意愿。此时的成长改变意愿就是服务人群的改变需求。显然，对服务人群的需求进行评估时就不能孤立地考察"需求"，而需要与"问题"结合起来，是对服务人群的"问题需求"状况进行评估。

实际上，只有通过"需求"与"问题"的结合，社会工作者才能将服务人群的需求放回到他们的日常生活中，了解"需求"背后的现实生活基础。还是以上面提到的流动儿童的案例为例，该街道有34%的流动儿童需要课业辅导。如果不将这些流动儿童的需求与他们在日常生活中遭遇的问题结合起来，社会工作者是无法了解这些流动儿童的改变意愿的，因为虽然同样是课业辅导的需求，有的流动儿童面临父母缺乏时间指导的问题，有的则面临父母缺乏指导能力的问题。显然，面临的问题不同，这些流动儿童的改变意愿也就不同。因此，在服务项目的需求评估中，"需求"与"问题"是不能拆分开来的。

同样，在分析服务人群遭遇的问题时，社会工作者也需要结合对"需求"的考察，因为当服务人群寻求帮助时，他们往往是想对生活的某些方面做出改变。尽管这些改变要求仅凭他们自身的能力是很难实现的，但正是这些想要改变的想法促使服务人群具有了改变生活的主观意愿，推动服务人群前来寻求帮助，主动接受和参与项目服务的各种活动安排。显然，每个人在生活中常常面临很多问题，但是这并不意味着每个问题都需要改变，只有当这些问题与人们的需求结合在一起时，人们才具有了改变意愿。服务人群也一样，需要将"问题"与"需求"结合起来，他们才具有改变的意愿；否则，社会工作者只会凭借自己对问题的分析和判断要求服务人群做出改变，而这样的改变并不是他们自身所需要的。我们来看一看下面这个案例。

案例2-3：社会工作者小王了解到该街道有34%的流动儿童需要课业辅导之后，又做了进一步调查，发现这些流动儿童之所以学习不好，是因为他们在日常学习中面临几个方面的困难，包括学习基础差、缺乏好的学习环境、父母工作太忙没有时间关注孩子在学校的情况或者文化水平较低难以指导孩子的功课等。此外，这些流动儿童在生活中还有很多其他问题，如过于顽皮、不听话、与父母关系紧张、与同学有冲突等。

面对案例中这些流动儿童，如果只关注他们课业辅导的需求，社会工作者显然会忽视他们在生活中遭遇的不同问题，使项目的服务安排缺乏针对性；如果只关注他们面临的问题，社会工作者又会根据自己的分析和判断要求这些流动儿童做出调整，强迫他们做出改变，如缓解他们与父母间的紧张关系，或者矫正他们的性格和行为等。尽管这些依据问题而设计的改变尝试有一定的道理，甚至有明确的科学证据，但并不是这些流动儿童想要的，因而这样的项目服务安排很难吸引他们主动参与。不过，如果社会工作者转变服务项目的设计思路，将这些流动儿童的课业辅导需求与他们在日常生活中遭遇到的问题结合起来，情况就会有所不同。例如，社会工作者可以围绕这些儿童的课业辅导需求设计项目的服务活动，结合他们各自在日常生活中遭遇的问题，需要调整亲子关系的就调整亲子关系，需要矫正行为的就矫正行为。这样的服务项目不仅能够吸引这些流动儿童来参与，而且能够协助他们解决日常生活中遭遇到的问题，使服务项目的活动安排能够融入他们的日常生活场景中，与他们如何安排学习的时间和地点、如何与父母和同学沟通等生活安排联系在一起，真正扩展这些流动儿童在日常生活中的成长改变空间。

需要注意的是，在将"需求"与"问题"结合在一起考察服务人群的成长改变状况时，社会工作者不能夸大"问题"的范围，硬生生地将"需求"与"问题"联系起来。就亲子之间的冲突来说，有的与孩子的课业辅导需求有关系，有的就不一定有直接的联系。如果社会工作者硬生生将流动儿童的课业辅导与那些没有直接关联的亲子冲突联系在一起，就会引起这些流动儿童的不满和怀疑，因为这样的安排超出了他们的真实感受的范围，缺乏现实生活的基础。同样，在将"问题"与"需求"结合起来理解服务人群的成长改变要求时，社会工作者也不能任意猜测服务人群在问题困境中的"需求"，因为即使在同样的生活困境中他们的感受和想法也可能是不同的，这意味着社会工作者需要用心倾听服务人群内心的声音，多给他们一些机会表达自己的真实想法。

二 从"修补"到"能力资源"

在运用"问题需求"维度的考察明确了服务人群在什么需求点上有成长改变的意愿之后，社会工作者的服务项目需求评估工作并没有结束，他们还需要进一步了解服务人群在这个需求点上有多大的成长改变空间，即可以做什么程度的改变，或者再具体一点说，就是需要明确挖掘服务人群什么方面的能力和资源以及学习什么才能提升生活困境中的问题解决能力，应对面临的困难。因此，服务人群在这一方面的需求评估就需要运用"能力资源"维度的考察。简单来说，当确定了服务人群在什么需求点上面临成长改变的困难时，社会工作者还需要进一步询问这些服务人群在面对这样的困难时采取了什么应对的方法，其中哪些是有效的，哪些是无效的。有效的就保持下去，无效的就调整，让服务人群改变原来的应对方式，学习新的应对办法。这样，社会工作者通过"能力资源"维度的评估，就能够清晰确定服务人群的成长改变空间。

显然，借助"能力资源"维度的考察，社会工作者就能对服务项目的需求评估思路做根本的改变，不再从社会工作者的"专家"角度出发理解服务人群的成长改变空间，强调"修补"服务人群成长改变中的不足部分，而是以服务人群自身在日常生活困境中的行动尝试作为出发点挖掘他们自身拥有的成功经验和应对策略，注重运用服务人群的"能力"和"资源"。[①] 为此，在服务项目的需求评估过程中，社会工作者需要做好两个方面的资料收集工作。

第一，考察服务人群在生活困境中采取了什么样的应对措施。具体考

---

① 有关能力和资源的综合运用，优势视角（the strengths perspective）有很深入的讨论，参见 Glicken（2004）。

察问题包括两个方面：①发现问题后，服务人群做了哪些调整？哪些是有效的，哪些是无效的？②除了改变自己之外，服务人群是否还寻求过帮助？是什么样的帮助？其中，哪些是有效的，哪些是无效的？在收集这些资料时，社会工作者需要特别关注服务人群的行动能力，因为只有借助具体的行动，才能准确了解服务人群面对问题困境时的应对能力以及环境资源的运用能力。更为重要的是，服务人群也只有通过具体行动能力的提升，才能真正扩展日常生活中的成长改变空间。不过，对深陷生活困境中的服务人群来说，社会工作者在项目需求评估时还需要增加另一个方面的内容，就是服务人群在生活困境中如何排解压力：在生活压力大的时候，服务人群通常采取什么方式舒缓自己内心的压力？哪些是有效的，哪些是无效的？这些压力排解的信息也是服务项目需求评估的重要内容，特别对于那些面临多重生活困难的服务人群来说更是如此，如精神障碍患者、失独家庭等就是比较典型的例子，这些服务人群的压力排解方式与他们的成长改变有着紧密的联系。

第二，考察服务人群在社会工作者介入之前接受过什么样的服务。具体考察问题包括：发现了问题后，服务人群接受过什么样的服务？是在什么情况下接受这样的服务的？这些服务中哪些是有效的，哪些是无效的？只有了解了这些服务信息，社会工作者才能在接下来的服务项目设计中明确社会工作专业服务项目的定位以及与这些原有服务的对接方式，既避免重复服务，发挥每个服务项目的成效，又能够弥补之前服务的不足，提升服务的整体效果。这样做，一方面体现了社会工作专业服务项目的发展性视角，以服务人群的成长为导向，将项目服务视为服务人群调整生活安排、应对生活困境的阶段性努力，需要发掘服务人群现有的能力和资源；另一方面也体现了社会工作这门学科的特点，注重个人与环境两个方面的改变，可以整合服务人群之前接受过的不同类型或者不同学科的服务，使这些服务拥有整体成效，不再"各自为政"①。

可见，这种以成长为导向的服务项目需求评估改变了传统需求评估的方式，它不是从服务人群泛化的"需求"入手确定项目服务的改变起点，

① 社会工作的这种将不同专业、不同层面的服务联结起来的整合功能在多专业服务项目中尤为突出，需要社会工作者给予特别的关注，它本身就构成社会工作服务专业性的重要组成部分。

而是针对服务人群的"问题需求"精准聚焦服务人群自身成长改变的意愿，并且以此为基础通过"能力资源"的寻找明确服务人群自身拥有的成长改变空间，放弃传统需求评估的"修补"策略。这样，社会工作者在开展服务项目的需求评估时，除了了解服务人群的基本情况之外，还需要考察服务人群的问题需求状况、困境应对状况以及接受服务状况这三个方面的信息，以便提升项目服务的精准性和整合性。

三 以成长为导向的项目需求评估的三个要点

明确了以成长为导向的服务项目需求评估的基本要求之后，我们再来看一看在服务项目需求评估信息资料处理方面的一些具体要求，以便能够更好地呈现服务人群自身拥有的成长改变意愿和成长改变空间。只有在此基础上，社会工作者才能够设计有针对性的专业服务项目，促进服务人群的成长改变。需要注意的是，这种以成长为导向的项目需求评估采取的不是人们所熟悉的抽离日常生活场景的类型化思维方式，而是要将服务人群的需求放在具体的日常生活场景中来考察，采用融入日常生活场景的差异化思维方式。① 这种差异化思维方式的具体运用有三个要点。

第一，信息资料所呈现的需求主体与服务人群要一致。也就是说，社会工作者在收集服务项目需求评估的资料时，不能站在局外人的"客观"立场上考察服务人群的需求，而需要转换到服务人群的位置上理解他们在日常生活中遭遇到的"问题"以及与此相关联的"需求"。例如，在上面提到的流动儿童的案例中，该街道的 34% 的流动儿童有课业辅导的需求。这里所说的课业辅导需求是流动儿童自己提出来的，还是流动儿童的父母提出来的？如果是前者，信息资料所呈现的需求就是服务人群——流动儿童的需求；如果是后者，信息资料所呈现的需求就与服务人群不一致，它其实是流动儿童父母的需求。一旦社会工作者将流动儿童父母的需求当作流动儿童的需求，在设计服务项目时，就会把服务人群的周围他人错当成服务人群。随着项目服务的推进，社会工作者与服务人群之间的冲突就会变

---

① 差异化思维方式是在受到批判理论、女性主义以及后现代主义思潮等观点的影响下出现的一种思维方式，它反对二元对立的实证主义逻辑，主张场景化的个人选择，参见 Healy（2014）。

得越来越明显，因为这样的项目服务安排与服务人群的成长改变要求不一致，项目服务开展得越多，服务人群就越感到不受尊重，是在社会工作者的"强迫"要求下参与到项目服务中的。

显然，服务项目的需求评估与一般的需求调查不同，不仅仅是了解服务人群的需求这么简单，同时还需要找到服务人群自身的成长改变意愿和可以改变的空间，为服务项目的设计提供现实依据。因此，只有当信息资料所呈现的需求主体与服务人群一致时，社会工作者才能了解到服务人群的真实改变动力。而在此基础上设计的服务项目，也就能够保证服务人群的参与和配合。为此，社会工作者在开展服务项目的需求评估时需要秉持"自己的要求自己说"的原则，确保服务项目需求评估资料能够呈现服务人群的真实改变要求。

第二，信息资料所呈现的需求与具体服务人群要一致。在服务项目需求评估中，信息资料通常采用数据的方式来呈现，它代表的是一类人的情况，这样就很容易出现信息资料所展现的需求与具体服务人群不一致的现象。例如，当服务项目需求评估的信息资料显示该街道有34%的流动儿童有课业辅导的需求时，社会工作者就需要进一步询问：34%的流动儿童到底在哪里？这往往会归结到服务项目需求评估的信息资料的来源上。如果是从学校收集到的信息资料，社会工作者就需要明确他们具体属于哪些学校、哪些年级、哪些班级，这些不同学校的年级和班级中需要课业辅导的孩子分别占多少比例，他们的具体名单从哪里可以得知。如果是从街道收集到的信息资料，社会工作者就需要知道34%的流动儿童分别住在哪些社区，这些社区是否能够提供详细的住户名单。① 如果是通过其他机构获得的信息资料，社会工作者就需要确认34%的流动儿童到底在什么地方能够见到，他们的具体名单可以从哪里获知。如果社会工作者在收集了服务项目需求评估的信息资料之后不追问这些问题，这些数据反映的也就只是统计上的对某种社会现象的分析，而没有与具体的实体单位联系起来，当然，社会工作者也就没有办法针对这些服务人群开展具体的项目服务。而当社会工作者进一步追溯这些服务项目需求评估信息资料来源的实体单位时，一方

———————————
① 由于社区存在不少的空挂户，他们的户籍所在地与居住地是分离的，所以社会工作者需要确定住户名单，以免出现找不到人的现象。

面为之后的项目服务找到了实际生活中的服务人群，能够保证服务项目的落实；另一方面也能够接触到服务人群产生这些服务需求的生活场景，将服务项目需求评估的信息资料与实际生活中的感性认识联系起来，以加深对信息资料的理解。显然，服务项目的需求评估不仅需要告诉社会工作者这些普遍性的需求信息资料，而且需要让社会工作者明确这些信息资料所对应的生活中具体的人。只有这样，社会工作者才能通过服务项目的需求评估找到实际生活中的服务人群，从而依据他们在日常生活中的成长改变要求有针对性地开展项目服务。

第三，信息资料所呈现的需求与服务人群的生活关联要一致。由于项目服务涉及的人群比较多，社会工作者在开展服务项目的需求评估时，就不能仅仅关注某个服务人群的需求，而需要将这个服务人群与周围他人联系起来，考察相关联的服务人群的需求。这样，社会工作者通过服务项目需求评估就能够了解到相关联的不同服务人群的需求以及相互之间的关系。例如，社会工作者对该街道有课业辅导需求的 34% 的流动儿童进行进一步的调查发现，这些流动儿童的父母中没有时间指导的占 26%，没有能力指导的占 6%，没有时间也没有能力指导的占 2%。可见，要帮助这些流动儿童改变课业辅导的状况，就需要结合父母在指导他们学习时面临的困难。如果这些流动儿童需要课业辅导，社会工作者就提供课业辅导，这样做会忽视其中 6% 的父母是有时间给孩子指导学习的现实，他们只是缺乏指导的能力。而对于没有时间指导的 26% 的父母，社会工作者也不宜直接为他们的孩子提供课业辅导，因为一旦服务项目结束，这些流动儿童仍然面临父母没有时间指导的现实。因此，社会工作者就需要对这 26% 的父母做进一步调查，了解在父母没有时间指导的情况下，孩子的课业辅导是怎样完成的，有没有一些不需要太多时间指导的课业辅导办法。显然，只有了解了相关联的服务人群的需求时，社会工作者在设计服务项目过程中才能够依据需求之间的关联将针对不同服务人群的项目服务整合起来，使服务项目既有明确的核心服务人群，又有相关联的周围他人。

这样，社会工作者在开展服务项目需求评估时，就需要关注至少两类相关联的服务人群。就拿上面案例中提到的需要课业辅导的流动儿童来说，与他们课业辅导相关联的其他服务人群可以是父母，这样的信息资料揭示更多的是这些流动儿童的家庭课业辅导需求；同样，老师也可以成为与这些流动儿童相关联的其他服务人群，只不过这样的信息资料呈现更多的是流动儿童的学校学习需求。当然，服务项目也可以同时涉及两个或者多个相关联的其他服务人群。不过，此时所揭示的服务人群的需求状况就更为复杂，往往涉及服务人群的不同生活场景或者同一场景的不同生活层面。显然，当服务项目需求评估同时关注两类及以上相关联的服务人群时，它考察的内容就不仅仅是这些服务人群各自所拥有的成长改变的要求，更为重要的是这些服务人群之间的互动关系以及与此相关联的变化中的需求状况。只有这样，社会工作者才能通过服务项目的需求评估真正走进服务人群的现实生活，将场景改变的要求与服务人群的成长改变要求结合起来，避免"各自为政"的现象。

值得注意的是，这里所提及的将某类服务人群与周围他人一起评估的想法，并不是说这类服务人群就是核心的目标人群，而周围他人只是作为目标人群的"外部资源"。这样的观察视角只会曲解周围他人的真实成长改变的要求，因为周围他人也和核心的目标人群一样，有自己需要面对的日常生活处境和现实生活的切身体验。因此，社会工作者在分析相关联的不同服务人群的成长改变的要求时，就需要采用一种互动关联的视角，既注重各自不同的成长改变要求，又关注相互之间的双向动态影响，假设人们是处在人际互动的关系网络中的，不仅随时影响周围他人，而且受到周围他人的影响，这种影响是动态的、双向的、没有主次之分。否则，社会工作者所做的服务项目需求评估就很难与服务人群的日常生活对接起来。

可见，以成长为导向的服务项目需求评估不同于类型化的传统需求评估，同时涉及"问题需求"和"能力资源"两个维度的考察，前者帮助社会工作者明确服务人群在特定生活场景中的成长改变的焦点意愿，后者帮助社会工作者了解服务人群在特定生活场景中的成长改变的发展空间。这样，社会工作者在开展服务项目需求评估时，除了考察服务人群在生活困境中采取了什么样的应对措施和接受过什么样的服务之外，还要保持需求评估的信息资料的三个"一致"，即需求主体与服务人群一致、需求与具体服务人群一致，以及需求与服务人群的生活关联一致，以便能够呈现生活原本的面貌。

第三节　以成长为导向的服务项目需求评估的常用方法

提到需求评估的方法人们就会想到问卷调查法，这是社会科学研究中占主流地位的研究方法，也是目前社会工作者在开展服务项目需求评估时最常用的方法。不过，值得注意的是，由于以成长为导向的服务项目需求评估需要社会工作者深入服务人群的日常生活场景，理解服务人群在特定生活场景中的真实需要。因此，问卷调查法主要作为服务项目初期的服务人群的筛查和基础性的分析之用。一旦社会工作者需要明确项目服务的目标人群和相关人群以及服务的具体场景、时间和一些相关的服务要素时，就需要运用访谈法和观察法收集服务人群的相关信息资料。特别是评估一些涉及行为矫正的服务项目时，社会工作者更需要学会使用观察法，以便准确锁定需要矫正的行为环节和因素。鉴于项目需求评估实际运用的要求和社会工作者掌握的状况，这里将重点介绍如何灵活使用访谈法和观察法，而在介绍问卷调查法时，则重点分析问卷调查法在使用中需要注意的方面。

一　问卷调查法在服务项目需求评估中的使用要求

问卷调查法之所以在服务项目需求评估中得到人们的青睐，成为社会工作者常用的信息资料收集的重要方法之一，是因为它有以下几个方面的优势。首先，问卷调查法可以帮助社会工作者了解一个较大范围内的服务人群的基本特征，并以数字的形式清晰呈现出来。例如，一个城市中有多少流动儿童、这些流动儿童都有哪些需求、这些不同需求分别占多大比例，或者一个社区中有多少患有慢性病的老年人、他们需要什么样的居家养老服务、各种居家养老的服务需求占多大比例，等等。显然，这些信息资料对于服务项目设计是非常必要的，社会工作者可以通过在一定范围内广泛发放和收集相关问题的调查问卷掌握这些基本信息资料，形成对这一区域服务人群基本需求的大致图像。其次，与其他调查方法相比，问卷调查法更有效率，能够在很短的时间内从众多的服务人群中收集到相同的信息资料。因此，当社会工作者面对100对父母的亲子教育服务项目需求评估任务时，就可以通过发放自填式调查问卷的方法去了解他们是如何管理孩子的学习的。这样做能够在很短的时间内收集到相关的信息资料，远比一个一个访谈更省时、省力、省钱。最后，也是最为重要的一点，因为问卷调查法可以采用抽样方法有效地收集一个较大范围内的服务群体的基本信息，所以它的调查数据以概率计算为基础，可以作为整个调查范围的普遍性推论，具有较强的代表性。在人力、物力有限的条件下，社会工作者可以采取抽样方法在一个具有代表性的有限区域进行问卷调查，然后将调查结论运用到所有的调查区域。正是凭借这三个方面的主要优势，问卷调查法常常是社会工作者在开展服务项目需求评估时的首选。不过，需要注意的是，尽管问卷调查法可以在较大范围内快速地收集服务人群的相关信息资料，而且调查的结论具有推广性，但是不可否认，问卷调查法收集的只是一种类型化的信息资料，无法与服务人群的具体日常生活场景联系起来，更无法帮助社会工作者看到服务人群与日常生活场景之间的动态关联，因而在使用这样的信息资料时社会工作者需要注意以下几点。

第一，标准化的问卷调查只适合固定化、类型化现象特征的收集，难以进一步追溯这些现象的发展历程以及相关因素的动态作用过程等生活场景中的复杂信息。即使社会工作者运用社会统计方法对问卷调查中的不同现象做了相关性分析，这样的分析也只是类型化、概念化的，无法呈现这些现象之间的具体互动和变化过程。例如，通过一份问卷调查，社会工作者可以了解到一个街道有34%的流动儿童有课业辅导的需求，但是很难进一步挖掘这些需要课业辅导的流动儿童到底在日常生活中遇到了哪些困难以及这些困难又是如何相互作用的。因此，社会工作者在通过问卷调查收集到这些类型化的信息资料之后，可以把这些信息资料作为初步筛查服务人群或者选择服务焦点的参照标准，以便为进一步运用访谈法和观察法明确项目的具体服务人群和服务焦点打好基础。如社会工作者借助问卷调查可以把需要课业辅导的流动儿童作为项目初步选定的服务人群，或者将课业辅导作为项目初步选定的服务焦点。

第二，标准化的问卷调查只适合类型化的需求意愿的收集，难以进一步明确这些意愿背后所呈现的个人主观意义的赋予方式和选择逻辑。即使社会工作者通过设计一些主观态度测量的问题找到服务人群的主观意愿，但是这样的答案也只是一种静态的分析，与实际日常生活中的动态关联的选择状况是不吻合的。因此，社会工作者在运用问卷调查法收集到服务人群的需求资料时，也只能把这些信息资料作为进一步运用其他调查方法的基础。只有将这些信息资料与服务人群的具体生活场景结合起来考察，并且站在服务人群的立场上了解他们在生活困境中做出应对行为的具体过程和给予的解释方式时，社会工作者才能够明确服务人群的成长改变的焦点意愿和发展空间。显然，社会工作者在开展服务项目需求评估时，要避免将问卷调查的类型化需求等同于服务人群的成长改变意愿和能力的现象。

　　第三，标准化的问卷调查只适合预先规划好的信息资料的收集，难以进一步发现计划之外的变化信息。即使社会工作者通过一些开放性的问题设计来增加信息资料的广泛性，但这样的信息资料很难通过标准化的问卷调查方式处理，只能被作为理解预先设计好的标准答案的辅助。实际上，在项目服务的设计中这些标准化之外的信息资料对于社会工作者来说也是非常重要的，因为服务不同于现象分析，它需要符合服务人群个性化的生活处境，特别是对于一些新的服务项目的设计来说，在服务项目需求评估中了解标准化之外的信息资料就变得尤其重要，可以防止社会工作者陷入"先入为主"的类型化思维方式中，真正找到服务人群在现实生活处境中的成长改变要求。因此，社会工作者在运用问卷调查方法时需要时刻提醒自己，注意这些标准化答案之外的信息资料和不同解释的可能性。[①]

　　通过以上分析可以看到，尽管问卷调查法可以帮助社会工作者了解较大范围内的服务人群的类型化特征，但是因为服务项目的需求评估不同于一般社会科学的现象分析，它的重点在于帮助社会工作者了解服务人群怎样改变，以便找到服务人群在特定生活场景中的成长改变的要求和发展的空间。因此，问卷调查法不能被作为服务项目需求评估的唯一方法，而只能被视为一种重要的辅助方法，帮助社会工作者对服务人群和服务焦点做初步的筛选和基础性的分析。一旦社会工作者希望进一步确切了解服务人群在特定生活场景中的成长改变状况，他就需要采用访谈法和观察法来补充和完善服务项目的需求评估。

---

　　① 一些受到后现代的社会建构主义思想影响的服务模式，如叙事治疗和精要治疗等，强调服务提供者随时需要保持警觉，采取一种"not knowing"的对话态度，对例外的信息保持敏感，参见 Parton & O'Byrne（2000）。

二 服务项目需求评估中的访谈法

与标准化的问卷调查法相比，访谈法具有更大的开放性、灵活性和互动性，比较适合在具体的日常生活场景中收集服务项目的需求评估资料。访谈法的开放性体现在：访谈中的问题往往无法以简单的"是"或者"不是"来回答，它也不会提供有限的选项让被访者选择，而是更多地以开放性问题的形式了解被访者就某一个问题所具有的想法、态度和经历，强调按照被访者的叙述内容和逻辑呈现信息资料。访谈法的灵活性则体现在：它的问题设计可以根据实际需要有不同程度的结构性，既可以是问题数量和顺序固定的结构性访谈，也可以是形式相对自由的非结构性访谈，或者随着谈话的内容和进程可以自由增减问题的半结构性访谈，访谈的形式完全可以根据访谈者的目的和需要来确定。访谈法的互动性则表现在：信息资料的收集是在访谈者与被访者的相互对话和互动中完成的，被访者根据访谈者的提问分享自己的经验和感受，同时访谈者也要在访谈过程中随时回应被访者的体验，并且在回应的基础上调整接下来的提问侧重点和方向。因此，访谈法的资料收集是在双方互动中完成的，但是这也并不意味着访谈法的使用可以完全不需要事先的计划和安排。实际上，如何选择访谈对象、如何整理访谈资料等都是需要社会工作者事先周密设计的。

（一）如何选择访谈对象

由于社会工作专业服务项目的需求评估具有明确的目的和时间①的要求，它需要在一定的时间内完成项目购买方所确定的服务项目基本要求的需求评估。因此，社会工作者在选择访谈对象时就要有所规划，一方面要保证访谈资料的客观性和科学性；另一方面又要避免重复，尽可能做到简洁、经济，减少访谈中不必要的时间成本和人力成本。具体而言，在服务项目的需求评估中，访谈对象的确定一般需要经过以下四个步骤。

第一步，寻找知情者。当社会工作者经过问卷调查初步筛选出服务人群和服务焦点之后，就需要走进服务人群生活的社区，就某个需求点做进一步的了解。因此，社会工作者可以首先找到这个社区中对这一需求的整

---

① 就服务项目的成本计算来说，需求评估的时间越短越好，可以把更多的时间放在服务上。实际上，服务项目购买方和合作方都不希望服务项目需求评估的时间太长。

体状况了解比较全面的人，即社区生活的知情者，通过这些知情者提供的相关信息去收集、整理和归纳出影响这一需求的主要因素，而不是直接针对服务人群进行访谈对象的筛选。需要注意的是，这里所说的社区生活的知情者并不是固定的，会根据社会工作者想了解的信息资料不同而有所差别。例如，如果社会工作者想了解社区外来人口家庭生活方面的情况，常见的社区生活的知情者就是该社区管理流动人口的工作人员；如果想了解低保贫困人群的生活状况，就可以找该社区管理民政事务的工作人员；如果想了解社区残疾人（或者精神障碍患者）的生活状况，就可以访问该社区的残疾人专干。当然，就一般情况而言，社区中的积极分子或者热心的老居民都是社区生活的知情者。如果社会工作者想要了解的服务人群的生活场景不在社区，而在其他单位，如学校、康复中心或者医院等，也可以找该单位的知情者。

第二步，整理影响因素。在找到日常生活的知情者后，社会工作者要问什么？需要注意的是，这里的知情者是对某种服务人群或者某个需求点有较为全面了解的人，很可能并不是项目的服务人群。因此，社会工作者在面对知情者时，并不是去了解服务人群生活中的需求和问题，而是要针对社会工作者打算了解的服务人群或者关注的需求点展开访谈，求助于知情者所拥有的知识和信息。更具体来说，社会工作者需要从知情者那里了解到服务人群的生活状况或者某个需求点的主要影响因素。例如，针对社区中流动儿童的课业辅导这一需求，社会工作者就可以咨询社区中管理流动人口的工作人员，让他们谈一谈该社区中有课业辅导需求的流动儿童的生活状况。这一阶段最好采取半结构性访谈或者非结构性访谈的方法，给被访者比较大的空间呈现他们的看法和经验，也为社会工作者进一步了解服务人群的生活状况创造机会。需要注意的是，社会工作者在这一阶段的访谈中有一项重要任务，就是一边听，一边围绕需要了解的服务人群或者服务需求点整理影响因素，然后交给被访者确认。这样，随着访谈的深入，相关的影响因素就会变得越来越清晰。如果社会工作者经过与第一位知情者的访谈对相关信息了解得还不够清楚，就可以找第二位、第三位知情者，直到社会工作者有了明确的答案。不过，就一般情况而言，这一阶段的访谈不宜选择太多的人，一到两位就可以了，了解的相关信息也不宜太细致，因为这一阶段的访谈只是为了确定之后被访的服务人群的筛选标准。如果了解得太细致，访谈就会出现人力和精力的浪费，人为延长服务项目需求评估的时间。因此，社会工作者在这一阶段的访谈中需要把握好信息了解的程度，以明确找到服务人群需求的主要影响因素为准。

第三步，进行初步分类。在了解了服务人群需求的主要影响因素之后，社会工作者就需要对这些影响因素进行整理和分类，按照影响的重要程度进行排序，重要的放在前面，不重要的放在后面。例如，通过与社区生活的知情者的访谈，社会工作者了解到影响该社区流动儿童课业辅导需求的主要因素有4个：儿童的学习态度、父母的空闲时间、父母的辅导能力以及家庭的经济状况。然后，社会工作者就可以依据重要程度对这4个因素进行排序，发现儿童的学习态度最重要，其次是家庭的经济状况，再次是父母的空闲时间，最后是父母的辅导能力。如果社会工作者很难区分几个影响因素的重要程度怎么办？此时，社会工作者不必在重要程度的区分上纠结，可以根据自己的经验进行排序。值得注意的是，这一阶段对影响因素的整理和分类不必太细，而是要去关注那些主要的影响因素。如果分类过细，就会出现被访的服务人群的筛选标准过于复杂而且人数过多的现象，不仅访谈时耗时耗力，而且访谈后的信息资料处理也会给社会工作者带来很大的压力，很容易导致没时间处理的现象。当然，服务项目的复杂程度不同，它需要了解的影响因素也就不同，但是就通常的情况而言，这一阶段的影响因素分类以4~5个为宜。

第四步，确定访谈名单。社会工作者整理出服务需求的主要影响因素并且排列好顺序之后，就需要以此为标准在知情者或者其他相关人员的帮助下从服务人群中挑选出访谈对象。在挑选访谈对象时，社会工作者除了挑选那些愿意配合的服务对象作为访谈对象之外，还要依据正和反两种情况对每个影响因素进行再分类。这样，如果社会工作者选择了4个重要影响因素，就会出现8种情况。例如，社会工作者选择了儿童的学习态度、家庭的经济状况、父母的空闲时间和父母的辅导能力作为影响流动儿童课业辅导需求的重要因素，那么就会出现流动儿童课业辅导的8种情况。这8种情况分别是：儿童的学习态度好和儿童的学习态度不好、家庭的经济状况好和家庭的经济状况不好、父母有空闲时间和父母没有空闲时间，以及父母有辅导能力和父母没有辅导能力。针对这8种情况，社会工作者就可以选择相对应的8户流动儿童家庭，依次进行访谈。需要注意的是，针对每一种情况社会工作者只选择一户典型家庭作为访谈对象就可以了。访谈时，围绕这一影响因素展开访谈，整理访谈的信息资料。因此，针对同一个影响因素，社会工作者就可以在访谈中从正面和反面两个角度了解这一因素的影响，并且相互印证，以保证信息资料的完整性和客观性。另外，访谈需要逐一进行，前一个访谈结束并且整理完信息资料之后，社会工作者才能开始下一个访谈。这样安排是为了尽可能避免重复访谈，节省访谈的时间和精力，只要在之前访谈中出现过的信息资料，社会工作者就可以略过。

确定好访谈名单后，社会工作者就可以根据访谈名单逐一进行访谈，围绕每一种情况需要了解的影响因素与访谈对象进行交流。这一阶段的访谈最好采用半结构性访谈的方法，既需要有明确的访谈主题，也需要给被访者充分的表达空间。如果社会工作者在访谈中发现还有其他影响服务人群需求变化的重要因素，就可以调整访谈的类型，增加访谈对象。访谈对象的选择标准依旧遵循一个因素增添正反两种情况的原则。

（二）如何整理访谈资料

由于服务项目需求评估的时间有限，在运用访谈法收集需求评估信息资料过程中常常遇见的另一个难以处理的问题是访谈资料的整理。虽然非结构性访谈和半结构性访谈能够给被访者比较大的空间呈现自己内心真实的感受和想法，但是这种信息资料收集的方法也会带来另一个问题，就是信息资料过于丰富。对于缺乏分析经验的新手来说，他们很难从中整理出清晰的理解框架，常常出现顾此失彼的现象，不是过于关注访谈信息资料的细节，陷入多样性的困惑，就是只注重理解逻辑框架的清晰，忽视访谈信息资料的真实性。不过，访谈信息资料的整理也是有规可循的，需要社会工作者遵循以下三项基本原则。

第一，资料整理要与访谈安排同步。一些社会工作者为了节省整理访谈资料的时间，喜欢在访谈全部结束之后再开始访谈资料的整理工作。实际上，这样做不仅不会缩短访谈资料处理的时间，而且会出现两个问题：一是重复访谈，浪费时间和精力；二是信息资料不足，无法及时跟进访谈进行资料补充，导致访谈资料的缺漏，出现访谈资料科学性不足的现象。如果社会工作者完成一个访谈之后及时进行访谈资料的整理，就可以随时发现访谈过程中出现的偏差，进行跟进访谈，补充访谈资料。这样做既可以保证之前访谈资料的完整性，又可以为之后访谈的安排做好准备，避免相同信息的重复访谈。因此，社会工作者完成了第一个访谈之后，在组织第二个访谈时，就可以减少访谈的时间了，如果遇到相同的信息资料，就可以快速跳过，重点关注那些新出现的信息资料。以此类推，每完成一个访谈，下一个访谈的时间和资料处理的时间就会减少，出现访谈时间和精力逐次递减的现象。显然，这种访谈一个整理一个的方法不仅能够为社会工作者节省不少的访谈时间，而且能够为社会工作者减少信息资料处理的时间。

第二，类型概括要与差异分析同步。在整理每一次需求评估访谈资料时，社会工作者都会面临一个同样的问题，就是如何处理类型化和差异化这两种不同的信息。相比较而言，类型化信息处理比较容易，通过归纳和总结的方式提炼出能够概括这些类型化信息特征的核心概念。如针对这些有课业辅导需求的流动儿童，社会工作者在访谈过程中发现，他们对学习的态度相似，有的直接说不喜欢，有的对学习感到害怕，有的对学习产生抗拒情绪。这样，社会工作者就可以将这些类似的表现概括为流动儿童学习的消极态度。不过，对于一些差异化信息，如果社会工作者继续运用归纳和总结的方法，就会遇到一些困难。例如，同样都是有关流动儿童课业辅导需求的访谈，社会工作者发现，访谈中被访者强调，自己是因为喜欢学习，才希望能够有课业辅导方面的帮助。显然，遇到这样的情况，社会工作者很难直接运用归纳和总结的方法提炼其中类型化的概念，除非社会工作者对这种差异化的信息做进一步的了解和分析，直到发现其中可以将它与之前的信息进行类型化概括的新的线索和角度。例如，社会工作者可以这样解释这种差异化信息：当流动儿童对学习采取一种消极态度时，课业辅导的需求来自周围他人；而当流动儿童对学习保持一种积极态度时，课业辅导的需求则来自他们自身。可见，社会工作者在整理访谈资料时，就不能只关注那些可以直接进行归纳和总结的类型化信息，同时还需要注意那些暂时没有办法进行直接归纳和总结的差异化信息。实际上，只有通过对这些差异化信息的探询，社会工作者才能发现更能够呈现服务人群在特定生活场景中的成长改变的状况。

第三，应对分析要与资料饱和同步。在整个访谈过程中，社会工作者需要把关注的焦点投向"怎么做"（how）而不是"做了什么"（what）上，因为社会工作专业服务项目需求评估的重点是希望能够协助服务人群找到生活困境的解决方法，以便设计有针对性的项目服务活动。例如，还是拿有课业辅导需求的流动儿童来说，社会工作者在访谈对话中就需要关注这些流动儿童是在什么情况下有了课业辅导需求的，即这些流动儿童遭遇什么问题时，才出现课业辅导的需求，以及他们在应对这些困难时运用了哪些能力和资源、是怎么做的。只有围绕"怎么做"这条主线，才能将不同的信息联系起来，勾画出服务人群在特定的困境中寻找问题解决方法的过程以及其中呈现的可以成长改变的空间。值得注意的是，采用这种逐一访谈的方法，就可以在每一次访谈过程中把关注的重点放在新出现的"怎么做"的信息上。这样，每访谈一次，下一次的访谈时间就会减少，直到社会工作者发现没有更多的新信息，就可以结束访谈了。如果在访谈结束时，社会工作者发现还有新的信息，就需要根据这些新信息增添访谈类型，直到信息资料出现饱和为止。

此外，社会工作者在运用访谈法收集信息资料的过程中，还可以根据实际情况交错使用面对面访谈、电话访谈，或者网络访谈等不同的访谈手段，以节约访谈的时间和精力。例如，在访谈资料的整理过程中，如果社会工作者发现一些访谈要点虽然被问过，但是被访者回答得不够清楚，就可以采取电话访谈方式来补充。这样，社会工作者就可以有针对性地把那些遗漏的信息补齐。总之，服务项目需求评估的访谈与一般社会科学研究的访谈不同，它的重点是了解服务人群在生活困境中如何改变，因而也就需要围绕应对分析开展信息资料的收集和整理工作，尽可能节省访谈的时间和精力。同时，服务项目需求评估的访谈又需要遵守一般社会科学研究访谈的要求，做到资料整理与访谈安排同步、类型概括与差异分析同步以及应对分析与资料饱和同步等，以保证服务项目需求评估信息资料的客观性和有效性。

三 服务项目需求评估中的观察法

由于社会工作专业服务项目需求评估的目的是了解服务人群在特定生活场景中的成长改变的要求，因此，如何在特定生活场景中运用观察法就成为社会工作者需要掌握的内容。观察法是社会工作者经常使用的收集相关信息资料的重要方法之一。所谓观察法，顾名思义，就是要求社会工作者通过用眼睛看的方式了解服务人群的日常生活安排，以及他们在特定生活场景中的成长改变状况，而不是通过提问的方式收集信息资料。与其他信息资料收集的方法相比，观察法的独特优势在于，它可以让社会工作者直接看到被访者在日常生活场景中实实在在做了什么，身临其境地体会被访者的生活安排和生活压力，特别对于那些语言表达有困难的服务人群来说，观察法是了解他们生活的重要方法之一。尽管访谈法很重要，是帮助社会工作者了解服务人群内心想法和感受的重要途径，但是人们的生活处境与他们的内心想法并不是一一对应的，往往更为复杂，这就需要社会工作者在运用访谈法收集服务项目需求评估资料的同时，还需要学会使用观察法收集服务项目需求评估的相关信息资料，以便相互印证、相互补充。需要注意的是，由于观察对象的选择与访谈对象的选择一样，所以社会工作者常常将两项工作结合在一起安排，避免工作的重复和时间的浪费。

（一）日常观察法的应用要点和资料记录

在服务项目的需求评估中，社会工作者的观察不能是无目的、无方向的，而首先需要选择服务人群典型一天的生活安排。这里的典型一天是针对日常生活安排来说的，也就是说，平时服务人群就是这样安排日常生活的，它反映的是服务人群在日常生活中面临的常态化的任务和要求。此外，在明确了典型一天之后，社会工作者需要根据 5 个 W 和 1 个 H 的观察框架（5W+1H）去仔细观察服务人群的一日生活安排，同时也要做好记录。这里提及的 5 个 W 和 1 个 H 是指谁（who）、在什么时间（when）、在什么地方（where）、与谁（whom）、做了什么（what），以及怎么做（how），它是对服务人群典型一天的全方位考察。

具体而言，"谁"（who）指的是被观察的服务人群，因而观察的重心也就需要围绕服务人群展开，观察他们在典型一天中的生活安排。"在什么时间"（when）指的是服务人群在典型一天中的时间安排。如果服务人群因社会工作者的介入而需要调整日常生活的时间安排，他们的日常生活节奏就容易被打乱。显然，这样的服务项目活动安排是不合理的，它会给服务人群带来负面影响，即使服务项目取得了成效，这样的成效也很难维持。这就要求社会工作者在安排项目的服务活动时，尽可能不要去影响服务人群的基本生活安排。"在什么地方"（where）是指服务人群日常生活的具体场所，不同的日常生活安排常常需要不同的生活场所。当社会工作者想要让服务项目与服务人群的日常生活安排对接时，需要思考在什么地点开展项目的服务活动最能贴近服务人群原本的生活。除了需要考察服务人群的行动能力外，如对于长期卧床不起的老年人，项目的服务活动只能安排在家庭场所中，还需要关注服务人群自身的日常习惯和生活记忆，避免在陌生场所开展项目服务，让服务人群感到有隔阂。"与谁"（whom）是指服务人群在做某件事的时候，谁在他们的身边与其互动，谁给予他们最多的支持和帮助，又是谁与他们的冲突最为明显。对这一点的观察可以让社会工作者了解到服务人群与身边重要他人的互动方式如何影响着他们的日常生活安排，以及项目的服务介入可以去调动和调整其中的哪些关系。对于服务难度较大的项目而言，了解服务人群与谁互动这一点非常重要，因为这样的服务项目往往涉及服务人群的日常生活照顾和情感安抚，如精神障碍患者、阿尔茨海默症患者或者自闭症儿童等人群的服务项目，就需要考察他们与身边照顾者之间的互动关系。身边最亲近的人对这些服务人群的需求最为了解，他们也是这些服务人群寻求成长改变最重要的资源。"做了什么"（what）是指服务人群的具体生活内容。尽管有些生活内容看上去与社会工作的项目服务没有直接的关系，只是服务人群自己的生活习惯，但是细心的社会工作者会发现，如果社会工作专业服务项目的活动安排妨碍了服务人群的这些生活习惯，就容易遭到拒绝，即使服务人群愿意去做调整，也意味着他们为此需要付出比社会工作者预期还要多的努力。"怎么做"（how）则是指服务人群做事情的方式。即使在同样的场所做同样一件事情，不同的人群也会采取不同的方式。显然，这一点对于特殊人群的服务项目设计来说，是非常重要的。例如，对患有自闭症的儿童来说，用语言的方式与他们沟通不一定有效。社会工作者需要了解这些儿童平时与周围他人的沟通方式，选择适合他们的沟通方式融入项目的服务活动设计中，才能让社会工作专业服务项目更有针对性。

　　在时间和精力有限的条件下，社会工作者有时无暇顾及上述所有的观察内容。但是无论如何，在对服务人群进行日常观察时，社会工作者需要做好时间（when）、生活内容（what）以及和谁（whom）这三个至关重要内容的观察和记录，因为只有当社会工作者了解了服务人群日常生活原来的样子，即在什么时间和谁一起做什么，才能把项目服务自然地放进服务人群的日常生活中。因此，社会工作者在设计服务项目时需要坚持这样一项原则：要让服务适应服务人群的生活，而不是裁剪服务人群的生活适应服务。否则，项目服务开展得越多、越快，服务人群的日常生活就会被打乱得越多、越快。

在观察服务人群典型一天的日常生活安排时，社会工作者还需要根据 5 个 W 和 1 个 H 的日常生活观察框架做好观察记录，观察记录的表格见表 2-1。例如，针对一个需要课业辅导的流动儿童，社会工作者在服务项目需求评估的观察中就需要了解他平时几点起床、几点上学、学校放学时间又是几点、放学回来之后是怎么安排时间的、晚上一般几点睡觉等，在这些不同的时间段他通常做什么、与谁在一起互动、是在什么地方完成这些事情的、他平时喜欢采取什么样的方式做事情。这样，社会工作者就能够对需要课业辅导的流动儿童的日常生活有总体的了解和把握，选择最恰当的时间、最合适的内容、最重要的支持以及最方便的地点和最喜欢的方式开展项目的专业服务，充分挖掘和调动服务人群自身拥有的能力和资源，有效地推动服务人群的成长改变。

表 2-1　服务人群一日生活观察表

时间	生活内容	和谁	地点	方式
8：00～10：00				
10：00～12：30				
12：30～13：30				
⋮				

通常，社会工作者只能在一个或者几个时间段观察服务人群的日常生活安排，而其他时间的安排则需要借助询问的方式才能了解到。了解了服务人群整个典型一天的时间安排后，社会工作者才能确定什么时间开展什么样的项目服务活动比较合适。不过，有时因为时间和精力的限制，社会工作者在全面了解服务人群典型一天的时间安排之前，就选择了项目服务的介入时间。为此，社会工作者需要在之后项目服务活动的开展过程中进一步完善服务人群一日生活观察表的信息资料，并且随着了解的深入，逐渐调整项目的服务介入时间安排，保证项目的服务活动安排能够跟随服务人群成长改变的步伐。

（二）系统观察法的应用要点和资料记录

与日常观察法对整个典型一天生活的全方位观察不同，系统观察法则是聚焦于某个特殊行为的发生过程和机制进行细致观察，它主要应用于与行为调适、行为矫治等行为改善相关联的服务项目的需求评估。系统观察法假设，任何人的行为都是在与身边重要他人的互动过程中形成的，是一个相互影响、循环作用的过程，其中任何一方行为的改变都会导致其他方的行为的变化，最终互动双方或者多方在相互影响过程中达成某种应对的平衡。因此，服务人群的行为改变不是他自己的改变，而是涉及相关联的互动各方应对方式的调整以及新的平衡机制的形成。

在应用系统观察法开展服务项目的需求评估时，社会工作者可以通过提出行动上的要求让服务人群展现他们是如何与身边的重要他人互动的，从而去了解互动中的什么环节出了问题、互动双方的哪些应对方式需要调整等，将考察的重点放在特定场景中服务人群与身边的重要他人相互影响的过程上。例如，社会工作者在服务项目的需求评估中发现，大多数需要课业辅导的流动儿童在面对学习困难时，他们的态度都会发生明显变化，变得更加消极，特别是当父母对他们的态度不好时，他们就会出现抵触情绪，不愿意做作业。针对这样的问题，社会工作者就需要进一步观察父母与孩子之间的互动状况，了解父母的教育方式对于孩子情绪变化的影响以及孩子回应父母要求的过程。为此，社会工作者可以先让父母按平时的方式指导孩子的课业，自己成为观察者，了解他们之间是如何相互影响的，或者提出如给父母倒杯水这样的小任务来引发双方沟通的场景，从而进行行动上的观察。在针对失能老人的服务项目需求评估中，社会工作者也可以让照顾者演示他们平时是怎么给老人喂饭、处理褥疮的。在这个过程中，社会工作者就可以观察失能老人与照顾者之间的互动过程，找到双方需要调整的行动环节和应对方式。显然，系统观察法的考察重点是人们的应对行动。

实际上，对于应对行动的考察，人们常常因为所站的位置不同而有多种不同的观察视角。我们来看一看下面这个案例。

案例2-4：这些有着课业辅导需求的流动儿童学习习惯不好，贪玩，做作业没有计划，很多时候只是应付，而且学习兴趣不高，学习基础也不好，上课经常听不懂，作业写起来困难；他们的父母工作时间很长，没有时间指导，或者文化程度比较低，没有能力指导，而且这些父母对待孩子的态度也比较粗暴，常常大声训斥孩子。

仔细阅读上面这个案例我们可以发现，这些流动儿童的学习表现和态度影响父母的教育方式，导致他们常常用"大声训斥"的方式处理与孩子之间的冲突；当然，父母对孩子完成不了学习任务时的态度又反过来影响着这些流动儿童的学习动力和学习习惯，使他们表现出"学习习惯不好""贪玩"等问题。这样，针对这些流动儿童的学习行为改善就有了两种完全不同的观察视角：一种是从父母角度来看的，孩子的学习行为改善就变成了父母情绪管理能力提升的问题；另一种是从流动儿童角度来观察的，他们的学习行为改善就变成了自身抗逆力提升的问题，即在父母情绪不好的时候，也让自己保持学习的动力和好的学习习惯。值得注意的是，系统观察法之所以强调对服务人群与身边重要他人的具体互动过程进行考察，就是希望能够将不同的观察视角联系起来，根据它们之间相互影响的循环逻辑进行系统的观察，避免单一观察视角的不足。

系统观察法把人的行为习惯的形成分为五个层次，即五个步骤。第一步，识别环境要求。系统观察法是从服务人群行为发生的场景出发开始观察的，它首先要求社会工作者观察服务人群生活的环境，了解这样的环境对服务人群提出什么样的行为应对要求。以上面提到的流动儿童案例为例，这些有课业辅导需求的流动儿童每天都需要面对学习环境，这样的环境向他们提出了掌握学习课程任务的要求。显然，这一步的观察是为了了解服务人群对环境要求的识别能力。第二步，明确应对方式。在了解了环境对服务人群提出的行为应对要求后，社会工作者就需要进一步观察服务人群在面对这样的环境要求时所采取的应对行为。例如，这些需要课业辅导的流动儿童"上课经常听不懂，作业写起来困难"，而且"做作业没有计划，很多时候只是应付"。通过这一步的考察，社会工作者就能够判断服务人群的行为应对能力。第三步，察看证据寻找。当服务人群回应了环境提出的要求之后，社会工作者则需要跟进服务人群的应对行为，察看他们是如何寻找应对行为成效的证据的。如果他们觉得行动之后压力反而增加，就会寻找其他的行为应对方法。如果他们觉得压力减轻了，就会以此为有效的证据，在以后的行为应对中继续采用这种行为应对方式。这样，当这些需要课业辅导的流动儿童面对父母的"粗暴"态度和"大声训斥"而又找不到学习压力减轻的行为应对方法时，他们仍旧会采用原来的行为应对方式。第四步，审视行为维护。一旦服务人群再次采用原来的行为应对方式，就会不自觉地寻找这样做的理由，让自己相信这样做是"正确"的。而且，在"正确"理由指导下，服务人群又会进一步寻找应对行为中这种"正确"做法的证据。因此，在反复循环论证中，这些需要课业辅导的流动儿童"学习兴趣不高，学习基础也不好"，这些证据又反过来促使他们选择原来的学习应对方式。第五步，观察循环建构。当服务人群陷入自我论证的循环圈时，社会工作者不能仅仅从服务人群的角度来观察，同时还需要考察周围重要他人的行为应对方式，分析双方是如何相互建构现在的行为习惯的。显然，在父母采取了"粗暴"的态度"大声训斥"之后，这些需要课业辅导的流动儿童并没有什么变化，还是采用原来的行为应对方式。这样，父母只能把"工作时间很长""文化程度比较低"作为自己的行动理由。一方面，儿童觉得自己的"学习兴趣不高，学习基础也不好"；另一方面，父母觉得"工作时间很长""文化程度比较低"。两者相互影响，形成了这些需要课业辅导的流动儿童的学习行为习惯。

通过以上五个步骤的分析，社会工作者能够找到这些流动儿童需要行为改善的重要环节。不过，由于实际服务项目开展时，社会工作者的时间和精力都有限，可以将系统观察法的五个步骤简化为其中最为核心的前三个步骤，即识别环境要求、明确应对方式和察看证据寻找。这三个步骤是对服务人群采取有效应对行为的三种能力的考察，识别环境要求是考察服务人群对环境信息的识别能力，明确应对方式是考察服务人群的行为应对能力，而察看证据寻找是考察服务人群对行为成效的分析能力。值得注意的是，社会工作者在运用系统观察法开展服务项目需求评估时，需要遵守三项基本原则。第一，行为观察要从环境要求识别开始。这样就能从环境的要求出发来理解服务人群的心理状况，把服务人群放回到日常生活中，而不是直接从动机或者需求入手分析服务人群的行为表现，避免过分夸大心理因素的影响，看不到日常生活环境的作用。第二，行为观察要与证据寻找结合起来。人们在回应环境要求的过程中会寻找行为应对的理由，以便为之后的应对行为的选择提供条件。服务人群也一样，他们也是一边行动，一边寻找行动的理由。可见，证据寻找是联结应对行为的重要环节，人们只有通过考察这一重要环节，才能理解应对行为选择的内在逻辑。第三，行为观察要与周围重要他人的应对行为联系起来。服务人群的应对行为是在特定环境中产生的，它不仅影响周围重要他人，周围重要他人也会采取一定的应对行为，影响服务人群。正是在这样的相互作用过程中，服务人群的应对行为才能找到生存的空间，不断维持下去。

介绍了系统观察法的五个步骤和三项原则之后，再回过头来看这一小节开头作为案例的观察记录我们就会发现，这个案例的观察记录的描述逻辑是不清晰的，虽然这段文字呈现了服务人群和身边重要他人的应对行为方式，但是并没有梳理出这两者相互作用的内在逻辑。依据系统观察法的要求，社会工作者可以对这个案例的观察记录进行调整，将它们分为五个层次来介绍：首先，从识别环境要求开始，找到这些需要课业辅导的流动儿童的日常生活环境对他们提出的学习要求；然后，明确应对方式，描述这些需要课业辅导的流动儿童的学习应对方式；接着，深入察看证据寻找，解释这些需要课业辅导的流动儿童是如何分析自己应对行为的成效的；再接着，审视行为维护，增添这些需要课业辅导的流动儿童再次选择现有行为应对方式的理由；最后，观察循环建构，将这些流动儿童的应对行为与父母的应对行为联系起来，建立相互影响的行为应对逻辑。

显然，系统观察法遵循的是一种环境中选择的逻辑，它强调环境是变化的，总会出现超出人们想法和意愿的任务要求，所谓适不适应，就是看人们在面对这些任务要求时能不能及时调整自己，既能够符合环境的任务要求，又能够把自己的愿望放到应对行为中，找到自己成长改变的空间，让自己的成长与环境的变化达到某种平衡；而不是从自己的意愿出发，看自己的意愿是否符合环境的要求，采用一种将个人与环境割裂开来的二元对立的思维逻辑。可见，学会运用系统观察法的关键是看待日常生活环境的态度，把自己融入日常生活场景中，在生活中做选择；而不是抽离日常生活，站在生活之外观察和把控生活。

第四节　针对单位的服务项目需求评估

除了针对服务人群开展需求评估外，社会工作者在服务项目设计和规划过程中还会经常遇到另一种类型的需求评估，它是专门针对服务单位开展的需求评估，如外来流动人口家庭或者无物业小区的服务项目，这些服务项目的需求评估对象不是个人，而是家庭或者小区这样一个单位。尽管单位的规模可以不同，但是它们有一个共同的特点，就是一个单位由多个人组成。这样，一个单位的需求也就包括内部和外部两个部分，而且这两个部分又是相互影响的。因此，针对单位的服务项目需求评估也就有了自己的一些要求，它与服务人群的服务项目需求评估明显不同。

一　针对单位的服务项目需求评估的基本框架

就服务项目需求评估的焦点而言，针对单位的服务项目需求评估与服务人群的服务项目需求评估一样，都是通过"问题需求"和"能力资源"两个维度的考察来确定的。只不过此时依据的考察对象不是服务人群中的某个人，而是某个单位。如果考察的是家庭，就以整个家庭为单位，了解整个家庭在日常生活安排中的"问题需求"和"能力资源"。同样，如果考察的是小区，就以整个小区作为分析的单位。当然，在服务项目需求评估实际开展的过程中，社会工作者就会发现，同一个单位中的不同人的需求是不同的，而且他们在表达需求的过程中常常把单位内部的需求与单位外部的需求混杂在一起，因此，社会工作者需要通过与同一单位中的不同人的交流确定整个单位的成长改变要求。

> **案例 2-5**：社会工作者小王在一项针对外来流动人口家庭的需求评估中发现，在这样的家庭中，尽管父母都希望孩子学习成绩好，未来能够找到一份好工作，不要像他们那样辛苦打拼，但是他们对孩子的学习要求是不同的：父亲常常要求孩子学习要自觉，成绩要优秀，不要让老师来"告状"；母亲则希望孩子能够听老师的话，认真学习，及时完成作业，做事不拖拉，无论做什么事不要让人催着。而孩子自己则希望父母不要老是"唠叨"，能够给他们多一些玩的时间，周末也能带他们出去玩。

在分析上述外来流动人口家庭的需求评估资料时，社会工作者首先要找出整个家庭的"问题需求"，而不能陷入某个家庭成员的成长改变要求中。就整个家庭而言，这些外来流动人口家庭比较突出的"问题需求"是"希望孩子学习成绩好，未来能够找到一份好工作"，但是孩子并没有意识到这一点。值得注意的是，在分析整个家庭的"问题需求"时，社会工作者需要区分家庭内外的生活界限。这里所说的整个家庭的"问题需求"是指整个家庭面对来自家庭外的生活挑战，而不是所有家庭成员的共同需求。因此，社会工作者就需要将整个家庭放在它的生态环境中来考察，了解作为一个家庭它需要面对哪些日常生活环境提出的挑战。这样，社会工作者就能够依据家庭外生活中的"问题需求"确定整个家庭的"能力资源"。不过，即使清晰界定了整个家庭的"问题需求"和"能力资源"，服务项目需求评估工作却并没有完成，因为每位家庭成员除了参与家庭外的生活安排之外，还需要进行家庭内部生活的沟通，而且在家庭内部生活中表现出来的需求直接影响着整个家庭需求的变化。因此，在完成了整个家庭的需求评估之后，社会工作者还需要进一步分析家庭内部的需求，了解不同家庭成员的需求是如何相互影响的，以及这样的影响又是如何与整个家庭需求形成相互影响的循环圈的。这就是人们通常所说的家庭需求分析，它包括家庭内部的需求分析、家庭外部的需求分析①以及家庭内外的需求分析三个部分。社区或者其他单位的需求分析也涉及这三个方面的需求变化。

还是以上述外来流动人口家庭的服务项目需求评估案例为例，在针对家庭内部的需求分析中，社会工作者需要重点考察家庭内部生活的三个方面的变化对需求的影响。② 一是家庭沟通，即家庭成员在孩子遇到学习困难时是如何沟通的。父亲要求孩子"学习要自觉，成绩要优秀，不要让老师来'告状'"；母亲则希望孩子"能够听老师的话，认真学习，及时完成作业，做事不拖拉，无论做什么事不要让人催着"；而孩子自己希望"父母不要老是'唠叨'，能够给他们多一些玩的时间"。显然，三者的想法各不相同，他们之间需要借助一定的沟通方式才能达到某种平衡。如果家庭沟通方式改变了，家庭成员的需求也会随之而改变。二是家庭权力结构，即家庭成员在沟通过程中遇到不同意见时是如何做出最后的行动决定的。它不仅涉及每个家庭成员对其他家庭成员的影响力，而且涉及家庭权力的结构和运行方式。因此，社会工作者除了需要了解谁做出家庭的最后决策之外，还需要考察整个家庭决策的过程以及家庭决策做出后的跟进方式。例如，

---

① 家庭外部的需求分析就是以整个家庭作为单位的问题需求分析，因为这部分内容已在前文中做了介绍，所以后文不再赘述。

② 有关家庭内部需求的分析有多种不同的理论视角，这里借用了系统理论的观点，强调家庭内部需求受三个根本因素的影响，即家庭权力结构、家庭沟通和家庭边界，参见 Greene（2008b）。

家庭决策过程是如何安排的，家庭成员是否有讨论的空间，家庭成员中的不同意见是如何处置的，家庭做出决策之后又是如何安排任务的，等等。这些家庭决策的信息能够帮助社会工作者深入了解家庭成员需求之间的内在关系以及背后的影响因素。三是家庭边界，即家庭成员在沟通和决策的过程中是如何确定他们之间的交往界限的。它涉及家庭内部子系统之间的相互作用，从而影响整个家庭的功能发挥。在家庭内部，常见的子系统包括夫妻、兄弟姐妹等。如果亲子关系过于紧密，就会影响夫妻子系统之间的沟通和他们的需求；如果夫妻关系过于紧密，也会影响亲子交流和他们的需求。总之，针对家庭内部的需求分析，社会工作者需要重点考察家庭沟通、家庭决策和家庭边界三个方面对每位家庭成员需求的影响。

就家庭内外的需求分析而言，社会工作者可以把整个家庭视为一个单位，运用系统观察法对家庭的需求进行深入的考察，重点分析整个家庭的环境信息的识别能力、行为的应对能力以及成效的分析能力。这样，借助家庭内外的需求分析，社会工作者就能够将家庭内部的需求分析与家庭外部的需求分析结合起来，形成完整的家庭需求评估报告。不过，值得注意的是，针对一个单位开展服务项目需求评估时，它所需要的评估内容远远要比服务人群的项目需求评估复杂得多，相应地，它需要耗费的时间和精力也比较多。因此，社会工作者在设计和规划这样的服务项目时，就需要有所侧重，可以根据实际服务处境的要求，或者偏向单位内部的需求分析，或者偏向单位外部的需求分析，或者偏向单位内外的需求分析。

二　针对单位的服务项目需求评估的安排

单位的服务项目需求评估比服务人群的服务项目需求评估更为复杂，而且它也往往没像服务人群的服务项目需求评估那样有清晰、明确的评估要求，因此，当社会工作者面对一个单位的服务项目需求评估时，他首先面对的难题是：不知道从哪里入手开始服务项目的需要评估，也不知道怎样安排服务项目的需求评估工作。我们来看一看下面这个案例。

　　案例 2-6：这是一个老旧小区，居住的主要是拆迁安置的居民，由于小区建成的时间比较早，小区的配套设施不足，没有物业管理。小区的环境和安全成为居民生活中头疼的问题，他们多次到社区居委会申请小区改造，希望能够提高小区的安全性。在多方努力下，该社区愿意拿出一定的资金向社会购买服务项目，目的是提高小区居民的安全感。

面对这样的服务项目诉求时，如果社会工作者继续按照服务人群的需求评估方式安排服务项目的评估工作就会发现，这样的服务项目并没有提供明确的服务人群以及相关的评估要求。显然，按照服务人群的需求安排服务项目需求评估工作的思路，是走不通的。如果社会工作者不转换思路，从小区居民提出的安全感着手，通过调研明确小区居民所说的安全感到底指什么，然后依据小区居民所需要的安全感提供相对应的项目服务；这样的服务项目的需求评估思路尽管听起来可行，但是社会工作者在实际开展服务过程中很快就会发现，小区居民提出的安全感内容有很多，而且针对每一项安全感内容的服务安排千差万别，更为重要的是，依据小区居民安全感的要求设计的服务项目就会遵循"需求－满足"的服务逻辑，导致居民的依赖性。

因此，社会工作者首先需要转变对待这种类型服务项目的看法，把它作为一种针对单位而开展的服务项目需求评估。作为一个单位，它也像人一样，有自己的成长改变要求。只有围绕单位的成长改变要求，社会工作者才能开展针对单位的服务项目需求评估。为了找到整个小区单位的改变焦点，即服务项目的需求评估焦点，社会工作者通常需要采取三个步骤。第一步，把目标转化成问题，即把小区居民提出的提升安全感的要求转化成他们在日常生活中面临的环境和安全方面的问题。有了这样的行动目标，社会工作者就可以走进小区开展调查，既可以采取问卷调查法对项目的需求焦点和服务人群进行初步筛查，也可以运用访谈法找到项目的需求焦点和服务人群。例如，社会工作者通过对小区的调查发现，"提高小区居民的安全感"的背后是小区生活垃圾得不到及时处理和小区常见的高空坠物没有人管的问题。只有找到了小区这些实实在在的问题，社会工作者才能够确定与这些问题相关的需要服务的人群，把人群的服务与小区的发展联系起来，而针对单位的服务项目也因此有了需求焦点和相关的服务人群。第二步，把问题转化成场景，即根据问题出现的场景对问题进行分类，并由此确定针对单位的服务项目的子项目。此时，社会工作者需要借助访谈法和观察法来确定问题出现的不同场景。如社会工作者通过走访小区了解到，小区生活垃圾得不到及时处理主要表现为生活垃圾清理的次数太少，影响垃圾存放点附近的小区居民的生活，以及在狭窄的楼道存放生活垃圾影响居民上下楼，而小区常见的高空坠物则主要发生在空巢独居老人较多的几栋楼宇。这样，社会工作者就可以将整个小区的服务项目分为三个子项目：小区生活垃圾的及时清理、狭窄楼道的生活垃圾清理以及空巢独居老人较多的楼宇的垃圾处理。第三步，把场景转化成评估，即依据场景中相关服务人群面临的问题和相关联的需求从"问题需求"和"能力资源"两个维度进行需求评估，完成每个子项目的需求评估工作。这样，通过三个步骤的转化，社会工作者就能够将针对单位的服务项目需求评估转变成针对服务人群的服务项目需求评估，最终完成针对单位的服务项目的需求评估工作。当然，到底整个小区的服务项目选择几个子项目，则需要社会工作者根据项目的服务要求和机构的服务能力来确定，但是就单位的服务项目需求评估而言，它需要遵循以上"三步走"的设计思路。

尽管针对单位的服务项目需求评估要比针对服务人群的服务项目需求评估复杂，不仅它的内容比较多，涉及的服务人群比较广，而且需要将单位的成长改变要求与服务人群的成长改变要求联结起来，但是实际上，两者的服务项目需求评估的逻辑是相同的，都是将人放回到日常生活场景中，关注他们在生活困境中的需求，并且找到他们应对生活困境的能力和资源，遵循"能力-提升"的服务设计逻辑，目的是协助服务人群在日常生活中实现成长改变。不过，值得注意的是，由于针对一个单位的服务项目需求评估既涉及单位外的需求评估，也涉及单位内的需求评估，甚至还涉及单位内外的需求评估，因此，社会工作者在开展针对单位的服务项目需求评估时要有所侧重，避免"西瓜芝麻一把抓"。

第五节　服务项目的焦点选择和深度走向

在完成了服务项目的需求评估工作之后，社会工作者就需要对收集到的资料进行整理和分析，以便能够制订有针对性的项目服务方案。与一般的服务活动的需求评估不同，服务项目需求评估涉及的服务人群的生活层面比较多，不仅有个人层面的，而且有人际层面的和社会层面的。这样，服务项目需求评估资料的整理也就有了自己的要求，除了需要明确服务项目的介入焦点之外，还需要梳理服务项目的深度走向，即朝什么方向开展项目的服务，保证项目服务既能够立足于日常生活，又能够符合专业的要求，拥有一定的专业服务深度和服务成效。

一　服务项目的焦点选择

当社会工作者面对一堆服务项目的需求评估资料时，脑海中就会出现一个疑问：如何通过资料的整理和分析找到服务项目的介入焦点？有了介入焦点，服务项目才能够有明确的服务核心，而围绕这一核心，服务项目的不同活动才能够串联起来，形成有内在关联的整体。可以说，服务项目的介入焦点就像串珠子的一条线，只有通过这条线，才能让不同的珠子找到自己的位置。我们来看一看下面这个案例，这是社会工作者在服务项目需求评估之后所做的资料整理中的一部分。

> 案例 2-7：在课业辅导方面，这个社区的流动儿童普遍存在学习基础不好的问题，特别是英语，差距比较大，跟不上班级的学习进度，完成作业的速度比较慢，学习自觉性差；他们的父母工作时间长，没有空闲指导孩子读书和完成作业。此外，他们的学习环境也比较差，非常吵闹，他们经常需要在路边或者父母开的店里写作业。有时候，邻近的几个孩子会一起做作业。做完作业之后，比较要好的几个小伙伴就会一起玩。

面对上述案例，社会工作者需要怎样选择服务项目的介入焦点？显然，这个案例呈现出来的问题有很多，如"学习基础不好""完成作业的速度比较慢""学习自觉性差""父母工作时间长""学习环境也比较差"等，而且涉及人群也不少，有学习基础不好的流动儿童、他们的父母、小伙伴等。在这么多的问题和人群中选择服务项目的介入焦点，社会工作者需要进行仔细的分析和比较，首先，从中挑选出受问题困扰最大、最迫切需要改变的人群作为项目最核心的目标人群，如果社会工作者发现，针对最迫切需要改变的人群无法开展服务，就可以根据迫切程度依次选择其他需要改变的人群作为目标人群；其次，围绕目标人群面临的问题，挑选出其中最迫切需要解决而且社会工作者有能力解决的问题；最后，针对这样的问题寻找直接相关联的其他服务人群。这样，服务项目不仅有了最核心的目标人群，而且有了问题解决过程中直接相关联的其他服务人群，而针对这些不同服务人群开展的服务活动就能够凭借问题解决的过程联系起来形成合力，一起推动目标人群的成长改变。

需要注意的是，一个服务项目最好选择一个目标人群，因为一旦出现两个或两个以上的目标人群，项目的服务活动安排就会出现困难，不仅服务活动之间的关系很难梳理清楚，而且很容易造成服务活动的重复和浪费。此外，社会工作者也需要避免另一种情况的出现，即整个服务项目只选择一个服务人群，或者虽然选择了几个服务人群，但是把他们都作为核心的目标人群来对待。这样做，一方面会让社会工作者看不到目标人群身边的重要社会支持，无法充分发掘目标人群的能力和资源；另一方面，也是最为重要的方面，社会工作者无法把目标人群放回到他们的日常生活中，不能针对他们在日常生活中遭遇的困扰开展专业服务，最终使服务项目走向以需求为导向的救济式的服务，损害目标人群自身已经拥有的能力。

为了便于理解，我们就对上述例子做进一步介绍。在这个案例中，可以选择的服务人群包括社区中的流动儿童、他们的父母以及小伙伴。通过比较，如果社会工作者发现流动儿童最迫切需要改变，就可以选择流动儿童作为服务项目的目标人群，那么这个服务项目就是关于流动儿童成长改变的；如果社会工作者发现，这些流动儿童的父母最迫切需要改变，就可以选择他们作为服务项目的目标人群，那么这个服务项目就是关于流动儿童父母成长改变的。选择好服务项目的目标人群之后，社会工作者接着需要从目标人群面临的问题中挑选出最迫切需要解决而自己又有能力解决的问题。例如，社会工作者可以把学习基础的改善作为流动儿童成长改变服务项目需要重点解决的问题。然后，社会工作者可以依据这一重点问题，寻找直接相关联的其他服务人群。如在课业辅导时，父母就成为服务项目的其他服务人群，通过帮助父母克服缺乏时间指导孩子学习这一问题，能够促进这些流动儿童的成长改变。在完成作业的时候，小伙伴就成为服务项目的其他服务人群，通过互助能力的提升，能够找到帮助这些流动儿童提高作业完成质量的方法。依照这样的方式，社会工作者还可以找到其他服务人群。不过，由于时间和精力有限，社会工作者首先需要选择那些对目标人群影响比较大的人群作为服务项目的其他人群，因为他们之间关系的改善，不仅仅对当前问题的解决有帮助，同时还会影响目标人群之后的发展。这样，服务项目的可持续性就比较强。另外，在根据目标人群面临的问题寻找项目的其他服务人群时，社会工作者会发现，有一些问题暂时没有办法得到解决，如流动儿童的学习环境。对此，社会工作者不必纠结，因为社会工作者的任务是通过协助目标人群解决一个一个日常生活中的小问题带动他们的成长改变，而不是帮助目标人群解决日常生活中的所有问题。①

总之，社会工作者在整理和分析服务项目的需求评估资料时，需要秉持"双人群、双因素"的原则。"双人群"是指任何一个社会工作专业服务项目都需要选择两个或两个以上直接互动的人群作为服务人群，其中最迫切希望改变的一个就是目标人群。整个服务项目是围绕如何促进目标人群的成长改变而设计的，它是服务项目的主线，而其他服务人群则是目标人群成长改变过程中的重要社会支持。"双因素"则是指任何一个社会工作专业服务项目都需要同时关注服务人群内部的心理状况和外部的社会支持，他们的任何成长改变都是内外两种因素交错影响的结果，因此，服务项目的活动安排也就需要依据两者交错影响的规律来设计。

二　服务项目的深度走向

在明确了服务项目的介入焦点之后，社会工作者就对服务项目的活动安排有了一个大概的框架，但是服务项目涉及目标人群的生活层面比较多，因此，也就需要社会工作者有所侧重地安排服务项目的活动，以保证项目服务的有效性和专业性。就一般的服务项目而言，它有三个层面可以作为项目服务活动的重点延伸方面：心理层面、人际层面和社会层面。如果重点围绕心理层面设计服务项目的活动安排，这样的服务项目就属于心理援助的项目，它关注服务人群的个人心理调整和危机干预，需要比较成熟的微观层面的专业服务技术；如果重点围绕社会层面规划服务项目的活动安排，这样的服务项目就属于社会改变的项目，它注重服务人群社会角色的调整，并以此带动社会机制层面的改善，使服务项目具有宏观层面的影响

---

①　实际上，了解和接纳成长改变的条件也是服务人群的一种重要能力，特别是当服务人群面临多重困难的时候，发现成长改变的条件是寻求问题解决的第一步。

力；如果重点围绕人际层面组织服务项目的活动安排，这样的服务项目就属于人际改善的项目，它侧重服务人群人际关系的调整，目的是增强服务人群的自助和互助。针对这三个层面的服务延伸，服务项目也就具有了相对应的三种不同的深度走向：心理、人际和社会。①

　　还是以这一节开始时的案例为例，如果社会工作者选择了流动儿童作为服务项目的目标人群，把他们的父母作为服务项目的其他服务人群就会发现，这些流动儿童本身对学习就有抵触情绪，而且有一些对学校的考试过分焦虑，会出现一些不良的行为表现。社会工作者就可以此作为服务项目活动安排的重点，目的是改善流动儿童的心理健康状况。显然，这样的服务项目侧重心理层面的改善，它的有效性和专业性需要重点从心理层面来考察。如果社会工作者通过对服务项目需求评估资料的分析了解到，流动儿童的心理层面的表现其实在很大程度上受到亲子关系的影响，这些不良的心理表现恰恰反映的是不良的亲子关系。这样，社会工作者就需要选择人际层面的改善作为服务项目重点延伸的层面，它的服务成效和专业性也主要表现在服务人群的人际层面。如果社会工作者在整理和分析服务项目需求评估资料时发现，这些流动儿童的父母之所以对孩子的态度比较粗暴、与孩子的关系比较紧张，是因为他们自身的工作压力很大，工作时间比较长，家庭负担比较重，而自身的文化程度比较低，指导孩子的能力有限。显然，这些父母遭遇的问题与他们所处的社会角色有关，受到城乡发展差距以及社会政策等社会层面因素的影响。因此，针对这样的情况，社会工作者可以在提升流动儿童的学习能力的同时，将服务项目的部分焦点放在这些流动儿童父母的社会角色调整上，如建立社区流动儿童的"家长学校"、课业辅导志愿者团队以及家校互助会等，给予这些身处社会弱势地位的流动儿童父母必要的社会支持。②

　　不过，在实际的服务项目设计时，为了保证服务项目既能够扎根日常

①　依据服务的焦点，社会工作的理论可以划分为心理导向的、人际导向的和社会导向的。这样，社会工作的项目服务活动安排就能够与社会工作的理论对接起来，保证在一定的理论指导下开展有深度的专业服务，同时又能够根据自己的实践丰富原有的理论，实现实践与理论的双向互动，增强社会工作服务的专业性。

②　选择心理、人际还是社会层面作为项目服务的焦点，这完全取决于服务项目需求评估资料所呈现的特征，社会工作者不能根据自己的偏好或者特长预先假设项目的服务走向，需要坚持由生活来选择服务，而不是根据服务裁剪生活的原则。

生活多层面的实际需要，又能够侧重突出服务的重点，社会工作者可以一个层面作为服务项目设计的重点，兼顾另两个层面的基本要求。如社会工作者可以流动儿童的心理干预为重点来设计服务项目，同时结合亲子关系改善和社区"家长学校"的活动安排；当然，也可以亲子关系改善或者父母社会角色调整为重点来规划服务项目，同时顾及另两个层面的基本服务需要。这种"一主两次"的设计框架能够帮助社会工作者把握好服务项目活动安排的平衡，避免服务项目或者太关注服务的深度，缺乏服务的宽度，或者太注重服务的宽度，面面俱到，但缺乏服务的深度。

三　人际层面的考察对服务项目设计的重要性

尽管社会工作专业服务项目的需求评估需要从心理、人际和社会三个层面来整理和分析，但这并不意味着这三个层面的考察可以割裂开来。社会工作有自己的专业定位和服务要求，"人在情境中"是社会工作专业的核心，这一核心决定了社会工作对服务人群心理层面的考察是放在他们的日常生活场景中的，不同于专注人的内部心理分析的心理治疗。同样，它也需要把对服务人群社会层面的考察放在他们的日常生活场景中，不同于专注社会制度和社会结构的社会学分析。① 这样，人际层面的考察就成为整个社会工作专业服务项目需求评估的关键，它让社会工作者不仅能够协助服务人群看到他们在具体日常生活场景中的成长改变愿望和能力，找到成长改变的空间，而且能够协助服务人群了解更深层次的社会层面和心理层面的改变要求，使三个层面的变化衔接起来。

由于社会工作是考察人们如何在现实的日常生活困境中做出改变的，所以心理层面的分析需要依托人际层面的考察，即先了解服务人群是在什么样的现实的人际处境中遭遇困扰并做出相应的行动回应的，在此基础上，再进一步考察这样的行动回应是依据什么样的心理状况做出的，而在这样的心理状况下做出的行动回应反过来又是如何影响人际处境中的现实困扰的。通过人际层面的心理状况分析，社会工作者能够将服务人群的心理层

---

① 尽管有关社会工作与心理治疗和社会学的差别众说纷纭，但是社会工作的学科特点是非常明确的，就是以"人在情境中"为基本的框架。这意味着社会工作需要同时关注人的心理和社会两个方面，把人的心理放在社会处境中来理解，把社会处境与人的心理对接起来，即人们常说的心理社会双重视角，参见 Howe（2002）。

面的干预与他们日常生活状况的改善结合起来，在现实的日常生活场景中找到自己成长改变的空间。例如，对于这些流动儿童表现出来的学习抵触情绪和考试过分焦虑的心理，社会工作者就不能直接从心理层面的分析入手考察他们的心理健康状况，而首先需要确定这样的心理表现是在什么样的日常生活处境中发生的，从日常生活中找到这些心理表现的现实基础。这样，社会工作者通过对服务项目需求评估资料的整理和分析就能够发现，这些流动儿童的心理困扰在很大程度上受到亲子关系的影响，他们常常采取做作业拖拉、学习不投入以及逃避学习等方式回应父母的学习要求，而这样的行动回应又会导致父母采取粗暴的沟通方式与他们交流，进一步加剧亲子关系的紧张。显然，对服务人群心理层面状况的考察让心理干预有了日常生活的现实基础。当然，社会工作者还可以在人际层面的心理状况的分析框架下进一步分析服务人群出现困扰时的心理状况，做好细致的心理援助项目的服务安排。

　　同样，社会工作者在着手服务人群社会层面的分析时，也不能直接从社会层面开始需求评估资料的整理和分析工作，而需要首先明确服务人群在人际层面遭遇的生活困扰，以此为基础考察服务人群在社会层面的状况。例如，社会工作者通过对服务项目需求评估资料的社会层面考察发现，这些流动儿童父母的工作压力比较大，工作时间比较长，且指导孩子的能力有限。显然，这些困难反映的是这些流动儿童的父母在社会角色承担中遭遇的困难，而如果考察脱离了对他们人际层面的分析，就会失去项目服务的聚焦点，让服务人群看不到这种社会层面的改善给他们的日常生活带来的改变，从而使服务项目缺乏实际的服务成效，而没有实际服务成效的社会层面改变只会导致专业服务流于形式。

　　因此，在服务项目需求评估资料的整理和分析过程中，无论服务项目的深度走向是在服务人群的心理层面、人际层面还是社会层面，社会工作者都需要首先做好对服务人群人际层面生活状况的考察，了解服务人群到底在什么样的日常生活处境中遭遇到了问题。只有这样，服务项目中的心理层面的改变和社会层面的改善才能扎根于服务人群的日常生活，使项目的服务活动安排有了现实的基础，真正挖掘和调动服务人群自身拥有的能力和资源，提升服务人群的生活自主性。

第三章　服务项目设计的结构性：
搭建逻辑框架

　　通过对服务项目需求评估资料的整理和分析，社会工作者能够发现，项目中涉及的服务人群并不是单独个体的集合，而是时刻与周围他人互动并且在不同的生活处境下承担着不同社会角色的人。当他们面对父母时，就是孩子；面对同学、朋友时，则是同伴；面对学校的老师时，就是学生；而当他们面对一个更大的社会环境时，则是某个群体的一部分，扮演着这个群体的社会角色。显然，服务人群的日常生活就是由这些多种多样的互动场景和社会关系交织而成的，他们在日常生活中面临的压力和困难也嵌入这些互动场景和社会关系中，既受它们的左右，又影响它们的变化，表现出多层性和复杂性，涉及服务人群心理、人际和社会三个层面的变化以及相互作用。因此，社会工作者不能将服务人群的成长改变要求视为某个或者某些可以被单独从日常生活中抽离出来的改变愿望，根据这些愿望的类型设计综合性的服务项目，而需要根据服务人群自身拥有的日常生活的独特层次和关系设计服务项目，呈现服务人群在日常生活中的成长改变要求和可能发展空间。这样，服务项目的结构性就成为社会工作者在完成需求评估并且着手服务项目的方案设计时首先需要考察的重点内容。

第一节　什么是服务项目的结构性

　　这里所说的服务项目的结构性是就项目的服务人群而言的，它是指项目的服务人群在日常生活中遭遇问题时所呈现的影响问题变化的各种因素的内在关联，包括影响的基本要素以及各要素之间的关系。这样，通过服务项目的结构性考察，社会工作者能够帮助服务人群将日常生活经历中各种零碎、散乱的相关信息联系起来，厘清影响问题变化的各种主要因素以及它们之间的相互关系，从而摆脱日常生活直接经验的限制，运用整体、系统的视角处理好日常生活中的冲突，扩展服务人群自身在日常生活中的成长改变空间。运用结构性来考察服务项目，还有另一个目的，就是希望社会工作者能够摒弃抽离日常生活的个人与环境二元对立的思维逻辑，把服务人群放在他们的日常生活场景中来考察，既需要关注日常生活中无时无刻不在变化的外部环境因素对服务人群的影响，又需要关注服务人群在变化的日常生活场景中所采取的应对方式以及对外部环境的影响（Fook，2015：84）。显然，结构性是人们梳理日常生活经验、理解日常生活的基本逻辑框架，也是人们超越原有日常生活经验的限制、拓展对日常生活理解的关键。

一　服务项目结构性初探

如果把项目的服务人群放在他们的日常生活中来理解，社会工作者就会发现，服务项目的结构性反映的是服务人群日常生活的结构性，说到底，它是对人与日常生活结构关系的理解。具体而言，对这种关系的理解涉及三个方面。一是把问题放在日常生活结构中去理解。也就是说，社会工作者需要把服务项目所要解决的问题理解成项目的服务人群在日常生活中遭遇的问题。这样的问题既不是纯粹由环境因素的变化导致的，也不是完全由个人因素的改变触发的，而是两者相互影响过程中呈现出来的某种不和谐的日常生活结构。这样，社会工作专业服务项目的设计就能够避免陷入环境决定论或者个人意志决定论的逻辑困境中，找到项目服务人群成长改变的现实生活基础。二是日常生活结构中包含项目的服务人群。这就要求社会工作者不能将项目的服务人群与他们的日常生活分割开来考察，像传统的二元对立的思维逻辑那样平面地关注项目的服务人群与外部环境之间的相互影响，而是需要将项目的服务人群视为他们日常生活结构中的一部分，其中任何一部分的变化都会影响项目的服务人群和他们的日常生活结构。同样，项目服务人群的变化也会影响周围他人和他们的整个日常生活结构。三是在日常生活结构中理解项目服务人群的成长改变要求。这意味着，社会工作者不能从项目服务人群入手理解他们的成长改变要求，而需要把项目服务人群放回到他们的日常生活中，从日常生活结构出发理解项目服务人群在环境挑战面前所采取的应对行动以及对环境产生的影响。① 正是借助动态的相互影响过程，社会工作者才能协助项目的服务人群在现实的日常生活中逐渐发现成长改变的空间。因此，可以说，服务项目的结构性呈现的恰恰是项目服务人群日常生活的变化逻辑，它既具有变动性，也具有关联性。

还是以流动儿童的案例为例，如果社会工作者只是关注这些流动儿童在学业上遇到的困难，就会注重分析这群跟随打工的父母来到城市就学的孩子学习成绩差的原因：是这些流动儿童上课不认真听讲、做作业不认真，还是他们学习习惯不好、方法不对？当然，依照这样的思路设计的服务项目会围绕如何改变这些流动儿童的学习态度和行为展开。如果社会工作者做进一步的了解会发现，"学习成绩差"这个问题反映的不仅仅是这些流动儿童在学业上遇到的困难，同时还涉及他们在日常生活中的人际关系的影响和环境条件的制约。例如，这些流动儿童的父母平时工作时间长、工作压力大，在与孩子的沟通过程中容易失去耐心、脾气变得暴躁，无法为孩子放学后的学习提供有效的支持。当这些流动儿童做家庭作业遇到困难时，他们的父母因为自身受教育水平有限，很难给予他们有效的指导。与那些从小在城市长大的孩子相比，这些初到城市生活的流动儿童很多都存在学习基础差、跟不上班级进度、上课听不懂的问题，因为他们的家乡缺乏良好的教育资源。而且由于他们刚到城市、转入新的班级不久，也面临同伴交往压力，当学习遇到困难时，他们很难从身边同学那里得到及时的帮助。从以上的分析中可以看到，影响这些流动儿童学习安排的因素不仅包括他们的学习态度和习惯，而且包括他们与父母、老师以及同伴之间的日常交往关系，而他们在学业上遇到的困扰恰恰是这些影响因素交织作用的结果。显然，这些流动儿童"学习成绩差"的问题并不是仅仅通过多参加补习或者调整学习态度就能够得到有效解决的，如果社会工作者不认真考察这些流动儿童"学习成绩差"背后的影响因素，从它们之间的内在关联入手，是很难找到这个项目的服务介入焦点和服务的整体框架的。

---

① 有关社会结构与个人生活经验之间的关系，批判社会工作有很深入的讨论，参见 Ife (1997)。

　　有了结构性概念之后，再来看上述的这个案例，社会工作者就会发现，这些流动儿童的学习困境恰恰是他们与周围他人互动过程中出现的各种影响因素的集合，而不仅仅是他们与外部环境这两种影响因素之间的相互作用。这些流动儿童既是他们日常生活结构关联中的一部分，又是影响这种结构关联变化的重要因素之一，他们的问题也就不是个人如何适应外部环境的问题，而是如何在这种结构性关联中保持生活的平衡发展。因此，结构性概念给社会工作者提供了一种理解项目服务人群在日常生活中遭遇到的问题的新的视角，让社会工作者能够回到项目服务人群的日常生活中，从他们与周围他人多个主体的交往关系着手，梳理和分析问题的发展脉络以及与多个周围他人的人际交往关系，从而找到其中哪些环节最重要、哪些环节最容易引发改变、哪些环节隐藏的危机最大等与成长改变直接相关的具体答案。不过，值得注意的是，社会工作者在运用结构性概念理解项目服务人群在日常生活中遭遇的问题时，其中有些问题可以在项目服务人群当前的结构关联中得到解决，而有些问题则需要对当前的结构关联进行调整才能得到克服。这也意味着，社会工作者需要把项目服务人群的日常生活结构视为是变化的，甚至需要把社会工作者的服务介入本身也作为项目服务人群日常生活结构变化的一个重要影响因素，在变化中去把握这种结构关联。

　　正是在这样的变动的服务项目结构性框架下，项目服务人群应对问题困境的行动方式就成为关注的重点，它不仅呈现了项目服务人群与周围他人的关联方式，而且是服务人群与周围他人相互影响的过程。就项目服务人群而言，他们只有借助这样的问题困境中的行动应对方式，才能将自己置于日常生活的现实处境中，把心理、人际和社会三个层面的变化联系起来，延伸自己对日常生活结构的理解，提升自己的日常生活安排的自主性。因此，在上述的流动儿童服务项目中，社会工作者就需要对这些流动儿童在学习困境中的行动应对方式进行重点考察，看一看这些学习困境中的行动应对方式分别与谁联系在一起，是怎样与周围他人沟通的以及沟通的效果如何，等等。这样，社会工作者就能够跟随项目服务人群的成长改变步伐，了解他们在日常生活中的可能发展空间。

　　可见，这里所说的服务项目的结构性其实就是服务人群日常生活的结构性，它包括项目服务人群在日常生活的问题困境中与谁交往和怎样交往两个方面，前者称为要素，后者称为关系。这样，服务项目结构性的考察也就转化为项目服务人群日常生活困境的要素分析和关系理解。例如，针对这些处于学习困境中的流动儿童，父母、老师和同伴就是他们交往的主要对象，因此，周围他人与流动儿童一起构成了服务项目结构性的要素。这意味着，对这些流动儿童学习困境的分析需要结合周围他人的考察。同时，社会工作者还需要分析这些流动儿童应对学习困境的行动方式，了解他们是怎样说、怎么做的。只有借助这样的分析，社会工作者才能找到服务项目各个要素之间的关系。显然，有了这样的服务项目结构性的逻辑框架，社会工作者在面对服务项目需求评估的繁杂信息资料时，就能够将那些零散、琐碎的资料串联起来，找到其中对项目服务人群成长改变发挥重要作用的周围他人以及相互影响的方式，梳理出服务项目的主线和层次，保证服务项目既具有层次性，又具有整体性。

值得注意的是，社会工作者在运用结构性的逻辑框架考察服务项目时，不能将结构与人对立起来，或者把结构视为决定因素，或者把人视为决定因素，或者把结构与人视为两个相互影响的因素，否则只会将项目的服务人群从他们的日常生活中抽离出来。显然，在设计服务项目时之所以强调服务项目的结构性，恰恰是因为需要帮助社会工作者走进项目服务人群的日常生活中，从项目服务人群的日常生活出发理解他们的成长改变要求。因此，这里所说的服务项目结构性要求社会工作者把项目服务人群放在他们的日常生活多元交往主体中去理解，这样的结构既是项目服务人群生活的现实基础，也是他们寻找成长改变的条件。①

二　分析的结构性与行动的结构性

实际上，人们在运用结构性概念考察项目的服务人群时，通常有两种不同功能的结构性分析框架：一种关注现象原因的分析，只希望知道导致问题出现的原因是什么，称为分析的结构性；另一种注重成长改变的考察，不仅仅希望了解导致问题出现的原因是什么，更为重要的是，能够找到人

---

① 这里所说的结构性除了关注人与社会结构的关联性之外，还注重日常生活的多元主体特征，吸收了第三波女性主义的观点，强调人是在多元主体的社会关联中的主动行动者，参见 Orme（2009）。

们成长改变的可能发展空间，称为行动的结构性。① 显然，分析的结构性是一种静态分析框架，强调对已经发生的事实进行考察，找出事实发生的规律。这种考察要求分析者站在日常生活之外，运用一种客观的分析视角理解事实发生的规律。显然，这种分析的结构性框架比较适合以现象解释为目标的社会学分析，它聚焦于对某一社会现象及其背后的成因进行描述和解释。行动的结构性框架则不同，它是一种动态分析框架，注重对人们的行动逻辑进行考察，帮助人们找到现实基础上的未来行动空间，要求分析者融入日常生活中，运用一种同理的方式体验人们成长改变的要求。这种行动的结构性框架聚焦于如何在日常生活结构中开展服务，推动人们生活问题的解决和实际生活的改变，比较适合以生活改变为目标的社会工作的探索。

显然，社会工作者在运用结构性框架设计服务项目时，需要关注的是项目服务人群的行动的结构性，而不是分析的结构性。两者的区别如图 3 - 1 所示。

分析的结构性	行动的结构性
分析单位…………………………行动单位	
现象解释…………………………问题解决	
原因解释…………………………应对策略	
改善建议…………………………学习计划	

图 3 - 1　分析的结构性与行动的结构性的差异比较

分析图 3 - 1 可以发现，尽管从表面上看，两者都关注现象之间的内在关联，只是一个偏向分析，一个注重行动，但是实际上两者无论在关注的焦点还是理解的方式以及功能的定位上，都存在明显的区别。第一，分析的结构性是一种分析单位，而行动的结构性则是一种行动单位。分析的结构性是围绕某个社会现象而建立起来的分析框架，目的是运用这样的分析框架描述这一社会现象的状态或者解释造成这一社会现象的原因。它是用于理解某种社会现象的分析单位。行动的结构性就不同了，它是围绕项目服务人群的行动而建立起来的理解框架，目的是运用这样的理解框架考察如何通过具体的行动来解决项目服务人群面临的实际生活问题，帮助他们

---

① 西方社会工作理论对于分析的结构性和行动的结构性的认识是模糊的，没有对两者做明确区分，导致社会工作者在实际的专业服务中常常无法找到合适的理论框架指导自己的实践，使自己的专业实践缺乏系统性和严谨性。这里之所以强调两者的区别，是为了突出社会工作这种以改变为导向的实践学科的现实基础。

改善目前的生活状况。因此，行动的结构性是一种用于探索生活改变的行动单位。虽然有时这两种类型的单位之间可能交叉，因为能够带来有效改变的行动也往往需要对社会现象进行合理的分析，在此基础上才能做出有针对性的行动，但是这并不意味着分析单位就可以直接等同于行动单位，或者行动单位只是分析单位加上行动选择这么简单。实际上，行动选择是在具体的现实生活场景中才能做出的，它依托实际生活场景中各种行动要素的考察，而一旦抽离日常生活场景来分析社会现象或者考察行动要素，这样的分析也就失去了行动改变的现实基础和可能的发展空间。例如，一位父母离异的流动儿童因为学习成绩不理想，需要课业辅导。他与母亲生活在一起，平时学习主要由母亲和学校的老师监督，父亲只是偶尔过来看望他，也不承担抚养的责任和费用。面对这样的案例，从分析的结构性来看，父亲显然是影响孩子目前状况的一个重要因素，他需要被纳入分析的结构性框架，是分析单位的一部分。以此作为分析的基础，就能够比较全面地解释"流动人口的单亲家庭子女面临的学习困境"这一社会现象。不过，从行动的结构性来考察，母亲和学校的老师在孩子学习上的作用更为关键，他们才是行动单位的重要组成部分，而父亲对于孩子学习改善的作用非常有限，他也就不适合作为行动单位的一部分。

第二，分析的结构性注重现象解释，而行动的结构性关注问题解决。分析的结构性关注的重点是某个社会现象的观察和分析，它是作为"局外人"对某一社会现象进行解释。至于这一社会现象中的问题如何解决并不是它的分析重点。与分析的结构性相反，行动的结构性则注重项目服务人群现实问题如何解决，即使对造成这一问题的现状进行分析，也是把它理解成项目服务人群尝试问题解决的失效，并不会跳出项目服务人群的日常生活站在一般"客观"立场上分析这一问题的成因。可见，同样是分析，行动的结构性是从项目服务人群日常生活中遭遇的具体问题着手的，它的分析重点是项目服务人群采取了什么样的问题解决的方式、这样的方式成效怎么样以及如何提高这一问题的解决成效等，始终围绕项目服务人群的问题解决。只有找到了阻碍问题解决的因素以及促进问题解决的办法，结构性分析才能对项目服务人群未来的行动提供指引。例如，社会工作者在对一名流动儿童的家庭结构进行分析时，就不能仅仅停留在对这个家庭是否存在"倒三角"关系或者家庭成员界限不清等问题的了解，他同时还需要进一步探讨这些家庭问题是怎样阻碍流动儿童解决面临的学习困扰的。只有把握了解决问题的结构关系时，社会工作者才能在这样的现实结构关系中找到改变的着手点和发展空间。

第三，分析的结构性侧重原因解释，而行动的结构性强调应对策略。对于分析的结构性而言，它的最终目的是对某一社会现象进行原因解释，为人们理解这一社会现象提供参考。而行动的结构性就不只是针对项目服务人群的具体困扰提供解释，它的最终目的是找到这些困扰的具体应对策略，因此，它在解释项目服务人群遭遇的困扰时，就会重点关注项目服务人群在问题困境中的行动应对方式，如采取了哪些具体的应对方法，其中哪些有积极的效果、哪些效果不明显，以及如何改善这些行动应对的方法等，以便能够找到更有效的行动应对策略。显然，只有通过问题困境中的应对策略分析，社会工作者才能够协助项目服务人群找到现实生活中的改变基础以及可以提升的发展空间。这也意味着行动的结构性是借助行动应对策略去把握项目服务人群与外部环境的交流状况的，它假设人们只有通过具体行动应对策略的调整才能改变与外部环境的互动。因此，行动结构性的分析也就需要聚焦于项目服务人群在问题困境中的行动应对策略，以项目服务人群现有的行动应对策略为基点，找到可以进一步提升的发展空间，它是一种程度改变的分析，绝不是用社会工作的服务去代替项目服务人群现有的行动应对策略。例如，一位流动儿童的父亲为了提高孩子的语文成绩，要求孩子每天花时间背诵新华字典。面对这样的案例，社会工作者就不能够简单地依据自己的经验去评判"背诵新华字典"这一行动应对方法是否科学，而需要借助"背诵新华字典"这件事去了解孩子在语文学习中是如何与父亲沟通交流的，这种"背诵新华字典"的方法到底对他的语文学习有什么样的帮助，以及其中哪些行动应对环节可以做出调整，等等。只有这样，社会工作者才能协助这位流动儿童和他的父亲在日常生活的现实基础上找到可以进一步提升的发展空间。

第四，分析的结构性只是提出改善建议，而行动的结构性则要求提供学习计划。由于分析的结构性注重对某一社会现象的原因解释，所以它只是针对这一社会现象的解释提供一般意义上的改善建议，并不涉及具体场景中的行动应对方案。而行动的结构性就明显不同，如何帮助项目服务人群改善目前的生活状况是它分析的重点，如何帮助项目服务人群制订具体学习计划以提高他们在问题困境中的行动应对能力更是它考察的焦点。这样，行动的结构性就需要制订项目服务人群的行动应对策略的具体学习计划，包括如何保持日常生活中仍旧有成效的行动应对方式、如何调整那些没有成效的行动应对方式以及如何学习新的行动应对方式等，甚至还包括社会工作者如何通过具体的服务活动安排和服务技术影响项目服务人群的行动应对策略的调整过程。因此，行动的结构性提出的是一种成长改变的学习计划，目的是帮助项目服务人群学会运用自身的能力和身边的资源提高学习效率，扩展成长改变的空间，而不是专注于问题症状的消除。例如，当上述案例中这位流动儿童的父亲想帮助孩子提高语文成绩时，社会工作者就可以运用行动结构性的框架去询问父亲，他在指导孩子的语文学习时什么方式是有效的、什么方式需要调整，如果需要调整，可以怎样安排学习计划等。只有通过这样的应对行动策略的具体学习计划的安排，社会工作者才能够帮助项目服务人群在具体的日常生活困境中做出更有效的行动选择。

总之，结构性这个概念为社会工作者理解项目服务人群在日常生活中遭遇的问题提供了一种崭新的视角，它要求社会工作者运用结构性的框架考察项目服务人群的日常生活，把项目服务人群遭遇到的问题放在他们的日常生活场景中理解，转化为项目服务人群应对日常生活困扰而形成的某种动态的关系结构。这种结构关联是围绕项目服务人群的应对行动展开的，只有借助特定的应对行动，项目服务人群才能与周围他人建立起相互影响的某种交流方式，并且通过相互交流带动日常生活的改变。显然，这种行动结构性的考察是社会工作者帮助项目服务人群在日常生活的困境中找到现实改变基础和可能发展空间的基本框架，它不同于注重对某一社会现象进行现状描述和原因解释这种分析结构性的考察，始终聚焦于项目服务人群如何解决日常生活中面临的问题，不仅关注项目服务人群采取的行动应对策略是否有效以及如何调整，而且需要制订详细的帮助项目服务人群提升行动成效的学习计划。

三   问题应对网络

有了行动结构性这个概念之后，社会工作者就可以将它运用于服务项目需求评估资料的整理和分析工作中，从繁杂、零散的信息资料里梳理出项目服务人群在日常生活困境中的成长改变的现实基础和可能发展空间，为项目服务活动的科学规划找到一个整体的逻辑框架。为了便于理解，我们来看一看下面这个案例资料，这是项目服务人群中的某个个案的需求评估资料。

案例 3-1：服务对象，12 岁，小学五年级学生，半年前，跟随打工的父母来到城市上学。服务对象有个姐姐，也在该城市打工，平时吃住在单位。由于学习基础不好，服务对象在语文和英语学习方面跟不上班级的进度，加上个头偏小，经常受同桌的欺负。班主任发现后，给他调换了座位。目前服务对象在学校受欺负的情况已经很少发生，他和新同桌以及几位老乡玩得很好，经常一起上学、一起回家。让班主任和父母感到头疼的是服务对象的语文和英语，平时测试只能勉强及格，而且作业也写得潦草。父母没有受过多少教育，只有小学文化，无法直接指导孩子的学习，唯一能做的是虚心听取别人的意见。为此，父亲专门请教了大学生志愿者，认为背诵字典能够提高语文成绩，于是给孩子买来了新华字典要求他每天背诵。同时，父亲还规定孩子每天听半个小时的英语录音。服务对象自己也希望能够提高语文和英语的学习成绩。对于数学，服务对象很自信，学得很好也很有兴趣。父母和班主任都认为，服务对象目前的主要任务是提高语文和英语的学习成绩。平时，母亲的工作比较忙，工作时间也比较长，服务对象的学习主要由父亲负责。每天下午放学回家后，服务对象首先在父亲的监督下完成作业，然后看一会儿电视。

在实际工作中，服务项目需求评估完成后整理出来的资料就像上述案例①，内容非常丰富、繁杂，无法从中直接提取出服务人群行动的结构性框架。显然，如果不做进一步的分析，社会工作者是很难从中梳理出这个案例的行动结构性框架的。通常情况下，社会工作者会采用家庭结构图和生态系统图这两个常用的评估分析工具，对上述资料做更深入的分析，以便能够从中找到与项目服务人群相关联的周围他人以及他们之间的相互影响方式。就家庭结构图而言，它主要关注与项目服务人群相关联的家庭成员以及他们之间的关系，着重分析项目服务人群在家庭中的位置角色、家庭

---

① 上述案例只是项目服务人群的个案资料，如果是整个项目服务人群的资料，内容将更为丰富。

成员之间的关系模式以及家庭历史和家庭重要事件对项目服务人群的影响等。以上述案例为例，社会工作者可以依据案例资料所呈现的情况绘制出家庭结构图（见图3-2）。如果社会工作者希望绘制项目服务人群的生态系统图，他就需要将项目服务人群放在多个不同层次的场景中，聚焦于项目服务人群与其所处的不同层次的社会环境之间的相互影响，主要关注项目服务人群与家庭、同伴、社区等不同系统之间的相互作用过程以及给他们日常生活带来的影响。还是以上述的案例为例，社会工作者可以根据上述案例提供的资料绘制出相应的生态系统图（见图3-3）。

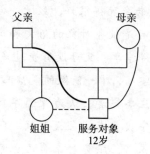

图3-2 家庭结构图

说明：粗实线代表关系密切，细实线代表关系一般；虚线代表关系疏远。

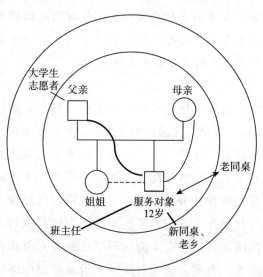

图3-3 生态系统图

说明：粗实线代表关系密切；细实线代表关系一般；虚线代表关系疏远；双向箭头表示冲突。

根据绘制出来的家庭结构图和生态系统图，社会工作者可以从繁杂、零散的服务项目需求评估资料中梳理出项目服务人群的家庭关系以及家庭之外的社会关系。从家庭结构图中可以看出，项目中的服务对象与父亲的关系比较亲近，与姐姐的关系比较疏远。从生态系统图来分析，项目中的服务对象除了与家庭成员交往之外，他与班主任以及新同桌和老乡关系比较亲近，与老同桌的关系比较紧张。由此，社会工作者就能够依据这样的人际关系以及他们之间的相互影响方式设计服务项目，充分挖掘项目服务人群自身拥有的能力和资源，使服务项目的各个活动安排有了内在关联。相比较而言，生态系统图给社会工作者提供的视野更为开阔，它不仅包含对项目服务人群家庭成员之间关系的考察，而且涉及对项目服务人群在社区层面的人际关系的分析（Mattaini, Lowery, & Meyer, 2002：4）。因而，依据生态系统图设计的服务项目的综合性也就比较强。

尽管家庭结构图和生态系统图能够帮助社会工作者了解项目服务人群与周围他人的互动状况和关系类型，找到项目服务人群在日常生活中遭遇困扰的原因，但是仔细观察就会发现，这两种评估工具只能增进社会工作者对项目服务人群一般生活状况的理解，它是对项目服务人群日常生活现象开展静态分析的工具，不仅社会工作者站在项目服务人群日常生活之外进行观察和分析，而且社会工作者的观察和分析始终围绕现象的描述和原因解释，并没有对项目服务人群具体的问题解决过程和行动应对策略进行考察。因此，可以说，家庭结构图和生态系统图只是人们探讨社会现象分析结构性的一种工具。如果社会工作者希望通过对服务项目需求评估资料的分析找到项目服务人群成长改变的空间，他就需要学会运用始终围绕项目服务人群问题解决的行动结构性的考察工具。这一工具与家庭结构图和生态系统图这样的分析结构性工具不同，需要借助对三个基本要素的考察。①问题。这种行动结构性工具是针对项目服务人群在日常生活中遭遇到的问题而设计的，它能够帮助社会工作者了解项目服务人群的问题变化状况。②行动。正是因为有了问题，项目服务人群才需要采取特定的行动以应对面临的问题，而应对行动是否有效又反过来影响问题的变化。这样，问题与行动就会形成相互影响的循环圈，而了解问题的变化也就无法脱离对应对行动的考察。③人际网络。一旦项目服务人群找不到有效应对问题的行动策略，他们的日常生活就会陷入问题困境，继而影响周围他人的日常生活安排。而随着项目服务人群问题困扰的加重，周围他人的帮助也就变得越来越重要，形成从项目服务人群最核心的周围他人开始逐步向外延伸的人际应对网络，直到问题得到有效的解决或者遏制（Folgheraiter，2004：166）。可见，行动结构性工具就是围绕问题解决而形成的人际应对网络，是一种问题应对网络。

以上述案例为例，社会工作者在整理服务项目需求评估资料时首先需要明确项目服务人群在日常生活中遭遇到的问题。显然，对于案例中的流动儿童这一项目服务人群来说，他们首先需要面对的是学习问题。确定了学习问题之后，社会工作者接着需要围绕学习问题考察这些流动儿童的行动应对方式，了解他们在问题困境中选择了什么样的行动应对策略以及成效如何等。从案例资料来看，这位流动儿童在数学学习中"很自信""学得很好也很有兴趣"，但是在语文和英语学习中"只能勉强及格"，而且"作业也写得潦草"，他现在每天背诵新华字典和听英语录音。完成了行动应对策略的分析之后，社会工作者还需要进一步分析项目服务人群在应对问题过程中形成的人际网络。就这个案例来说，这位流动儿童的学习问题应对过程主要涉及父亲、母亲、班主任、同桌和老乡等。这样，社会工作者就能够绘制出这位流动儿童的问题应对网络图（见图3-4）。

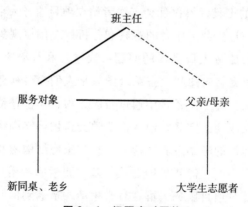

图3-4 问题应对网络

说明：粗实线代表关系密切；细实线代表关系一般；虚线代表关系疏远。

从图3-4可以看到，这位流动儿童（服务对象）在应对学习困境中受到班主任和父母的关注，也受到同桌和老乡的影响，但是相比较而言，他在学习困境中的主要支持来自班主任和父母。图3-4也显示，当服务对象遇到学习困难时，父母与班主任之间的沟通是不足的，他们更愿意向大学生志愿者请教。显然，如果社会工作者希望能够帮助服务对象改善学习状况，提高学习成绩，他就需要围绕服务对象的整个问题应对网络开展服务介入，不仅仅是关注服务对象自身改变。

第二节　服务项目的人际结构

正是在问题的应对过程中，项目服务人群形成了自己独特的问题应对网络，这种网络首先表现在人际层面，是项目服务人群在日常生活安排遭遇阻碍时做出的调整。有些项目服务人群的周围他人会站出来，协助项目服务人群处理日常生活中遭遇的困难，成为他们的重要社会支持；而有些周围他人会站在项目服务人群的另一面，指责项目服务人群的不足，成为他们成长改变的阻碍因素。当然，在实际日常生活的问题应对过程中，项目服务人群与周围他人之间的关系会发生复杂的变化，每个相关的人都会根据自己的位置和理解做出回应，调整自己与项目服务人群的关系，不仅仅有支持或者指责两种方式。这种独特的人际层面的问题应对网络构成服务项目独特的人际结构。

一　核心应对网络

绘制了问题应对网络图之后，社会工作者就能够从繁杂、零散的服务项目需求评估资料中找出项目服务人群在日常生活的问题应对中形成的人际层面的应对网络。不过，由于在实际开展服务项目时，社会工作者除了需要了解项目的服务逻辑之外，还需要考察另一个重要因素，就是服务成本。因此，社会工作者需要对问题应对网络图做进一步的删减工作，把那些对项目服务人群成长改变发挥重要影响的核心社会关系保留，删除其他社会关系，简化问题应对网络图。这种简化后的核心应对网络图就更便于社会工作者运用于实际服务中。以上一节的案例为例，在这位流动儿童的家庭关系中，姐姐吃住都在单位，平时与他相处比较少，对他的学习影响不明显；母亲尽管与他生活在一起，但是平时工作忙、工作时间长，难以照顾到他的学习。相比较而言，在家庭关系中父亲对他的影响更为明显，他平时的学习主要由父亲负责，而且父亲为了提高他的学习成绩会主动寻找资源，包括咨询大学生志愿者、监督他背诵新华字典和听英语录音等。显然，父亲是这位流动儿童问题应对网络图中的核心，要保留，而要将母亲和姐姐从问题应对网络图中删除。

这样，社会工作者就能够绘制出这位流动儿童的核心应对网络图。

除了考察家庭关系的改变之外，社会工作者还需要关注家庭之外的社会关系在项目服务人群应对问题困境中的变化，因为日常生活中的问题往往涉及几个不同的交往系统，这些系统的变化同样对项目服务人群的成长改变发挥着重要作用。像这位流动儿童在应对学习困难的过程中，班主任就起着很重要的作用。当她发现这个学生经常受同桌欺负时，给他调换了座位，让他能够与新同桌和老乡玩在一起。尽管新同桌和老乡经常与他一起上学、一起回家，但对他的学习影响并不突出。因此，社会工作者就可以把班主任作为这位流动儿童问题应对网络中的核心，而把新同桌和老乡与他的交往作为应对网络中的一般社会关系。

显然，这位流动儿童的问题应对网络经过调整之后，就变得更为简洁、明了，其核心社会关系中的重要他人只包括父亲和班主任。这两位重要他人的变化直接影响这位流动儿童的成长改变；同样，这位流动儿童的改变也会影响这两位重要他人的变化。三者之间交错影响，一起构成了这位流动儿童的核心应对网络。这样，社会工作者就可以根据他们的交往状况绘制出这位流动儿童的核心应对网络图（见图 3 - 5）。

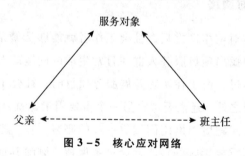

图 3 - 5　核心应对网络

图 3 - 5 所呈现的是这位流动儿童的核心应对网络。这也意味着，这位流动儿童的成长改变空间存在于其与父亲和班主任的沟通交流过程中，是一种人际交往中的改变，不能抽离日常生活中的人际交往来考察这位流动儿童的成长改变，因为这位流动儿童的成长改变离不开父亲和班主任这两位重要他人的支持，同时他的成长改变也会为他们之间的人际互动提供新的改变机会。显然，这位流动儿童的核心应对网络就是他在日常生活中寻求成长改变的人际结构。只有借助对人际结构的考察，社会工作者才能够将项目服务人群的成长改变建立在日常生活的现实基础上。

二 人际结构

这里所说的人际结构是指项目服务人群在应对问题的过程中形成的核心应对网络。显然，它是一种行动的结构性，并不是为了寻求对某种社会现象的描述和解释，而是为了帮助项目服务人群找到成长改变的路径和方式。正是有了人际结构这一服务框架，社会工作者才能够将项目服务人群的成长改变放在他们的日常生活中，与他们身边的重要他人紧密联系在一起，无论做出任何的调整都不会脱离他们的日常生活，当然，他们的任何一点成长改变也会成为推动他们日常生活改变的力量之一。这样，项目服务人群也就能够与他们的日常生活形成相互影响的循环圈，处于不断的变化过程中。因此，在理解服务项目的人际结构时，社会工作者也就需要关注服务项目人际结构的四个基本要素——人、问题、应对行动和关系网络，即明确服务项目的目标人群是谁、他们面临什么问题、他们是怎样应对的，以及整个人际网络是如何联结在一起的。

服务项目人际结构的第一个要素是人。要理解服务项目的人际结构，社会工作者首先需要明确服务项目的目标人群。不同的服务项目的目标人群在日常生活中所处的社会位置不同，拥有的人际结构也不同。如果社会工作者把流动儿童作为服务项目的目标人群，那么他们的父母和班主任就会成为他们身边的重要他人，一起构成流动儿童的人际结构；如果社会工作者把流动儿童的父母作为服务项目的目标人群，那么他们身边的重要他人就不仅仅是流动儿童和班主任，同时还有单位的同事、经常往来的朋友以及其他对他们生活有重要影响的人。显然，只有明确了服务项目的目标人群，行动才有了主体，社会工作者才能够以此为出发点，考察目标人群在日常生活的问题困境应对中形成的人际结构。

明确了服务项目的目标人群之后，社会工作者接着需要确定服务项目人际结构的第二个要素，即问题。尽管服务项目的目标人群有自己的日常生活安排，但是当他们在日常生活中遇到困扰并且无法依靠自己的力量解决的时候，生活的问题就出现了。只有在这个时候，服务项目的目标人群才需要对以往的日常生活安排进行重新审视，寻找其中需要而且可以改变的方面，做出适当的生活调整；只有在这个时候，服务项目目标人群的周围他人才有可能因为解决问题的要求而结成"同盟"，帮助服务项目目标人群应对日常生活中遇到的问题，成为服务项目目标人群解决问题过程中的重要他人，给服务项目目标人群必要的社会支持。同样，因为有了这样的问题，社会工作者也就有了介入服务项目目标人群日常生活的条件和机会。不过，在实际日常生活中，服务项目目标人群常常同时遭遇好几个问题。就流动儿童而言，除了课业需要辅导之外，他们还有学习基础差、学习习惯不好以及学习环境不佳等问题。这样，确定需要解决的问题就变得非常重要，不仅服务项目目标人群针对不同的问题改变动力不同，而且他们也会形成不同的问题应对网络，呈现不同的人际结构。

　　人际结构的第三个要素是应对行动。之所以形成这样的相互影响的人际结构，是因为服务项目目标人群在日常生活中遭遇到了问题，而且仅仅依靠他们自己的能力无法解决。这个时候，无论服务项目目标人群还是他们身边的重要他人都会针对问题采取一定的应对行动，通过应对行动他们之间才能建立起特定的人际互动网络。显然，服务项目目标人群的成长改变空间，不仅取决于他们自身的成长改变愿望和能力，而且取决于他们身边的重要他人的行动应对能力。就像这位流动儿童一样，他的成长改变依赖父亲和班主任在问题面前的行为应对能力。当然，人际结构中任何一个人的应对行动方式的调整，都会影响其他人的应对行动，从而对整个人际结构的行动应对能力产生影响。因此，怎样行动的、采用了什么应对行动方式，就成为社会工作者考察人际结构的焦点，而推动服务项目目标人群成长改变的核心也就变成了人际结构中人们应对行动方式的调整。需要注意的是，社会学也非常关注人际关系网络的分析，有的学者直接以人际支持网络为分析的基本单位，但是他们考察的重点是人际支持网络本身的特点，如支持关系的强弱等，并不注重人际网络中人们的应对行动，是一种静态的分析的结构性。[①] 这明显与社会工作的人际结构考察不同。社会工作关注的是人际网络中的人们是怎样行动的，它是一种动态的行动的结构性。

　　了解了人际结构的应对行动之后，社会工作者也就需要转向人际结构

[①] 社会支持网络是社会工作的重要视角之一，并且在 20 世纪八九十年代成为社会工作理论的一个重要流派，它让社会工作者从人际支持网络中审视服务对象的成长改变要求，甚至把社会工作者也作为人际支持网络中的一部分。不过，这一理论并没有分析清楚社会学所说的社会支持网络与社会工作所关注的社会支持网络之间的差别，参见 Tracy & Brown（2011）。

第四个元素，即关系网络的考察。这意味着服务项目目标人群只是整个关系网络中的一方，除了与他们直接交往形成的关系之外，重要他人之间也会因此形成特定的关系。这样，重要他人之间交往方式的改变也就会对服务项目目标人群的成长改变产生明显的影响。因此，社会工作者也就不能仅仅关注服务项目目标人群怎样与重要他人互动，同时还需要关注重要他人之间相互交往的方式，把人际关系网络作为一个整体来考察，随时关注整个人际网络中任何一方的应对行动的变化以及变化对整个人际网络产生的影响。例如，上一节案例中的流动儿童身边的重要他人包括父亲和班主任，他的成长改变明显受到父亲与班主任之间沟通状况的影响。如果父亲能够找到更有效的与班主任沟通的方式，就能给流动儿童的学习提供更有力的支持。显然，尽管在父亲与班主任的这一沟通过程中流动儿童没有直接参与，但沟通带来的结果却能够直接影响他的学习安排。可见，如果社会工作者想要让流动儿童的学习有所变化，就需要将他的变化与父亲和班主任的变化放在一起考虑；否则，即使流动儿童有了改变，而父亲和班主任还是用原来的态度和方法对待他，他的这些改变也是难以维持的。

　　明确了人、问题、应对行动和关系网络四个基本要素之后，社会工作者就能够绘制出服务项目的人际结构图，它就是核心应对网络图。显然，从人际结构来看，服务项目目标人群是生活在一定的人际交往的社会结构中的，这种结构提供给了服务项目目标人群特定的成长改变条件和空间，尽管服务项目目标人群的努力能够影响他们生活的社会结构，但是他们也受到这种社会结构的制约，并不能完全掌控自己的生活。即使服务项目目标人群的生活环境改变，也会形成新的人际交往的社会结构。因此，服务项目目标人群的成长改变不仅与当下人际结构中的社会交往有着直接关系，而且与人际结构自身的变化密切相关。这也意味着社会工作者在服务项目的设计和执行过程中需要采取一种双层的视角理解服务项目目标人群的应对行动，即人际层面和人际结构层面，需要同时关注服务项目目标人群的人际结构内部的互动以及整个人际结构的变化。[①]

---

① 一旦人们因问题和问题解决而相互交往，他们就会形成特定的社会支持网络，此时人们对问题处境的应对能力就表现为整个社会支持网络的应对能力，不能拆分成其中某几个人之间的人际应对能力，参见 Folgheraiter（2004）。

　　通过对人际结构的考察，社会工作者能够了解服务项目目标人群在应对特定生活问题时形成的人际支持网络。这样的网络在平时是很难找到的，分散在不同的系统中，只有当服务项目目标人群在日常生活中遭遇到了问题，这些分散在不同系统中的重要他人才有了契机和动力聚集在一起，运用他们自己的能力和身边的资源帮助服务项目目标人群解决面临的问题。因此，问题成了服务项目目标人群与重要他人形成实质性社会支持的关键。一旦问题得到了解决，这样的社会支持关系也就失去了自己的功能，逐渐回退到日常的生活系统中。从某种意义上而言，问题解决的过程就是社会支持关系的寻找、建立、维持和回退的过程。以上一节的案例为例，这位流动儿童的父亲和班主任在他出现学习困扰之前，生活在各自的不同社会网络中：一个在家庭网络中，一个在学校网络中。平时，流动儿童的父亲忙于工作和家庭事务，而班主任则忙于教学和自己的生活，两位重要他人之间没有太多的交往。然而，当流动儿童出现了学习困扰而自己又没有办法解决时，他的父亲和班主任就有了协助孩子解决学习困扰的任务，他们因此才能够聚集到同一个人际互动网络中，在协助流动儿童"改善学习状况"的目标下，调动各自身边的资源，通过交流将各自社会系统的资源整合在一起，从而提升整个人际结构的问题解决能力。可见，明确问题成了寻找和建立服务项目人际结构的关键，它不仅使服务项目具有针对性，而且使服务项目具有结构性，从服务项目目标人群所处的复杂多样的社会关系网络中找出能够给予问题解决直接帮助的重要他人。

　　此外，社会工作者在设计服务项目时，需要特别注意考察服务项目人际结构的缺口和不足，因为通常在一开始服务时服务项目人际结构就存在不同程度的缺陷，它本身就是在应对问题的过程中不断调整、完善的，而一旦这样的人际结构能够应对目前的问题，它就不需要人际结构外的力量的介入。就像这位流动儿童，当他遇到学习困难而自己又没有办法解决时，父亲的介入就有了必要性；如果父亲找到了协助流动儿童解决问题的办法，班主任可能不会介入；而如果班主任找到了解决问题的办法，流动儿童的父亲也可能不会介入。显然，正是因为这两方都没有能够单独找到解决问题的办法，他们才会聚集到一起探讨解决问题的办法。同样，如果流动儿童的父亲和班主任找到了帮助流动儿童解决学习困难的办法，这个人际结构网络也就不需要其他资源（比如社会工作者）的介入。因此，社会工作者只有了解了服务项目人际结构搭建的原因以及需要社会工作服务介入的现实基础，他才能够制订出现实可行的服务项目计划；否则，服务项目很容易出现聚焦不清、定位不准的现象。

当社会工作者将整个人际结构作为社会工作服务介入的考察焦点时，服务项目的设计也就具有了更大的灵活性：服务介入着手点的选择不是依据服务项目目标人群面临的问题，而是整个人际结构中最容易改变的人和最容易改变的事。例如，在上述流动儿童核心应对网络的整理过程中，社会工作者梳理出这位流动儿童的人际结构，涉及流动儿童自身、他的父亲和班主任三者之间建立起来的相互影响的人际关系网络。针对这个人际关系网络，社会工作者可以选择从流动儿童父亲的角度入手开展服务，与流动儿童父亲商讨怎么提高流动儿童学习的能力和成效。如果流动儿童父亲希望通过让他背诵新华字典来提高语文成绩，社会工作者就可以与流动儿童父亲沟通背诵什么内容才会更有效果，背诵之后怎么检查流动儿童的学习成效等。社会工作者也可以选择从流动儿童班主任的角度入手开展服务。如果班主任在学校对孩子的指导很多，但是与流动儿童父亲的沟通较少，社会工作者就可以把促进班主任与流动儿童父亲之间的沟通作为服务的重点，让班主任能够有更多的机会与流动儿童父亲交流，将有效指导孩子学习的方法传授给流动儿童的父亲。当然，社会工作者也可以从流动儿童入手开展专业服务。因为他的数学成绩比较好，语文和英语成绩相对差一些，社会工作者就需要首先帮助孩子总结他在数学学习方面的经验，在维持现有数学成绩的基础上想办法提高他的语文和英语成绩。因此，社会工作者在开展服务之前，需要仔细对比人际结构中每一个着手点的情况，选择其中最容易改变的人开展专业服务。同样，一旦社会工作者开展了专业服务，他每采取一次行动尝试，除了需要关注当下服务的成效之外，还需要关注整个人际结构的变化，从中选择最容易改变的人作为下一次服务介入的着手点。这样，社会工作者就能够一步一步地推动整个人际结构的改变，让整个人际结构转动起来，充分挖掘整个人际结构的能力和资源。可见，人际结构不仅是社会工作者设计服务项目时的逻辑框架，而且是开展专业服务时的参考框架。

三 缺位的人际结构

在实际的服务过程中，社会工作者还会遇到这样一种类型的人际结构，虽然其中某一方因为出走、离婚或者死亡等原因不再是服务项目目标人群日常生活中的重要他人，但是他们的影响仍然存在，甚至决定着服务项目目标人群人际结构的基本走向。因此，社会工作者需要帮助服务项目目标人群面对这样的独特的人际结构，从中寻找成长改变的空间。我们来看一看下面这个案例。

案例 3-2：服务对象，女，32 岁，四年前与丈夫离婚后来到东部的海滨城市打工，居住在城乡接合部的平房里，条件非常简陋，周围环境和卫生条件都不好。由于害怕孤单和担心父母年龄大了，照顾不了孩子，半年前把 8 岁的女儿接到自己身边，到自己打工的城市上学。服务对象发现，女儿虽然对学校的生活比较适应，跟班里的同学也相处得比较融洽，但女儿的学习基础比较差，学习成绩不好，尤其是数学成绩经常不及格。班主任也向她反映过，孩子比较听话，从不违反课堂纪律，但上课时常走神，不知道在想些什么；而且孩子的学习接受能力比较弱，学东西比较慢，做题速度也不快，别人都做完了，自己做不完，会急得直哭。服务对象因此也会训斥孩子，两人有时会发生争执。最让服务对象感到不满意的是，孩子在家太调皮、不听话，做作业时还会和她讨价还价，甚至撒娇耍赖，而且孩子在老家养成了一些不好的行为习惯，如乱扔垃圾、从不整理自己的东西等，一时改不了。如果批评女儿，其还会顶嘴。服务对象说，她在教育孩子上快失去耐心了。

面对上述这个服务项目目标人群的个案资料，如果社会工作者处理的是服务对象在抚养、指导孩子过程中的情绪问题，服务对象的婚变经历以及她独自一人在外打工抚养孩子的生活压力就成为服务项目需求评估考察的重点内容之一，社会工作者需要了解这样的经历和生活压力对服务对象在平时指导孩子过程中的影响以及服务对象应对这些日常生活困扰时管理情绪的方式。掌握了服务项目目标人群的这些信息资料之后，社会工作者就能够绘制出服务项目目标人群的人际结构图（见图 3-6）。

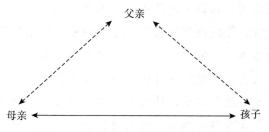

图 3 - 6 服务项目目标人群的人际结构

显然，仅仅根据服务项目目标人群当前生活中的人际交往状况来绘制人际结构图是不够的，因为尽管母亲与孩子之间的相互影响非常明显，但是他们在实际的日常生活中会遭遇到由父亲缺位带来的困扰。这样，父亲这个缺位的人际结构中的一方，也会在服务项目目标人群的日常生活中发挥作用，包括对孩子母亲的情绪、自尊心、日常生活的压力以及与孩子的互动方式等都会造成直接的影响。因此，父亲成为服务项目目标人群人际结构网络中不可缺少的一方。值得注意的是，上述案例中这种缺位的人际结构并不是偶然的现象，它代表社会工作者在实际服务中可能经常遭遇到的一类服务，如离异子女的辅导、失独家庭的帮扶以及临终关怀的服务等。这类服务有一个显著的特征，就是家庭成员的缺位和家庭功能面临严峻挑战，导致社会工作者需要同时处理两个层面的生活冲突——生活照料和情感关联，特别是情感关联，成为阻碍服务项目目标人群成长改变的重要因素。由此，社会工作者需要将人际关系的调整与情感的辅导结合起来，处理服务项目日标人群深度的情感创伤问题。

因此，面对这种缺位的人际结构，社会工作者既不能不顾服务项目目标人群在日常生活中遭遇的实际问题，只专注于情感的辅导，也不能不管服务项目目标人群在情感方面的需求，只注重实际生活问题的解决，而需要将日常生活中的实际问题的处理与情感辅导结合起来。就情感关联而言，当社会工作者面对这样的缺位人际结构时，通常需要协助服务项目目标人群处理三种常见的情感。[①] 第一种是分离的感受，即尽管缺位的人际结构中的一方已经从服务项目目标人群的日常生活中离开，但是服务项目目标人

---

① 有关情感的关联和辅导，依恋社会工作（attachment social work）有很深入的讨论，参见 Page（2011）。

群无法面对这个事实，难以应对这种分离的生活状况。而且，在实际生活中这种分离情绪常常伴随内疚和自责，像失独家庭的帮扶项目就是这种分离情绪处理的典型例子。失去子女的父母除了难以忍受没有子女的生活之外，还常常伴随自责，总是觉得自己以前对孩子的照顾不够周到或者对孩子的要求过于苛刻。这个时候，社会工作者就需要协助服务项目目标人群面对已经"失去"的事实，慢慢学会通过挖掘"失去"事实中的积极意义和接纳新的事实来培养自己的情感联系，调整自己原有的生活安排，提升缺位人际结构的应对能力。第二种是被遗弃的感受，即服务项目目标人群在分离感受的基础上，还有失败感和无助感，觉得自己不受欢迎，是被别人抛弃的。在离婚家庭子女的辅导项目中经常可以见到这样的案例，孩子在父母争吵离婚后常常有被遗弃的感受，觉得自己是多余的。面对这样的案例，社会工作者除了需要协助服务项目目标人群学会慢慢适应分离后的生活状况外，还需要找到他们自己的优势和能力，培养他们日常生活中的把控能力。第三种是被背叛的感受。这种感受比前两种更为强烈，因而服务项目目标人群受到的伤害通常也更深，除了感受到分离和被遗弃之外，还常常觉得明明是对方出了问题，但反而自己被怪罪，是受到伤害的一方。像出轨后的离婚以及未婚妈妈等项目服务中就会遇到这样的情况，对此，社会工作者不仅需要协助服务项目目标人群处理分离和被遗弃的感受，而且需要帮助他们接纳道德标准的差异，学会运用差异化的视角处理日常生活中遭遇到的困难。显然，缺位的人际结构给社会工作者的服务介入提出了更高的要求，使分离这一日常生活中的情感困境成为社会工作者必须关注的服务焦点，它要求社会工作者将人际结构的调整与情感的辅导紧密结合在一起。实际上，即使没有出现缺位的人际结构，服务项目目标人群也会因为人际冲突而出现疏远、被遗弃和被背叛的感受。可见，不是人际结构的缺位，而是人际结构之间的关联方式引发了情感辅导的要求，只是人际结构的缺位使服务项目目标人群的情感辅导要求变得更为突出。

总之，服务项目的人际结构是社会工作者设计和实施服务项目时的人际层面的服务框架，它首先需要明确服务项目目标人群，从服务项目目标人群出发，确定他们在日常生活中遭遇到的问题以及采取的应对行动，并由此找到与他们解决这一问题相关联的人际关系网络。当然，在实际生活中还存在另一种常见的人际结构，即缺位的人际结构，它是指人际结构中的一方虽然离开了服务项目目标人群的人际关系网络，但是对服务项目目标人群的日常生活安排仍有重要的影响。这样，对与缺位相联系的分离以及其他相关感受的处理就成为社会工作者必须关注的服务焦点之一。值得注意的是，正是借助人际结构这一行动的结构性概念，社会工作者才能够把针对服务项目目标人群的服务放在他们的日常生活中，运用一种结构性的服务框架把人际层面相关的改变因素联系起来，形成一种人际关联的整体视角，避免使自己陷入只是针对某个服务人群而开展的散乱的服务中。

第三节　服务项目的生活结构

人的生活空间除了表现在人际交往的关联中之外，还表现在日常生活的安排上，因为问题只是服务项目目标人群在日常生活中遭遇到的某一或者某些方面的困扰，它并不是服务项目目标人群的整个生活（Weick & Chamberlain，1997：45）。因此，如果社会工作者只是关注服务项目目标人群遭遇到的问题，就会不自觉地将注意焦点集中在服务项目目标人群有问题的生活方面，忽视其他途径改变的可能，特别是当服务项目目标人群遇到的问题比较严重的时候，寻找问题困境之外的改变途径常常成为社会工作者的一项有效的行动应对策略。这样，社会工作者需要把服务项目目标人群在日常生活中遭遇到的问题放在他们的整个生活状况中来考察，使服务项目具备一种生活结构的逻辑框架。

一　问题和能力

一旦服务项目目标人群在日常生活中遭遇到了问题，他们的日常生活就自然被划分为有问题的和没有问题的两个方面，而且随着问题的加剧，这两个方面就会变得越来越对立，它们之间的界限也会变得越来越清晰。这样，问题的解决就不仅与问题的生活方面有关，而且与没有问题的生活方面也有联系。我们来看一看下面这个案例，注意问题困境之外的可能改变途径。

案例 3 - 3：服务对象，男，12 岁，上小学四年级，和奶奶住在一起。父亲再婚后，对服务对象不闻不问，服务对象手摔伤也不找医生给他治疗。据班主任反映，服务对象有时很冲动，无法控制自己的行为，有暴力倾向，对其他同学很有影响。从三年级升到四年级，服务对象开始向好的方向转变，成绩也有所提高，但情况不稳定，有时还是不能独立完成作业，上课也时常走神。服务对象比较擅长体育，经常代表班级参加学校的比赛，获得过 600 米、立定跳远、掷铅球等冠军。他自己也为此感到很自豪。服务对象有四五个好朋友，经常一起下棋、聊天。班主任非常关心服务对象，但害怕自己经常找他会伤到他的自尊心，希望社会工作者能够给他更多的关注。

尽管只有通过明确服务项目目标人群面临的问题以及他们所采取的应对行动，才能找到他们行动的结构，但是在实际生活中往往会出现这样的现象，服务项目目标人群面临的问题越严重，他们在成长改变过程中遭遇的阻碍也就越大。就像上述流动儿童的案例，服务对象面临家庭关系、学习、情绪和行为等多个方面的问题，而且这些问题又纠缠在一起。如果社会工作者直接从问题入手开展服务，会遭遇不小的阻碍。不过，值得注意的是，与之前的流动儿童的案例相比，这个案例有一个明显的特点，就是服务对象的兴趣爱好和特长非常突出，他"比较擅长体育，经常代表班级参加学校的比赛"，获得过冠军，而且"他自己也为此感到很自豪"。这样，社会工作者可以从服务项目目标人群擅长的能力方面入手开展专业服务，因为这样的项目服务安排不仅能够快速调动服务项目目标人群的行动动力，而且可以减少他们在成长改变过程中遭遇的阻碍，特别是人际交往层面的困扰。可见，从问题入手开展专业服务只是一种常见的服务项目设计的方式，并不是唯一的方式。社会工作者在关注服务项目目标人群遭遇到的问题的同时，还需要关注他们的能力。对于那些有着明显特长和兴趣爱好或者遭遇的困难非常严重的服务项目目标人群来说，从能力入手是一个不错的服务项目设计的思路。

不过，即使社会工作者选择了从能力入手开展专业服务的策略，也要对能力介入的焦点进行仔细的考察，需要遵守两个原则：问题原则和关联原则。① 问题原则是指社会工作者虽然选择从服务项目目标人群的能力入手

---

① 有关能力与问题之间的关系，优势视角社会工作有很多的讨论，强调优势与问题并不是对立的概念。不过，两者在实际服务中如何衔接起来，这一理论并没有给出明确的答案。

开展专业服务，但服务介入的焦点不是能力发挥那么简单，而是能力发挥过程中遭遇到的问题。就像上述流动儿童的案例，如果社会工作者打算从服务对象擅长的体育入手开展社会工作服务，就需要考察将服务对象体育方面的优势发挥出来的时候会遭遇到什么具体的问题，以这些具体的问题为服务介入的焦点，通过问题的解决提升服务对象的能力。这样，尽管服务项目的着手点不同，但它们的核心是相同的，都是通过发挥服务项目目标人群已有的能力和资源提升他们的问题解决能力。关联原则是指社会工作者在从能力入手开展服务时，也需要关注这样的能力与服务项目目标人群遭遇的问题之间的关系，最好选择与问题相关联的能力作为服务介入的焦点。显然，通过这种与问题相关联的能力的发挥，社会工作者能够帮助服务项目目标人群找到较少阻碍解决问题的途径。以上述案例为例，如果社会工作者计划从能力入手帮助这位流动儿童减少行为中的暴力倾向，就可以从他与四五个好朋友的交往入手，让服务对象社会交往能力的发挥与行动中暴力倾向的减少直接关联起来。

因此，社会工作者在理解服务项目目标人群的问题和能力时，不能绝对化：关注问题，就只注意问题；关注能力，就只注意能力。事实上，问题和能力是相互影响、相互转化的。但是，无论问题和能力如何相互影响，就服务项目目标人群的成长改变而言，只有通过具体问题的解决，他们的能力才能得到提升。如果仅仅只是已有能力的发挥，不聚焦于能力发挥中问题的解决，这样的能力发挥就无法对已有的行动应对方式做出调整和改善，当然也就无法扩展服务项目目标人群的成长改变空间。同样，在关注服务项目目标人群的问题时，也不能只就问题来谈问题，而需要在问题困境中找到服务项目目标人群应对问题的能力，问题解决只是服务项目的手段，能力提升才是服务项目的目标。

二　生活结构

这里所说的生活结构是就服务项目目标人群来说的，服务项目确定的目标人群不同，其生活结构也就不同。确定了服务项目目标人群之后，社会工作者可以考察他们典型一天的生活安排（具体的观察方法在上一章已经做了详细介绍，这里不再赘述），既包括服务项目目标人群遭遇困扰的生活安排，也包括没有遭遇困扰的生活安排。这样，社会工作者能够根据服务项目目标人群典型一天的主要生活安排绘制出他们的生活结构图。从服务项目目标人群的生活结构分析中，社会工作者能够帮助服务项目目标人群了解两个方面的重要信息：一是日常生活中遭遇的困扰到底在实际生活中占多少比重，既不夸大问题，只看有问题的生活方面，也不忽视问题，及时寻找问题解决的应对方法；二是从整个日常生活安排出发考察服务项目目标人群目前的生活状况，关注整个日常生活自身发展的规律，而不纠结于有问题的生活方面或者有能力的生活方面。① 只有了解了服务项目目标人群整个日常生活的发展规律，社会工作者才能将具体的问题解决和能力发挥与他们自身的未来发展结合起来，通过当下的具体服务带动服务项目目标人群整个生活状况的改善。

不过，尽管生活结构给了社会工作者一个整体的视角来理解服务项目目标人群的日常生活安排，但是一旦任何服务改变落实在服务项目目标人群的日常生活中，它就不仅仅关乎服务项目目标人群自身，同时还与他们身边的重要他人有紧密联系。因此，社会工作者在绘制服务项目目标人群的生活结构图时，还同时需要绘制服务项目目标人群在问题困境中的人际结构图（见图3-7）。这样，社会工作者就能够对照两个维度的信息资料，找到两者可以联结的方式，既能够从阻碍较少的成长改变途径入手，快速推动服务项目目标人群发生改变，又能够改善问题困境中的人际结构，巧妙化解服务项目目标人群人际交往中的张力。例如，在上述案例中，社会工作者在明确了流动儿童为服务项目目标人群之后，首先需要绘制出他们的生活结构图，而不是只盯着有问题的生活方面，或者有能力的生活方面。这样，社会工作者就能够从整体视角入手找到流动儿童的成长变化规律。显然，就这位"从三年级升到四年级"的流动儿童的处境来说，学习困扰是最根本的。这也意味着，他与同学和老师之间形成的人际结构将影响他现在以及以后一段时间内的生活安排。有了服务项目目标人群的生活结构和人际结构的信息资料之后，社会工作者就能够确定服务项目介入的着手点了，从这位流动儿童擅长的体育以及与四五个好朋友的交往着手，聚焦

---

① 优势视角社会工作以人本主义作为其理论的哲学基础，强调人具有成长改变的能力和资源，继承了西方启蒙运动对个人天赋和价值追求的思想传统，忽视个人理性的日常生活的现实基础，导致"强势的人类中心主义"。

于他与同学和老师支持关系的改善，在此基础上，转向学习困扰的解决。当然，社会工作者也可以从学习困扰的解决以及体育特长的发挥和好朋友的交往几个方面同时着手，同步推进他的学习困扰的解决和人际结构支持关系的改善。

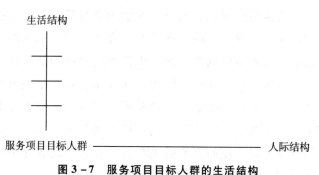

图 3 - 7　服务项目目标人群的生活结构

说明：图中呈现的是服务项目目标人群在不同生活安排中与周围他人的人际交往状况。

从图 3 - 7 可以发现，服务项目目标人群的成长改变空间不仅存在于人际结构中，是人际交往中做出的选择，同时又能够带动人际交往的改变，而且存在于生活结构中，是在整个日常生活安排中做出的调整，同时又影响整个日常生活的安排。这样，社会工作者也就拥有了两种整体的视角：人际的整体视角和生活的整体视角。前者把服务项目目标人群的改变放在整个人际结构中来考察，使社会工作者能够突破以往从单个人群看待目标人群成长改变的局限；后者则把服务项目目标人群的改变放在整个生活结构中来考察，使社会工作者能够整合问题视角和优势视角的长处。更为重要的是，当两种整体视角放在一起考察时，也就能够呈现日常生活中改变独有的特点，是人际关系网络中日常生活的调整，除了需要考察日常生活问题的解决，还需要考察人际结构的改善。相比较而言，日常生活问题的解决是根本，服务项目目标人群生活压力是否减轻的关键就要看他们的日常生活问题解决能力是否得到提升。这样，人际结构的改善也就有了相对客观的标准，不是人际结构中的各方沟通交流的态度是否友善，而是是否能够帮助服务项目目标人群更好地解决面临的问题。这样，社会工作者就能够对自己以及人际结构中各方的过度介入保持警觉，提升服务项目的有效性。所以，在实际的服务项目的设计和执行过程中社会工作者不能将两种整体视角拆分开来，只关注服务项目目标人群成长改变中某一方面的整体要求，而忽视另一方面。值得注意的是，这两种整体视角的结合恰恰反映了在情境中帮助人成长改变这一社会工作的本质特征。①

不过，由于在实际的生活中很难明确区分出哪些因素是因、哪些因素是果，所以，社会工作者在服务介入时既可以从生活结构着手，包括生活安排的考察、生活困境的确定、困境应对能力的分析等，围绕服务项目目标人群问题解决能力的提升采取不同的服务介入策略，也可以从人际结构着手，涉及核心应对网络的确定、网络中各方应对行动的分析以及整个人际结构的改变要求等，甚至从生活结构和人际结构两个层面着手，提升项目服务的灵活性和有效性。但是，无论从哪个层面入手开展专业服务，社会工作者都需要将生活结构和人际结构这两种整体视角结合起来，采取一种更为宏观的整体视角，使问题的解决与人际交往的改善这两个方面的日常现实需要能够相互促进。

简而言之，社会工作专业服务项目的设计和实施并非只有围绕服务项目目标人群日常生活中遭遇到的问题寻找核心应对网络这一种人际结构的服务策略，因为无论服务项目目标人群遭遇到的问题有多严重，有问题的生活方面只是他们全部生活安排的一部分，特别对于那些有明显兴趣爱好或者特长的服务项目目标人群来说，有能力的生活方面在他们全部生活安排中占据不小的空间，对他们的成长改变发挥着重要作用。即使服务项目目标人群的兴趣爱好或者特长不那么突出，社会工作者也需要把服务项目目标人群视为一个整体，考察他们的生活结构，从他们日常生活安排的整体视角入手理解服务项目目标人群成长改变过程中面临的主要问题，并以此为基础确定服务项目目标人群的人际结构，使服务项目目标人群的人际结构的改善能够与问题的解决更有效地结合在一起。

第四节　服务项目的心理结构

由于社会工作者在专业服务过程中经常遭遇有心理困扰的服务人群，

① 值得注意的是，西方社会工作在专业化发展过程中一直将注重问题解决的个人心理导向的社会工作与关注社会关系改善的社会结构导向的社会工作视为两种根本不同发展取向的服务，因而，如何将两者整合起来也是社会工作专业服务的一个重要命题，参见 Mosely（2016）。

所以，心理层面的考察成为社会工作专业服务项目设计中重点关注的内容之一。与直接专注于心理困扰解决的心理辅导不同，如果社会工作者直接在日常生活中开展专业服务，他们就无法将服务项目目标人群的心理困扰根据症状的特征进行分类，并在此基础上开展类型化、标准化的专业服务，而以成长为导向的服务项目设计首先需要将服务项目目标人群放回到他们的日常生活中理解他们面临的心理困扰以及这些心理困扰与外部环境要求之间的关系。这样的专业定位决定了社会工作者需要把服务项目目标人群的心理视为一个整体，放在与外部环境相互影响的动态关系中理解它的变化逻辑，从中找到服务项目目标人群在心理层面的成长改变的空间。

一　心理结构初探

心理辅导尽管也会关注服务人群的心理结构，而且通常是在心理结构的框架下规划服务的策略和方法的，但采取的是一种抽离日常生活的类型化思维方式。我们这里介绍的以成长为导向的服务项目设计则运用的是一种融入日常生活的差异化思维方式。这种差异化思维方式的心理结构到底有哪些基本的元素？它与心理辅导的类型化思维方式的心理结构有什么差别？这些问题是社会工作者运用心理结构设计服务项目时首先需要了解清楚的。我们先来看一看下面这个案例，请注意服务对象（作为服务项目目标人群的个案）心理层面的变化。

案例 3-4：服务对象，女，32 岁，从小是个非常听话的孩子，学习成绩优异。但是，14 岁遭遇的一次强暴经历彻底改变了她的生活，从此她的学习成绩一落千丈，情绪变得极不稳定，经常一个人自言自语、发呆，甚至连坐在教室读书都感到困难，被医生诊断为精神分裂症。在父母的辅导和帮助下，服务对象最终考取了一所师范大学学习钢琴。大学生活并不轻松，服务对象几乎每半年就要进医院接受药物治疗。大学毕业后，服务对象被分配到一所中学当音乐教师，但是因为与同事以及领导的关系不好，最终辞掉了这份工作，开始当家教辅导孩子学习钢琴。最近，服务对象发现，自己教孩子学习钢琴都感到困难，总是产生被父母或者孩子家长嘲笑的幻觉，很难集中精力，因此脾气也变得越来越暴躁。服务对象对自己目前的状况感到很无奈、很沮丧，知道自己应该好好教孩子学习钢琴，不要想其他的，但就是控制不住，总是产生这些幻觉，希望社会工作者能够帮助她把这些困扰她的幻觉赶走。

仔细分析上述案例可以发现，服务项目目标人群遭遇的日常生活困扰涉及心理层面的比较多，也需要社会工作者更多地关注服务项目目标人群心理层面的变化。像上述案例中的这位服务对象，她目前就遭受幻觉侵扰的苦恼，"总是产生被父母或者孩子家长嘲笑的幻觉"，使她"很难集中精力"，而且自己对此也感到"很无奈、很沮丧"。对于这样的心理困扰，社会工作者既可以采取从日常生活中抽离出来的类型化思维方式进行考察，如分析这样的幻觉是命令式的还是议论式的以及出现这种状况的主要原因和可能导致的危险等，也可以运用融入日常生活的差异化思维方式进行考察，如探讨这位服务对象在幻觉困境中是如何面对日常生活的基本要求的，其中哪些仍旧有效、哪些没有成效等。显然，两者有关心理结构的理解存在明显差异，这种差异源于它们对人与环境关系的不同理解，主要表现在以下三个方面。

第一，两者的关注焦点不同。心理辅导的心理结构关注的是服务项目目标人群在环境适应中哪些心理方面的表现是不理性的，或者说是不现实的。它假设，正是这些不理性、不现实的心理表现，才导致服务项目目标人群无法适应环境的后果，就像上述案例中服务对象产生的幻觉，常常被视为不理性、不现实的心理状况的典型表现。[①] 因此，心理辅导所说的心理结构是服务项目目标人群在无法适应环境要求时所表现出来的心理结构的状况。与心理辅导不同，社会工作的心理结构关注的是服务项目目标人群在问题困境的行动应对中所形成的心理状况。它有不理性、不现实的方面，也有理性、现实的方面，是一种错综复杂的混合体。在社会工作看来，最重要的不是能否适应环境的要求，而是在适应过程中采取了什么样的行动应对策略以及如何提高这种行动应对策略的成效，因为既没有人能够百分

---

① 值得注意的是，人们在适应外部环境过程中所表现出来的不理性有两种常见的类型：一种是不够理性；另一种是过度理性。因此，保持合适的理性是心理辅导关注的焦点，参见 Goldstein（1996）。

之百适应，也没有人百分之百不适应。如果真的能够帮助上述案例中的服务对象消除内心出现的幻觉，相关联的其他方面的负面反应也会同时出现，如反应迟钝、注意力无法集中等。这样，在现实冲突面前建立一种积极有效的行动应对的心理机制，要比培养理性、现实的心理结构更为重要，因为人们把握生活现实的能力是有限的，依赖他们过往的生活经验，无法预测其一生的安排，特别是在生活环境变化比较快速的年代，这一现象就变得更为突出。因此，社会工作主张考察服务项目目标人群在日常生活的问题困境中围绕应对行动所形成的心理结构，运用一种行动结构的整体视角了解服务项目目标人群行动应对中的心理状况以及在心理层面的成长改变的空间。

第二，两者的核心目标不同。心理辅导的心理结构采取的是一种类型化的应对策略，目的是消除不理性、不现实的心理状况部分，或者发掘正向的、价值感强的心理状况部分①，以达到"正常"或者"超常"② 的心理状态。社会工作则不同，它更多地关注如何帮助服务项目目标人群在日常生活的问题困境中提升应对行动的实际成效，包括如何运用已有的心理层面的能力、如何识别应对行动的成效以及如何提升日常生活处境的反思能力等，是一种通过"做中学"的方式提升服务项目目标人群的行动的应对成效。显然，这两种对心理结构的不同看法反映的是对日常生活困境中的人的不同理解：心理辅导的理论假设建立在单个人群的考察基础上③，或者把他们视为实证主义视角下"异常"的人，或者将他们作为人本主义视角下有能力的人；而社会工作的理论假设建立在"人在情境中"的考察基础上，强调他们是能够找到问题解决方法的有学习能力的人。因此，对于心理辅导而言，它的任务是帮助服务项目目标人群调整目前的心理状态，心理结构的分析就成为实现这一目标的手段；而社会工作的任务是协助服务项目目标人群找到应对目前问题困境的有效的行动学习方式，心理结构的考察就成为这一行动学习的主要内容。

---

① 20世纪60年代以后，心理学也经历了一次学科理念的调整，从完全的治疗取向转变为开始关注能力和优势，参见 Snyder & Lopez（2007）。

② 20世纪八九十年代开始时兴超个人心理学和灵性研究，出现了超个人社会工作和灵性社会工作，"超常"成为学术关注的焦点，参见 Cowley（1993）。

③ 尽管20世纪70年代后，不少心理学家开始批评以往的心理学关注单人心理的不足，采用双人或者多人心理学的视角，但是他们仍然沿用把人的心理从人们的日常生活中抽离出来的思维方式，参见 Goldstein（1995）。

第三，两者的基本框架不同。心理辅导的心理结构是对人们的心理状况为什么会出现"异常"或者如何成为"超常"的一种解释框架。它的关注焦点不同，采用的解释框架也不一样。如果关注的焦点放在服务项目目标人群的过往经历和儿童时期的情感需求状况上，心理动力的分析框架就会成为首选；如果关注的焦点放在服务项目目标人群对当前环境的适应状况上，行为学习理论就会成为基本的解释框架；如果关注的焦点放在如何提升服务项目目标人群所拥有的潜在的发展能力上，人本主义的思维逻辑和价值理念就成为解释框架的核心。社会工作不同，它关注的心理结构是人们在应对日常生活困境中形成的某种心理状况，这种心理状况通过服务项目目标人群的具体应对行动与外部环境形成相互影响的循环圈。显然，这是一种行动的结构性，它除了能够帮助服务项目目标人群了解如何在日常生活的问题困境中做出有效的行动选择之外，还能够推动服务项目目标人群在行动中找到调整内部心理结构的方式。就像上述案例中遭遇幻觉困扰的服务对象，如果社会工作者将关注的焦点放在幻觉的消除上，就可以运用不同的心理结构的解释框架对其开展心理辅导；如果社会工作者把关注的焦点放在服务对象如何有效识别应对行动中的成效上，并帮助服务对象学会调整自己的心理结构，此时的心理结构就不是一个解释框架，而是围绕如何提升行动应对成效的行动考察的框架。

可见，社会工作者在设计和实施服务项目时也需要关注服务项目目标人群的心理结构，只不过这样的心理结构是一种行动的心理结构，与心理辅导所注重的分析的心理结构不同，它需要以服务项目目标人群采取什么应对行动为关注的焦点，并以此为线索考察服务项目目标人群在特定应对行动策略下所形成的心理状况，从中寻找到服务项目目标人群成长改变的心理空间。

二 心理结构

由于社会工作者需要在日常生活中开展服务项目，因此，他就不能将服务项目目标人群的心理状况从日常生活中抽离出来，而需要采取一种以应对行动为观察焦点的融入日常生活的心理结构的考察方式。只有通过这样的行动的心理结构的考察，社会工作者才能够在处理服务项目目标人群的具体的心理困扰时，保持一种心理层面的整体视角，在心理层面的整体关联中推动服务项目目标人群的改变。这样，社会工作者在专业服务过程中一方面能够充分调动服务项目目标人群在心理层面的能力，不因为自己的理论偏好而忽视服务项目目标人群其他心理方面的能力；另一方面能够将这些不同心理方面的能力联系起来，相互促进，形成一种更为良性的心理状况。就服务项目目标人群这种以行动为核心的心理结构而言，它通常包括四个基本的心理元素——行为①、认知、情绪和自我，即服务项目目标人群在日常生活的问题困境中采取了什么样的应对行动以及与这样的应对行动相关联的看法（认知）、情绪感受（情绪）和自我评价（自我）。

　　行为是人们心理结构中的一个基本心理元素，也是整个心理结构的核心。之所以把行为作为心理结构的核心元素，是因为服务项目目标人群在日常生活中遭遇困扰时首先表现出来的是如何应对的行为。正是借助这样的行为，服务项目目标人群的心理状况变化就与他们的人际结构和生活结构紧密联系在了一起，形成日常生活中的心理层面的成长改变；否则，即使服务项目目标人群获得了心理层面的改变，也会与他们的日常生活状况脱节，甚至对立，导致生活潜在风险的增加。就服务项目目标人群的内部心理而言，通过对这种如何应对的行为考察，为其他心理元素的分析提供了线索和方向，了解这些心理元素是如何影响服务项目目标人群在问题困境中的应对行为的，看它们的影响是积极的还是消极的。因此，可以说，对行为这个心理元素的考察是联结外部的日常生活与内部的心理状况的关键。借助这个关键，社会工作者才能把服务项目目标人群的心理状况放在日常生活中并将两者结合起来考察，使服务项目的设计与实施既不脱离现实的日常生活，也不忽视内部心理层面的成长改变。不过，值得注意的是，这里所说的行为是指针对某种日常生活中的问题困境而产生的回应动作，而不是指一定意志作用下的动作要求，或者某种动机推动下产生的动作结果。这样，行为就成为人们在日常生活中与外部环境联结的基本方式，也是人们整个内部心理变化的基础。

　　除了行为之外，认知也是服务项目目标人群心理结构中的一个基本心理元素。它与行为不同，是指服务项目目标人群在日常生活问题困境的行

---

① 尽管不同的学者对"行为"和"行动"这两个概念内涵的差别有不同的看法，但是都赞同："行为"是就人的内部心理而言的，指人针对某个心理层面的要求而做出的应对动作；"行动"则是就人的现实生活处境而言的，指人针对某个现实要求而做出的回应动作。

为应对中形成的对自己应对状况的认识。这种认识越符合服务项目目标人群所处的日常生活环境的要求，越能够促使服务项目目标人群做出合理的行为选择。同样，一个合理的行为选择也有利于服务项目目标人群对自己的日常生活环境形成理性的认识。社会工作者在实际的专业服务过程中会发现，服务项目目标人群在日常生活中遭遇的困扰不仅与他们的应对行为有关，而且与他们的不合理的认知相联系。因此，社会工作者在服务项目的设计和实施中也就有了一项重要的任务，就是协助服务项目目标人群提高对自己所处的日常生活环境要求的认知。不过，值得注意的是，这里所说的认知是服务项目目标人群在问题困境的行为应对中产生的认识，不是人们通常所说的对外部环境的了解，它包括为什么要做这样的应对行为、怎么安排自己的应对行为以及这样的应对行为可能带来的生活改变在哪里等方面的考察，是对日常生活处境中行为安排的认识。

显然，应对行为不仅仅是一个回应的动作，同时还伴随服务项目目标人群内心的感受变化，这就是人们通常所说的情绪，它也是服务项目目标人群心理结构中的一个基本心理元素。像认知一样，情绪也影响服务项目目标人群做出有效的应对行为，特别是在日常生活的问题困境中，由于此时服务项目目标人群感受到的生活压力比平时大，他们的情绪也比平时更容易波动。因此，在协助服务项目目标人群应对日常生活的问题困境时社会工作者需要关注他们的情绪状况，帮助他们学会从积极的角度体验生活变化带来的情绪反应，其中既有愉快的情绪体验，也有不愉快的情绪体验。在日常生活中，服务项目目标人群遭遇问题困境的最初阶段常常表现出情绪上的一些变化，如焦躁、担心和害怕等，一旦这些情绪得不到及时的关注，服务项目目标人群在日常生活中遭遇到的问题就逐渐凸显。

服务项目目标人群心理结构的另一个重要基本元素是自我，即服务项目目标人群对自己的认识和评价。与行为、认知和情绪这些呈现服务项目目标人群某种心理状态的描述不同，自我同时涉及服务项目目标人群与周围他人之间的关系。尽管从形式上看，自我只关乎服务项目目标人群自己，但是实际上，它是在与周围他人的动态相互影响中形成的对自己的认识和评价。一旦服务项目目标人群的自我发生了改变，也就意味着他们与周围他人的关联方式也随之发生改变；同样，如果服务项目目标人群与周围他人的关联方式发生了改变，他们的自我也需要因此发生改变。值得注意的是，引入自我这一心理元素之后，服务项目目标人群对自己的行为也就有了自觉的能力，它促使服务项目目标人群在问题困境的行为应对中对自身所处状况进行了解，正是基于这样的了解服务项目目标人群也因此拥有了有效应对问题困境的自觉。通过自我这一概念，服务项目目标人群一方面具有了主动应对问题的行为选择能力，另一方面具有了在问题应对过程中的处境探究能力。两个方面相互作用，一起推动服务项目目标人群在特定日常生活处境中的成长改变，使服务项目目标人群的心理结构改变与人际结构改变紧密结合在一起。

不过，值得注意的是，服务项目目标人群心理结构的行为、认知、情绪和自我这四个基本心理元素是相互关联的，它们实际上随时都处在相互影响、不断变化的过程中，一起构成服务项目目标人群心理状况的基本面貌，其中任何一个心理元素的变化都会影响其他心理元素，从而带动服务项目目标人群心理层面的成长改变。例如，在上述案例中，服务对象在生活中遇到了一些困难，想控制自己的幻觉但是控制不住（行为），总是看到自己"被父母或者孩子家长嘲笑"（认知），这让她脾气变得越来越暴躁（情绪），在教孩子学习钢琴的时候也出现困难，无法集中精力（行为），而这样的表现又使服务对象"感到很无奈、很沮丧"，觉得无法控制自己（自我）。显然，这四个心理元素在实际生活中纠缠在一起，很难分清楚谁是因谁是果。因此，社会工作者在考察服务项目目标人群的心理结构时，不能采用因果分析的逻辑，而需要把自己放在服务项目目标人群的位置上，围绕他们在日常生活问题困境中所采取的应对行为体会不同心理元素之间的相互作用方式以及对应对行为的影响，从整体的视角理解服务项目目标人群心理结构的变化。这样，服务项目目标人群的心理结构改变就能够嵌入人际结构的改变中，而心理结构的改变又成为人际结构改变的一部分。就服务项目目标人群的心理结构而言，它的四个基本心理元素之间的关系如图 3-8 所示。

图 3-8 服务项目目标人群的心理结构

仔细观察图 3 - 8 可以发现，社会工作者在理解服务项目目标人群心理结构的变化时有三个基本特征。第一，关注当下的行为应对。① 社会工作专业服务的帮助重点是提升服务项目目标人群在日常生活问题困境中的行为应对能力，因而社会工作的心理结构考察需要集中在服务项目目标人群应对行为方式的选择以及成效的分析上。这样，对服务项目目标人群任何心理元素的了解都需要围绕是否有助于帮助服务项目目标人群做出合理的应对行为选择这个焦点。只有当服务项目目标人群过往经历明显影响他们当下的应对行为时，社会工作者才有必要考察服务项目目标人群过往的经历。即使在这样的情况下，社会工作者仍需要围绕如何提升服务项目目标人群当下的行为应对能力开展服务。第二，注重心理的整体考察。社会工作的服务干预不同于心理辅导，不是聚焦于服务项目目标人群某个心理方面开展深度服务，而是针对服务项目目标人群的行为应对从整个心理状况出发开展专业服务。它的服务深度体现在对各个心理元素的整体关联的把握上，既不能过度地突出某个心理元素的作用，又需要借助各个心理元素之间的关联，提升服务项目目标人群在日常生活问题困境中的整体心理应对能力。第三，强调人的主体性。由于社会工作秉持"助人自助"的原则，自我这个心理元素在社会工作的专业服务中发挥着极其重要的作用。如果社会工作者在专业服务中仅仅关注服务项目目标人群的行为、认知和情绪这些基本心理元素的变化，就会不自觉地把社会工作心理层面的干预理解成"专家"的指导，忽视服务项目目标人群自身拥有的认识、判断和选择的能力，把服务项目目标人群视为服务的被动接受者。因此，社会工作者不能仅仅把自我当作一个与行为、认知和情绪一样的心理元素，只扩展心理层面考察的内容，而需要把自我视为理解服务项目目标人群自主选择、自主决定和自我探究的重要方面，使社会工作者与服务项目目标人群之间的沟通交流不再局限于社会工作者的指导，同时还包括服务项目目标人群自身对应对行为的选择和问题困境的探究。只有这样，社会工作的专业服务才具有提升服务项目目标人群自主性的作用。

此外，值得注意的是，尽管在社会工作的微观临床服务中有很多种理

---

① 有学者把社会工作的这种特征称为现实导向或者未来导向，强调社会工作专业服务注重推动服务对象在当下的问题困境中做出改变，参见 Howe(2002)。

论假设不同的心理辅导模式，有的偏向情绪心理元素的分析，有的注重认知和行为心理元素的考察，有的侧重意义价值等自我心理元素的理解，但是对在日常生活场景中开展专业服务的社会工作者来说，需要对这些心理辅导模式做适当的调整，围绕服务项目目标人群在日常生活困境中的应对行为，从心理结构的整体视角入手，关注服务项目目标人群自身的理解和选择，以提升他们在日常生活困境中的行为应对能力。

三　心理结构的反馈机制

社会工作不同于心理辅导，它在专业服务开展过程中始终都把服务项目目标人群放在他们的人际交往的网络中去理解，因此，针对服务项目目标人群而开展的心理结构的考察也就不能脱离他们的人际结构的分析。事实上，心理结构与人际结构两者的结合所组成的心理社会的整合视角，才是社会工作最本质的内涵，也最能够体现社会工作所强调的"人在情境中"的根本原理。① 这样，针对服务项目目标人群的心理结构与人际结构相互联结的反馈机制的分析就成为社会工作考察的重要内容之一，它不仅让服务项目目标人群的心理层面的改变有了更现实的日常生活基础，而且让服务项目目标人群的人际层面的改变有了更真实的心灵感悟基础，真正使服务项目目标人群能够融入他们的日常生活中并且成为推动日常生活改变的重要力量。就心理结构的具体反馈机制而言，它涉及服务项目目标人群在日常生活困境中采取某种应对行为之后接收外界回馈信息的方式。例如，在服务项目目标人群说了某句话，或者表达了某种感受，或者做出某个动作之后，他们身边的重要他人就会有所反应，其中既有与他们预期一致的，也有与他们预期不一致的。这样，服务项目目标人群会依据这些外界的回馈信息调整内部的心理状况，包括认知、情绪和自我等不同的心理元素，为下一步的应对行为做好准备。可见，只有借助心理结构反馈机制的考察，社会工作者才能将服务项目目标人群的心理看作是动态的。服务项目目标人群需要随时感受外部环境的变化，也需要随时对环境的变化做出应对回应。

---

① 心理社会双重视角不仅是社会工作早期心理社会治疗模式所推崇的基本理念，也是整个社会工作专业的核心，它被视为社会工作这门学科的基础，参见 Howe（2009）。

　　根据回馈信息收集的方式，社会工作者可以将服务项目目标人群的心理结构反馈机制分为五种常见的类型，即系统的反馈、生态的反馈、反思（reflection）的反馈、辩证的反馈和正念（mindfulness）的反馈。有意思的是，这五种类型的心理结构反馈机制是层层递进的，但是各自又有所侧重。这五种类型的心理结构的反馈机制如图 3 - 9 所示。

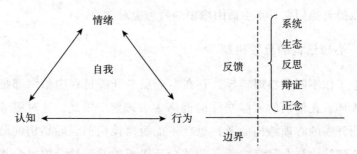

图 3 - 9　服务项目目标人群心理结构的反馈机制

　　服务项目目标人群的第一种心理结构反馈机制是系统的反馈，它强调心理结构只是人们日常生活中多个系统中的一个，不仅心理结构这个系统影响着其他系统，同时其他系统也影响着心理结构这个系统，系统与系统之间是一种循环影响的关系，它们总是趋于某种平衡。一旦系统与系统之间的关系失去平衡，就会出现问题，而问题的解决就是从系统之间不平衡的关系到平衡关系的过程。例如，人们常常把流动儿童学习成绩不好归因于他们贪玩、学习不认真、做作业拖拉等个人因素。从系统反馈机制来看，这样的理解忽视了流动儿童生活中的其他系统对他们的影响，包括家庭、同伴、学校以及流动儿童日常生活中其他相关的系统。这样，社会工作者的考察也就能够从服务项目目标人群扩展到与他们交往的其他相关人群，关注的焦点也从之前服务项目目标人群的心理状况转变成不同系统之间平衡关系的维护。如果这些流动儿童的父母对孩子的学习表现很不满意，采取粗暴的态度对待孩子，孩子就会反抗。不管流动儿童采取什么样的反抗方式，他们与父母的交往方式都会因此发生改变，直到找到一种新的关系平衡点为止。不过，值得注意的是，即使沟通双方找到了新的关系平衡点，也不代表他们之间的问题已经得到解决，常常出现的一种情况是，沟通双方误解不断加深，但又找不到更有效的解决办法，只能维持原有的沟通方式。显然，不管服务项目目标人群在日常生活中遭遇什么问题，只要借助系统反馈机制的考察，社会工作者就能够围绕问题将服务项目目标人群与其他相关的系统联系起来，采用直接介入与间接介入并用的综合服务介入策略。[①]

服务项目目标人群的第二种心理结构反馈机制是生态的反馈，它是在系统反馈的基础上要求服务项目目标人群对接下来外部环境会朝着什么方向发展做出预测，并且让自己做好准备面对外部环境可能出现的变化。如果服务项目目标人群能够根据自己以往的经验对外部环境的变化做出合理的预测，并且能够及时做好应对准备，他们在与外部环境的互动过程中也就具备了更强的主动性，不仅能够回应外部环境变化提出的要求，而且能够根据自己的发展意愿主动选择有利于自身发展的外部环境，利用外部环境变化提供的机会，甚至能够为自己的发展创造更为有利的外部环境，增强成长改变的外部环境的支持。例如，对于那些因孩子学习成绩不好而采取粗暴态度的流动儿童的父母，社会工作者可以首先从孩子着手，调整他们的学习方式，提高他们的学习效率，使他们的学习成绩有明显的进步。之后，社会工作者需要将服务焦点转向他们的父母，让父母看到流动儿童在学习上做出的努力以及其他方面的优点，转变父母对待孩子的态度，为流动儿童的成长改变创造更有利的外部环境。在此基础上，社会工作者可以将服务的重点再次放到流动儿童身上，进一步挖掘流动儿童学习方面的能力。这样，社会工作者能够借助这种循环影响的服务策略，逐步培养服务项目目标人群在日常生活困境中的预测能力，并且协助他们建立起更有利于自身成长改变的外部环境。可见，正是通过这种生态反馈机制的建立，服务项目目标人群才具有了更强的主动性，不再只是被动地适应外部环境的变化，而是能够主动预测外部环境变化的走向，提前做好应对准备。

反思的反馈是服务项目目标人群的第三种心理结构反馈机制。[②] 这种反馈机制与系统反馈和生态反馈机制不同，它更关注服务项目目标人群对应对行动尝试结果的总结和审视，并且找到下一步应对行为尝试的方向。这

---

① 实际上，在社会工作开创之初，玛丽·里士满（Mary Richmond）就提出了针对服务对象的直接介入和周围环境的间接介入的社会工作综合服务介入策略，而且这一服务策略一直沿用到今天，参见 Richmond（1922）。

② 注重行动中的反思，这一来自美国教育学家唐纳德·尚恩（Donald Schön）的观点在 20 世纪 80 年代之后受到社会工作者的关注，参见 Folgheraiter（2004）。

是一种通过"行动—反思—行动"的方式推动服务项目目标人群不断成长改变的服务策略。例如，针对学习成绩不好的流动儿童，社会工作者首先需要协助他们根据自己的学习要求做出某种应对的行为尝试，让他们关注这样的行为尝试是否能够减轻他们在学习困境中的应对压力；行为尝试之后，社会工作者又会进一步协助服务项目目标人群分析尝试的经验，其中哪些是成功的，对他们的成长改变是有帮助的，哪些是不成功的，没有明显的成效，甚至还包括增加他们学习如何应对压力的机会；在这样的分析基础上，社会工作者又会与服务项目目标人群一起寻找更有效的学习应对方式，将上一次尝试中的有效行为应对方式保持下去，调整无效的部分。这样，社会工作者就能够通过与服务项目目标人群一起寻找生活困境中的有效应对行为，一步一步地协助服务项目目标人群提升问题的解决能力。

辩证的反馈作为服务项目目标人群的第四种心理结构反馈机制，它与前三种反馈机制存在明显的不同，就是把社会历史视角引入社会工作的专业服务中，强调对服务项目目标人群的理解不能仅仅从服务项目目标人群出发对这一人群的应对行为进行考察，因为这样的考察只会局限于服务项目目标人群的视野内，而忽视这一视野外的现实。因此，社会工作者需要把服务项目目标人群的应对行为放在特定的社会历史处境中去理解，学会寻找服务项目目标人群视野外的现实。[①] 在辩证的反馈机制看来，无论人们在日常生活中遭遇什么问题以及寻求什么方面的改变，都是发生在特定的、变化着的社会历史处境中的，这样，人们在寻求生活改变的同时，也就自然会形成生活的阻抗力，只有当人们找到一种能够包容阻抗力的生活改变方式时，改变才能持久。否则，即使人们借助自己手中的权力和资源暂时实现了生活的改变，改变也只会增加生活中的对抗。而一旦生活的阻抗力足够强大，现实又会朝相反的方向发展（Healy，2000：14）。就辩证的反馈机制而言，主要涉及三种思维方式的训练，即正反思维、逆向思维和整体思维[②]。正反思维是指日常生活中的任何事情都有呈现出来的一面，也有没

---

① 注重从社会历史处境中理解人们的成长改变要求，这是批判社会工作的核心理论假设，它受到马克思辩证唯物主义和历史唯物主义的影响，参见 Gray & Webb（2009）。
② 辩证思维的三种常见方式主要受到黑格尔辩证哲学的启发，参见高广旭（2015）。

有呈现出来的一面，不可能十全十美或者一无是处，每件事情有好的方面，也有不好的方面。它要求人们在考察环境要求和做出应对行为选择时，能够同时分析其中的正反两个方面，使人们的应对行为更理性。例如，当服务项目目标人群觉得自己的学习生活完全失控、一团糟的时候，社会工作者需要帮助他们了解自己尝试中的成功之处和价值所在；当服务项目目标人群对自己的行为表现感到很满意时，社会工作者需要引导他们看到满意背后可能存在的危险和可能被他们忽视的地方。实际上，像精要治疗所倡导的在常规经验外寻找例外的原则，就是正反思维运用的很好例子（Berg & Kelly，2000：80）。逆向思维与正反思维不同，它要求服务项目目标人群学会站在自己的对立面，从对立面的角度思考自己的应对行为，将阻抗力转化为可以包容的部分，从而拓展服务项目目标人群的观察视野。如果服务项目目标人群向社会工作者抱怨他们的父母不理解自己，对自己的要求多么苛刻，社会工作者除了舒缓他们的情绪之外，还需要引导他们用逆向思维的方式，站在父母的角度理解父母"不合理"要求背后的道理。当然，服务项目目标人群也可以学习运用整体思维的方式，把外部环境的变化与自己的成长改变要求联系起来，从一种动态的双向互动的角度理解自己的生活安排。① 这样，社会工作者能够帮助服务项目目标人群看到他们自己的成长改变空间以及在应对外部环境改变过程中可以发挥的作用，既能够让他们提升对当下生活困境中问题的解决能力，又能够提高自身成长改变的预见能力。

　　除了上述四种类型的服务项目目标人群的心理结构反馈机制之外，社会工作在专业服务中还有一种反馈机制，称为正念的反馈。正念的反馈有自己独特的要求，它强调服务项目目标人群在成长改变之前首先要停下脚步，直面当下场景中出现的各种挑战，明确自己的成长改变要求。正念的反馈认为，只有这样，服务项目目标人群才能面对因成长改变要求而带来的焦虑和不安，承担起自己的成长改变的责任，避免陷入表面上是成长实质却是逃避的心理怪圈。可以说，这是一种先"端正"心态、再求发展的

---

① 需要注意的是，整体思维所说的人与环境的双向互动，不是指人影响环境、环境影响人这种平面的理解，而是指无论人还是环境都有自己发展变化的逻辑，人只有发现环境的发展变化逻辑，在其中找到自己的位置，并且随着环境变化而变化的时候，才能有更好的洞察力和预见力。

服务思路。对于正念的反馈而言，它有两点核心要求：一是关注当下，即将服务项目目标人群的关注焦点引导到目前面临的生活困境中；二是放松执念，即协助服务项目目标人群学会接纳生活困境应对过程中大脑出现的任何念头，既不回避，也不把控，而是学会与这些念头一起生活，以便提升服务项目目标人群的自主选择能力（McGarrigle & Walsh，2011：221 - 222）。例如，对于那些讨厌父母管得太过严厉的流动儿童，社会工作者可以让他们尝试学习接纳自己的讨厌感受，不是去抱怨父母，而是去调整自己的心态，面对生活的现实。这样，社会工作者能够逐渐把这些流动儿童的注意力引向如何面对现实生活的学习困境，提升他们的行动和选择能力。因此，在正念反馈机制下，社会工作专业服务的目的不在于最大限度地帮助服务项目目标人群解决当前面临的问题，而在于协助服务项目目标人群转换自己的生活经验，找到适合他们的环境应对方式，使他们能够从容不迫地面对现实生活中出现的问题和挑战。即使有些问题暂时无法找到有效的解决方法，服务项目目标人群也能够在接纳现实的基础上更好地安排自己的生活。

显然，社会工作所说的心理结构与心理辅导所推崇的心理结构不同，它是服务项目目标人群在应对现实生活困境中形成的一种心理层面的行动的结构性，包括行为、认知、情绪和自我四个基本要素，其中行为是心理结构的关键要素。正是围绕当下生活困境中的应对行为，心理结构的四个基本要素相互影响，一起构成应对现实的心理机制。值得注意的是，借助心理的反馈机制，服务项目目标人群的心理结构就与人际结构紧密联系在一起，形成社会工作独有的"人在情境中"的心理社会双重视角，而对这种心理反馈机制的不同理解，也就产生了不同的心理社会双重视角的理解，包括系统的反馈、生态的反馈、反思的反馈、辩证的反馈和正念的反馈。这样，社会工作者能够真正将服务项目目标人群的成长改变放在他们的日常生活中来理解，既关注环境对人的影响，也关注人对环境的作用。

第五节 服务项目的社会结构

除了人际结构、生活结构和心理结构之外，社会工作者在专业服务中还常常涉及第四种结构，就是社会结构。这里所说的社会结构是指服务项目目标人群在生活困境应对过程中形成的社会角色的结构。由于服务项目目标人群在问题应对过程中所发生的与重要他人之间的人际互动，不是单个人之间的相互影响，而是代表特定社会身份和社会位置与重要他人相互作用，发挥特定的社会功能。显然，这样的社会功能与社会分化和社会分层有着紧密的联系，是社会结构的体现。① 因此，服务项目目标人群在日常生活困境中所采取的应对行为不仅影响着他们的人际关系，形成特定的人际结构，而且影响着他们所扮演的社会角色，形成因社会角色之间相互关联而产生的社会结构。这样，社会工作者能够凭借社会角色这个概念，将服务项目目标人群在生活困境中的应对行为嵌入特定的人际关系和社会处境中，呈现服务项目目标人群应对行为背后丰富的社会内涵。这样做，一方面能够帮助服务项目目标人群审视应对行为的特定社会处境，增强他们的自觉意识；另一方面能够协助服务项目目标人群了解应对行动的社会条件，提升他们的行为选择能力和对生活的掌控感。

一 社会结构初探

针对社会结构，学界有两种不同的看法。一种注重分析，把社会角色作为理解社会结构的基本单位，考察社会角色之间的关系，从而能够对更大范围的社会现象形成社会结构视角的理解。这是一种分析的结构性，偏向社会现象的解释。另一种侧重改变，把社会角色作为人们在生活困境应对中的社会处境，从而能够对人际结构背后的社会内涵形成社会结构视角的考察。显然，这是一种行动的结构性，偏向社会处境的改善。因此，简单而言，前者从社会角色出发，把它作为社会现象分析的基本单位；后者从具体的服务项目目标人群出发，把社会角色作为服务项目目标人群在生活困境应对中需要面对的社会处境。如果以本章第一节的案例为例，通过对这个案例的核心应对网络图进行分析就会发现，流动儿童在学习困境应对中会形成特定的人际结构，当他与父亲互动时，他需要承担家庭生活中的儿子角色，而这一社会角色就与整个家庭成员以及这种家庭的社会位置联系在一起，使流动儿童与父亲的互动并不仅仅停留在人际层面，而且有

---

① 反歧视、反排斥社会工作与批判社会工作和女性主义社会工作都把个人的选择直接与社会结构联系起来，忽视了社会角色的作用，只有通过社会角色个人才能与社会结构建立起联系。

了更深层次的社会内涵。同样，当流动儿童与班主任互动时，他需要承担学习生活中的学生角色。这样，流动儿童的成长改变就与他的家庭角色和班级角色有了紧密的联系，形成特定的成长改变过程中的社会结构。因此，社会工作者需要发掘和调动流动儿童的家庭和班级的社会资源，来实现其成长改变。

可见，注重分析的社会结构是一种静态的观察视角，它的重点是对人们的社会关系进行考察，从人们具体的日常生活中抽离出一般描述的社会结构。像生态系统图就是很典型的例子，它表明人们的社会关系是以人们自身或者家庭为圆心逐渐向外拓展的同心圆。而注重改变的社会结构就不同了，尽管它的关注重点也是人们的社会关系，但它是从一种动态的观察视角来考察的，强调人们的生活是一个成长改变的过程，当人们在日常生活中遭遇困扰时，需要采取一定的应对行为解决面临的生活困扰，并由此带动社会关系的改变，这样的改变无法脱离具体的日常生活场景。例如，对图 3-5 核心应对网络图进行分析就会发现，只有当流动儿童在日常学习中遇到困难时，他与身边重要他人的核心应对网络才能形成，并由此出现特定的应对学习困扰的社会结构。可见，在实际生活中与服务项目目标人群相关联的不同系统，会根据服务项目目标人群遭遇问题的性质、发生的场景以及自己与问题的直接相关程度等因素联结起来，形成服务项目目标人群应对问题的特定社会结构，这一社会结构会随着服务项目目标人群问题的变化而变化，它既是问题的构成部分，又是问题解决的条件，处在不断变化的过程中。

值得注意的是，分析的社会结构与行动的社会结构两者的思维方式是不同的，前者采取的是一种类型化的思维方式，分析流动儿童这一社会角色具有的共同特征以及在社会关系网络中发挥的一般作用，呈现"普遍化"的特征。行动的社会结构不同，它关注处于特定社会位置的人们在人际结构中是如何通过与重要他人的沟通交流明确这一社会位置的要求的。就像图 3-5 中的流动儿童，他只有借助与父亲以及班主任的沟通交流，才能找到自己处于特定社会位置的成长改变的途径。显然，这样的成长改变是个性化的，处于不同的社会位置的个体有不同的成长改变途径，即使处于同一个社会位置，如果面临的问题不同，个体也会有不同的成长改变途径（Fook，2016：172-173）。因此，行动的社会结构遵循差异化的思维方式，它不是分析某一社会角色所具有的共同特征，而是探寻这一社会角色在日常生活的问题应对中所形成的特定社会位置以及由此产生的成长改变的空间。服务项目目标人群对自己所处的社会位置了解得越清晰，越具有自觉的意识，也就越能够从现实出发做出更为理性的应对行动选择，找到成长改变的现实途径。

可见，借助社会结构这个概念，社会工作专业服务能够从人际层面深入社会层面，真正把社会工作专业服务融入特定的社会处境中。不过，对于社会工作而言，需要注意的是，分析的社会结构只会促使社会工作者脱离现实的生活处境，而只有当社会工作者关注行动的社会结构时，他所强调的社会支持才能从人际层面深入社会层面。这样，问题的应对和解决过程就与社会结构的改变紧密联系在一起，它不是简单调动人际资源克服问题的过程，而是通过问题的解决明确自己所处的社会位置，学会扮演社会角色的过程，使自己能够重新融入社会生活中。因此，对于关注行动社会结构的社会工作来说，它就不仅仅是一种理性的分析，帮助服务项目目标人群明确自己所处的社会位置，同时还是一种伦理的考察，协助服务项目目标人群学会承担自己所处社会位置的责任。

二　社会结构

一旦社会工作者运用社会结构的视角考察社会工作专业服务就会发现，社会结构考察脱离不开问题应对的分析，正是因为服务项目目标人群在日常生活中遭遇到了问题，目标人群才会形成问题应对的人际结构，而人际结构中不同的人际关联意味着不同的社会角色，并产生服务项目目标人群问题应对的社会结构。以本章第一节案例为例，这一案例的社会结构图如图 3 - 10 所示。

从图 3 - 10 可以看到，作为服务项目目标人群代表的这位流动儿童与他的父亲和班主任的交往在学习困境的应对中形成了特定的人际结构，而这样的人际结构恰恰代表了这位流动儿童扮演的家庭角色和班级角色。这意味着这位流动儿童在应对学习困境时从表面上看是与父亲和班主任的交往，但实际上是在扮演特定社会位置上的不同社会角色。这样，问题的解决不仅影响服务项目目标人群与重要他人的人际层面的关系，而且影响服务项目目标人群与重要他人的社会层面的关系。因此，就服务项目目标人群的

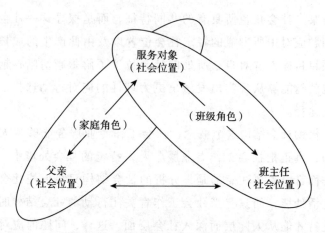

图 3 - 10   服务项目目标人群的社会结构

社会结构而言，它除了需要具有人际结构的人、问题、应对行动和关系网络四个要素之外，还需要拥有社会位置和社会角色两个基本要素。①

这里所说的社会位置是指人们在特定问题应对网络中所占据的位置，这一位置不仅与服务项目目标人群有关，而且与服务项目目标人群的重要他人相联系，是服务项目目标人群明确自己身份和价值的重要依据。人们在日常生活中并不是孤立的个体，而是融入日常生活中与重要他人紧密关联在一起并且占据特定位置的个体。这样，服务项目目标人群的任何成长改变就不仅仅是服务项目目标人群人际关系层面的变化，同时还包括社会位置的改变，而社会位置的改变与社会结构联系在一起。如图3 - 10所示，一旦这位流动儿童出现了成长改变，他的家庭结构和班级结构就会发生改变，而家庭结构和班级结构的改变又能进一步带动更广范围的社会结构的改变。因此，通过社会位置的审视，服务项目目标人群在日常生活困境中的应对行为就与人际关系以及社会结构的改变联系在了一起，从而使人们的成长改变扎根于他们的日常生活中，成为日常生活改变不可或缺的部分。显然，引入社会位置这一社会结构的要素之后，无论社会工作专业服务的焦点还是方式，都发生了根本改变，这些改变主要表现在以下几方面。①社会工作专业服务的焦点既不是问题的解决，也不是自身的成长改变，

---

① 社会位置这个概念最初是由女性主义社会学家提出的 "立场论"（feminist standpoint）演变而来，其受女性所处的社会位置启发，提出位置知识，即人们所拥有的知识是在特定位置上获得的，既有一定的道理，也有一定的局限，参见 Haraway（1988）。

而是对自身所处社会位置的审视和以此为起点的行动能力的提升。它既与问题的解决有关，又与自身的成长改变相联系，是特定生活处境中的问题解决和成长改变。因而，不管是问题的解决还是自身的成长改变，都需要围绕服务项目目标人群所处的特定社会位置展开。这样，问题解决的过程就成为自身成长改变的过程，而自身成长改变的过程需要借助问题解决的过程，两者才能够真正相互促进，成为在日常生活处境中人们成长改变不可或缺的两个方面。②社会工作专业服务的方式既不是利用社会资源帮助服务项目目标人群解决生活中面临的问题，也不是创造相互信任的支持环境促进服务项目目标人群的成长改变，而是学会审视自身所处的社会位置，明确自身发展的方向和目标，在增强服务项目目标人群成长改变的自觉意识的同时，提升服务项目目标人群在问题解决过程中的自决能力。③社会工作专业服务的逻辑既不是类型化的需求满足，也不是个别化的具体分析，而是围绕社会位置审视的差异化考察，目的是帮助服务项目目标人群找到自己所处的独特社会位置以及这一位置的成长改变空间。差异化考察不同于以往普遍与个别二元对立的分析，它既需要呈现这一社会位置的独特性，以便与其他社会位置相区别，又需要展示这一社会位置的普遍性，帮助服务项目目标人群从自身经验中找到自己所处社会位置与其他社会位置的内在关系，从更大范围的系统关联角度审视自身的生活安排，让服务项目目标人群具有更强的觉察自己生活和选择自己生活的能力。显然，引入了社会位置之后，社会工作专业服务具有了社会结构的特征，这样的社会结构不再被视为服务项目目标人群的生活处境，而是作为与服务项目目标人群始终处于相互作用、一起改变过程中的周围环境，差异化也就自然成为这一社会结构发展的基本逻辑。

　　正是有了特定的社会位置，服务项目目标人群与重要他人之间的互动也就具有了社会层面的含义，是某种社会角色的扮演。不过，需要注意的是，这种社会角色的扮演并不是拿着已经编好的"剧本"在日常生活中去表演那么简单，它与服务项目目标人群在日常生活中遭遇到的困境联系在一起，服务项目目标人群需要借助周围环境的资源才能解决自己日常生活中面临的问题，从而找到自己在特定日常生活处境中的社会角色扮演方式；同样，如果服务项目目标人群在日常生活处境中扮演了不同的社会角色，他们也会因此对日常生活中的问题产生不同的理解，需要尝试不同的解决方式。一旦服务项目目标人群在日常生活中遭遇到了问题，他们就会同时面临问题解决和角色扮演两个方面的挑战，需要采取一种双重视角理解自身的处境。如果只是关注问题解决，服务项目目标人群的社会特性就会被忽视，重要他人就成为服务项目目标人群解决问题的社会资源，这样做容易导致服务项目目标人群的社会关系紧张；如果只是注重角色扮演，而服务项目目标人群遭遇到的问题得不到解决，这样的服务很容易使角色扮演成为"权力游戏"。就社会角色扮演而言，它使社会工作专业服务不再仅仅是一种问题解决的技术实践，同时还是一种角色扮演的伦理实践，始终需要回答这样的问题解决是否有利于服务项目目标人群承担起自己在特定社会位置上需要承担的社会责任。显然，只有这样，社会工作者才能帮助服务项目目标人群避免借助问题解决的过程放弃自己的社会责任，成为日常生活中重要他人的依赖者。

与人们在日常生活中需要扮演的社会角色相似，社会工作者一旦与服务项目目标人群建立了专业服务关系，他们就成为服务项目目标人群成长改变过程中的社会结构的一部分，也需要承担起自己的社会责任，扮演专业服务提供者的社会角色。这样的社会角色就不只是关乎社会工作者，而且与他们的同事关系、机构的规章制度、行业的规范标准以及相关的社会政策等社会因素联系在一起。因此，当面对日常生活中遭遇困扰的服务项目目标人群时，社会工作者就不能想做什么就做什么，除了需要明确自己的行动空间和能力，注意不让服务项目目标人群对自己产生不切实际的期待之外，还需要仔细评估社会工作者把专业服务这一正式关系带入服务项目目标人群日常生活的问题应对网络后，可能对这一问题应对网络中原有的社会结构产生的影响。以本章第一节流动儿童的案例为例，如果社会工作者认为这位流动儿童的父亲指导孩子学习的方式不好，时间也不足，就直接寻找几位有经验的志愿者每隔几天给孩子补习功课。这样的做法虽然从短期来看能够解决这位流动儿童面临的困扰，让孩子的父亲看到专业人士的辅导给孩子带来的改变成效，但同时也会促使这位流动儿童的父亲把辅导孩子学习的责任交给志愿者和社会工作者。一旦专业服务结束，社会工作者需要从服务项目目标人群应对问题行动的社会结构中退出来，这位流动儿童的父亲在指导孩子的学习方面就会面临比专业服务介入之前更大的困难。显然，这样的项目服务安排对服务项目目标人群的成长改变是不利的，社会工作者需要把专业服务放在整个服务项目目标人群问题应对行动的社会结构中去考察，他们需要帮助的不是某个人或者某个人群，而是整个服务项目目标人群的问题应对行动的社会结构。包括社会工作者自己也只是服务项目目标人群问题应对行动的社会结构中的一部分，他们同样需要清楚了解自己所处的社会位置以及专业服务开展过程中需要运用的问题解决和角色扮演的双重视角。

可见，借助社会位置和社会角色这两个重要元素，社会工作者可以将专业服务从服务项目目标人群的人际结构延伸到社会结构，不仅能够带动服务项目目标人群社会层面的成长改变，而且能够把自己融入服务项目目标人群的社会结构中，审视自身所处的社会位置以及与服务项目目标人群成长改变的内在关联，既不夸大自己的作用，也不忽视自己的努力，把服务对象的成长改变与自己的成长改变结合起来。

三　常用的社会结构观察视角

值得注意的是，社会工作作为一种专业助人的服务，它需要一些特定的条件才能确立，也就是说，只有当服务项目目标人群在日常生活中遇到困难而且自己和身边的重要他人都无力解决的时候，社会工作者才能够进入服务项目目标人群的生活中，施加专业服务的影响。显然，这样的专业服务在绝大多数情况下都是有时间限制的，它要求社会工作者在特定的时间限制内与服务项目目标人群建立信任合作的服务关系，帮助他们解决面临问题的同时，提升他们与身边重要他人之间的相互支持以及自身社会角色的扮演能力，而不是成为服务项目目标人群的朋友，提供持久的专业服务。对于社会工作者而言，如何在专业服务的时间限制内运用社会结构带动服务项目目标人群的成长改变，就成为社会工作者在社会层面上开展专业服务的关键，因为不同的观察视角对于人们需要扮演的社会角色的理解是不同的，它直接影响社会工作者在专业服务中选择不同的服务策略。其中，社会工作者常用的社会结构的观察视角包括生态系统视角、增能视角以及性别/文化视角。

生态系统视角是社会工作者运用社会结构开展专业服务的一种常用观察视角，也是社会工作者帮助服务项目目标人群寻求社会层面成长改变的最基本的观察视角。这种观察视角关注服务项目目标人群与周围环境之间相互影响而建立起来的生态关系以及维护这种生态关系需要扮演的社会角色。以图 3-5 所呈现的核心应对网络为例，如果社会工作者尝试从生态系统视角出发理解服务项目目标人群在社会层面的成长改变，他不仅需要观察这位流动儿童与父亲和班主任之间的互动，而且需要进一步考察三者在生态关系中扮演的社会角色，如这位流动儿童扮演的就是家庭结构中的儿子角色，父亲扮演的是家庭结构中的父亲角色，班主任则需要扮演班级结构中的教师角色。如果社会工作者从班主任的角度来理解她与这位流动儿童的互动，不难发现，这位流动儿童只是她负责管理的班级里众多学生中的一名，她在平时的教学过程中不仅需要帮助这位流动儿童，而且需要花精力关注其他学生的学习情况。此外，她还需要处理与同事之间的关系，完成学校种种规章制度和教学考评的要求。回到家里，她又需要安排自己的家庭生活，承担妻子和母亲的角色。可见，班主任能花多少精力帮助这位流动儿童，不仅与他们之间的交往状况有关，而且与班里其他学生的学习情况、她与同事之间的关系、她在学校里承担的其他任务以及她需要承担的家庭责任等方面有密切联系。同样，父亲能够花多少精力指导孩子的学习，也与他在家庭中承担的责任、他与妻子的互动以及他与亲属和同事的关系有紧密关联。因此，社会工作者在帮助这位流动儿童过程中，不能仅仅从他的学习需要出发，要求班主任和父亲腾出更多的时间和精力指导孩子的学习，因为这样的学习指导虽然能够改善孩子的学习状况，但是需要班主任和父亲放弃他们日常生活中的一些安排。显然，这样的做法是很难持久的。如果社会工作者希望专业服务能够给这位流动儿童带来持久的改变，他就需要从生态系统视角出发，结合班主任和父亲的日常生活安排，提高他们指导孩子学习的效率和整个社会结构的问题应对能力。

可见，一旦社会工作者从生态系统视角出发考察服务项目目标人群在社会层面的成长改变状况，他就需要学会运用生态系统视角理解在应对问题过程中给予服务项目目标人群必要支持的重要他人。从形式上看，服务项目目标人群的问题解决过程就是重要他人社会支持增强的过程，但是实际上，这样的社会支持增强需要与重要他人的日常生活安排结合起来，不是增加重要他人的生活负担，而是提升重要他人的问题应对能力。从这个意义上而言，社会工作者的专业服务就不仅仅是为了提升服务项目目标人群的问题应对能力，同时还需要转换到重要他人的位置上，了解父亲和班主任等重要他人的日常生活安排，考察他们如果需要花更多的时间和精力指导孩子的学习，他们的日常生活安排需要做出哪些相应的改变，这些改变中哪些部分对他们来说是积极的，哪些部分可能给他们带来压力，以及针对这些压力又有哪些应对办法。因此，从生态系统视角出发理解服务项目目标人群在问题解决过程中形成的社会结构，社会工作者需要站在重要他人的社会位置上，依照生态系统的逻辑考察每一位重要他人在问题应对过程中的生活安排，从而协助重要他人提升问题应对能力，增强他们与服务项目目标人群之间的社会支持。这种生态系统视角的社会结构如图 3-11 所示。

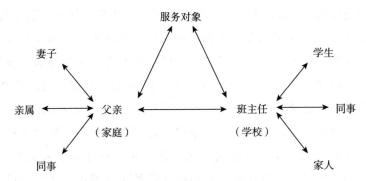

图 3-11 生态系统视角的社会结构

　　社会工作者在运用社会结构开展专业服务时常用的第二种观察视角是增能视角。增能视角与生态系统视角的最明显区别在于：生态系统视角关注的是服务项目目标人群与重要他人在日常生活交往中形成的生态关系，它的理论基础建立在生物有机体对环境适应的假设上；而增能视角假设人们在社会生活中的社会地位是不同的，不同社会地位就拥有了不同社会资源分配的权力。作为社会工作重点服务对象的社会弱势人群不能仅仅依赖他们现有的社会资源，因为他们本身就处于社会的弱势地位，无论改变的机会还是条件都处于不利的处境。服务项目目标人群的社会地位越弱势，他们拥有的社会资源也就越少。因此，针对这些社会弱势人群，社会工作者开展的专业服务不能仅仅聚焦于日常生活问题的解决上，同时还需要关注这些弱势人群的社会地位的改变，帮助他们争取更公平的社会待遇（Parsloe，1996：121）。可见，增能视角与生态系统视角具有完全不同的服务焦点，前者关注服务项目目标人群社会弱势处境的改善，后者注重服务项目目标人群生活问题的解决。正是因为如此，社会工作者在运用增能视角开展社会层面的专业服务时，就需要关注服务项目目标人群交往关系的改变，从一种没有自觉意识的松散的非正式支持状态转变成有明确目标的互动状态。①

还是以图 3-5 所呈现的案例为例，社会工作者发现，这些跟随打工父母来到城市就学的流动儿童居住在城中村，由于受城中村公共服务资源条件的限制，他们每天放学后都在社区里到处乱跑，没有人照看他们，也没有人辅导他们的学习。显然，这些流动儿童生活中现有的非正式和正式支持关系都无法解决他们面临的放学后无处可去、无人看管的问题，即使社会工作者通过个别化的服务成功帮助其中工作压力较小、工作安排相对灵活的父母腾出更多时间照看孩子，但是对于绝大多数外来务工的父母来说，仍然需要面对"工作时间长，无暇照顾子女"的困境；或者即使社会工作者能够召集到一批大学生志愿者定期在城中村开办课后兴趣班、辅导班等活动，但是这些活动由于人员和经费等原因也难以稳定维持。这个时候，如果社会工作者继续运用生态系统视角开展社会层面的介入，服务效果就很有限了，他需要转换服务介入的策略，运用增能视角，帮助这些流动儿童的父母在非正式与正式支持关系之间搭建起一种互助形式的支持关系。例如，社会工作者可以将这些面临同样问题的父母组织起来，形成一个互助小组，轮流照看放学后无处可去的孩子，并且一起想办法寻找社区或者社会的资源，帮助这些流动儿童解决课业辅导的问题。同样，针对学校的班主任，社会工作者也可以采取与流动儿童父母一样的增能的服务策略。不过，值得注意的是，增能视角的运用是有前提的，只有当服务项目目标人群遭遇的问题与他们的社会弱势处境有着直接关联的时候，社会工作者才能采取增能的服务策略，以填补服务项目目标人群因社会弱势处境导致的日常生活中的服务缺口。这种增能视角的社会结构如图 3-12 所示。

图 3-12 增能视角的社会结构

---

① 值得注意的是，增能社会工作有两种发展取向：一种注重权力不平等和文化歧视的消除，以美国为代表；另一种关注服务对象的互助和自决，以英国为示范（Payne，2005）。

　　通常而言，这种互助形式的服务出现后，它会朝两个方向发展：一是互助成员认识到仅凭他们自己的力量解决面临的问题是不够的，需要引入一些正式的社会支持，如基金会的资金、社会组织的人力和社区的场地等，让现有的互助服务发挥更多的功能；二是互助成员发现目前他们共同面临的问题无法仅仅依靠他们自己的力量彻底解决，而需要借助政策制度的改善来改变他们目前的社会弱势处境，获得更公平的待遇。这样，互组服务就会影响正式的制度体系，推动政策改革。第一种互助服务的发展方向通常被称为增能，它强调在弥补现有非正式和正式支持关系的空缺、建立互助服务之后，通过进一步链接正式的社会支持，增强互助服务的稳定性和成效；第二种互助服务的发展方向常常被人们称为倡导，它注重推动政策层面的改善，强调通过顶层制度设计的完善改变服务项目目标人群的弱势社会处境。至于互助服务选择增能的发展方向还是倡导的发展方向，则需要依据具体的服务情况而定。值得注意的是，无论社会工作者选择哪种发展方向，他首先都需要聚焦于互助服务本身的完善，提升成员之间的互助能力；然后在条件允许的情况下，探讨政策倡导的可能性。

　　性别/文化视角是社会工作者运用社会结构开展专业服务时常用的第三种观察视角。[1] 这种观察视角不同于之前介绍过的生态系统视角和增能视角，它不是从现有的社会支持系统出发增强或者补充现有社会支持不足的地方，而是从性别或者文化的观察角度出发，审视人们寻求改变的背后逻辑，了解这样的改变逻辑是否存在性别或者文化的歧视，并以此为服务介入的焦点，增强人们的性别自觉意识和文化自觉意识。例如，社会工作者通过需求评估发现，这些流动儿童家庭通常把辅导孩子的学习作为母亲的责任，哪怕母亲工作再忙，她们也要负责孩子的学习辅导，而父亲只赚钱养家就可以了。显然，面对这样的流动儿童家庭，如果社会工作者开展的专业服务仅仅注重流动儿童家庭之间的互助，作为主要照顾者的母亲的生活压力没有减轻，甚至还可能增加，导致母亲的弱势地位加剧。当然，社会工作者也可以从文化的观察角度出发，考察流动儿童学习出现困扰时家

---

[1]　批判社会工作提出了社会工作实践中的批判反思这一重要概念，要求社会工作者对主流意识可能掩盖的社会歧视和社会排斥保持警觉，以便将社会工作专业服务从直接的帮助延伸到社会公平意识的增强。这里所说的性别/文化视角就是吸收了批判社会工作的这一想法，参见 Fook（2003）。

庭给予的支持，分析这样的支持所依据的文化逻辑以及存在的不足。因此，性别/文化视角的运用需要社会工作者从直接提供专业服务转向服务背后逻辑的思考，把服务的提供与观念的改变结合起来，使社会工作专业服务具有更深远的社会层面的影响。这种性别/文化视角的社会结构如图 3 – 13 所示。

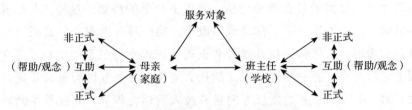

图 3 – 13　性别/文化视角的社会结构

　　值得注意的是，由于社会工作者在专业服务开展过程中分别从三种观察视角出发设计社会层面的项目服务的介入计划，所以在具体的项目实施过程中他就需要根据项目的具体情况，在三种观察视角中学会选择适合作为社会层面服务的基本框架。就一般情况而言，社会工作者在选择社会层面介入的观察视角时，需要遵循生态系统视角—增能视角—性别/文化视角的顺序，因为人们在日常生活中面临实际困难时，首先想到的是如何运用现有的资源解决自己面临的问题，只有在现有的资源无法满足自己成长改变要求的情况下，人们才会寻找新的互助形式的社会支持帮助自己克服面临的困难。因此，社会工作者在运用社会结构的观察视角时，需要首先考察服务项目目标人群现有的非正式和正式支持关系有哪些，是否能够通过加强这些现有的社会支持关系解决目前面临的问题。显然，这样的服务策略运用的是生态系统视角。只有当现有的社会支持关系无法帮助服务项目目标人群解决面临的困难时，社会工作者才能考虑如何将这些面临共同问题的服务项目目标人群组织起来，形成互助形式的社会支持，一起寻找共同问题的解决办法，提升他们对现实生活的掌控能力。这个时候，社会工作者采用的就是增能视角的服务策略。如果社会工作者在帮助服务项目目标人群建立互助支持关系的时候，发现服务项目目标人群或者他们身边的重要他人在解决面临的共同问题时，存在性别或者文化的歧视，阻碍他们之间相互支持关系的建立，他就需要运用性别/文化视角的服务策略，帮助服务项目目标人群或者他们身边的重要他人改变那些带有歧视色彩的观念，拓展他们成长改变的发展空间。一旦社会工作者将上述三种常见观察视角的选择顺序倒过来，他在社会层面开展的专业服务就不仅不符合人们习以为常的思维逻辑，导致专业服务很难开展，甚至还可能给服务项目目标人群或者他们身边的重要他人造成新的生活负担，不利于他们的成长改变。

显然，社会层面的服务介入也是社会工作者开展专业服务的一个重要考察层面，在这一层面社会工作者需要学会运用社会结构的方式规划服务项目的活动安排，日常生活中遭遇的问题带来特定社会位置上的社会角色扮演的要求。这样，社会工作者开展的专业服务就与特定时空中的特定社会位置相关联，不仅需要帮助服务项目目标人群解决面临的问题，而且需要协助他们扮演特定的社会角色，使社会工作同时具有技术实践和伦理实践的要求。就社会层面服务介入的具体观察视角而言，它通常有三种，即运用现有社会支持的生态系统视角、创建新的互助形式的社会支持的增能视角以及注重意识层面社会歧视改变的性别/文化视角。值得注意的是，社会工作者在运用社会结构的方式开展专业服务时，需要依据生态系统视角—增能视角—性别/文化视角的顺序选择观察视角，提升服务项目目标人群及其身边重要他人的成长改变能力，避免将社会工作者自己的改变意愿强加给他们，给他们造成不必要的生活压力。

第六节　服务项目结构层面的综合设计

通过这一章前几节的介绍可以发现，一旦服务项目目标人群在日常生活中遭遇到问题，他们的日常生活就会因此出现调整，在多个层面上呈现问题应对过程中形成的结构性，这些结构通常涉及心理层面的心理结构、人际层面的人际结构、社会层面的社会结构以及日常生活安排的生活结构四种。每一种结构不仅有自己的特定要素，而且与其他结构有紧密关联，其中任何一种结构的改变都会影响其他结构的变化。可以说，服务项目目标人群的成长改变就是他们在四种结构层面上的变化。这样，社会工作者在开展专业服务过程中能够从个人心理与社会环境相割裂的二元对立的观察视角转变成个人心理与社会环境相结合的结构的观察视角，使社会工作专业服务能够真正融入服务项目目标人群的日常生活中，具有整体性。

一 服务项目四种结构之间的关联

社会工作不同于心理辅导，无法撇开服务项目目标人群的日常生活环境直接关注他们的心理状况；它也不同于社会学，不能无视服务项目目标人群自身的成长改变意愿直接分析他们生活的社会环境，而需要遵循"人在情境中"这一基本原则，把服务项目目标人群放在他们的日常生活中，首先考察服务项目目标人群因问题应对而产生的人际结构，了解他们在人际结构的变化中是如何应对和带动人际结构改变的，既包括人际结构对他们产生的影响，也包括他们自身在其中发挥的作用。只有这样，服务项目目标人群的改变才能深深扎根于他们的日常生活中，并且成为日常生活改变不可或缺的一部分。相反，如果社会工作者撇开人际结构，直接从服务项目目标人群的内部心理状况或者外部社会环境开展社会工作的专业服务，他就会将服务项目目标人群的成长改变要求从日常生活中抽离出来，转变成脱离日常生活现实基础的"普遍化"的改变愿望，并设计类型化、程序化的服务策略，以保证专业服务的"科学性"。可见，一旦社会工作者进入服务项目目标人群的日常生活，他就需要以人际结构的服务策略作为整个专业服务开展的基础，将社会工作专业服务真正融入服务项目目标人群的日常生活中，提升服务项目目标人群在日常生活困境中的应对能力。因此，可以说，人际结构的考察是社会工作的核心，它对于服务项目目标人群的成长改变来说有着特别重要的作用，是社会工作者帮助服务项目目标人群找到他们与环境相互影响的最基本单位，也是服务项目目标人群寻求成长改变的现实基础。

一旦社会工作者明确了服务项目目标人群在问题困境应对中的人际结构，他就能够以此为基础深入考察服务项目目标人群成长改变的心理层面和社会层面的机制。就心理层面而言，社会工作者能够围绕服务项目目标人群在问题困境中的应对行为审视他们的心理状况，包括服务项目目标人群在应对问题困境时的认知、情绪和自我等心理元素的变化以及这些变化与应对行为之间的关系。这样，服务项目目标人群在心理层面的改变就具有了结构性，它不仅涉及服务项目目标人群整个心理状况的变化，而且涉及服务项目目标人群整个人际结构的改变。因此，心理结构反馈机制的考察也就成为带动服务项目目标人群心理层面成长改变不可或缺的内容，它将服务项目目标人群的心理结构改变与人际结构的改变紧密结合在一起，视为一个彼此不能分割的整体。就社会层面而言，社会工作者需要围绕因特定问题应对行为而形成的社会位置开展专业服务，既涉及特定社会处境中的问题解决，又涉及特定社会处境中的角色扮演，使社会工作专业服务拥有了社会结构，在社会层面上呈现问题解决和角色扮演的双重要求。正是借助人际结构，服务项目目标人群心理层面的改变与社会层面的改变才能联结起来，形成一个相互影响的整体，而社会工作专业服务也因此具有了心理社会双重视角。值得注意的是，这里所说的心理社会双重视角不是将服务项目目标人群的日常生活人为地分为心理和社会两个层面，而是依托服务项目目标人群在问题应对过程中形成的人际结构，延伸出与这一人际结构相关联的服务项目目标人群的心理结构和社会结构，使社会工作专业服务能够把服务项目目标人群心理层面的成长改变与社会层面的成长改变紧密结合起来，形成良性的成长改变循环圈，从而增强服务项目目标人群在日常生活中的自觉意识，提升其为自己生活做出决定的能力。

无论人际结构还是心理结构和社会结构，它们都是就服务项目目标人群遭遇到的问题而言的，目的是提升服务项目目标人群在问题困境中的应对能力。生活结构则不同，它假设问题只是服务项目目标人群日常生活的一个方面，即使问题再严重，也不是服务项目目标人群日常生活的全部。因此，当服务项目目标人群在日常生活中遭遇到问题时，社会工作者需要考察从哪里入手能快速推动服务项目目标人群发生改变。从服务项目目标人群的问题入手只是一种改变的推进方式，社会工作者也可以从服务项目目标人群的优势或者其他方面入手开展专业服务。因此，社会工作者需要考察服务项目目标人群的生活结构，找到服务项目目标人群在问题面前最容易发生改变的方面，由此带动服务项目目标人群生活状况的改善。需要注意的是，即使从服务项目目标人群的优势或者其他方面入手开展专业服务，社会工作者也要关注服务项目目标人群在改变过程中遭遇到的问题，因为只有通过问题解决的过程，服务项目目标人群才能学会挖掘和运用自己的能力和资源，实现真正意义上的成长改变。

实际上，社会工作专业服务项目设计过程中所涉及的人际结构、生活结构、心理结构和社会结构这四种结构是相互影响、紧密关联的，其中任何一种结构的改变都会影响其他结构的变化，它们呈现的是服务项目目标人群在特定日常生活场景中不同层面的成长改变要求，本身就是一个不可分割的整体。需要注意的是，无论服务项目目标人群的成长改变要求多么复杂，内容多么零散，社会工作者首先需要关注服务项目目标人群在日常生活中遭遇到的问题是什么以及采取了什么样的应对行为，并由此找到服务项目目标人群在问题应对中形成的人际结构，然后由服务项目目标人群的人际结构延伸出其心理结构和社会结构，采用心理社会双重视角开展专业服务，将服务项目目标人群不同层面的成长改变整合起来。这四种结构之间的关系如图 3 - 14 所示。

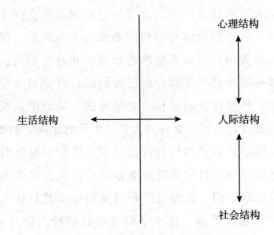

图 3 - 14 服务项目四种结构关系

从图 3 - 14 可以看到，一旦服务项目目标人群在日常生活中遭遇到问题，而自己又无法解决，这个问题通常就会呈现在心理、人际和社会三个层面上，表现为心理的困扰、人际关系的紧张和社会角色的冲突，出现生活困扰。在实际生活中，服务项目目标人群常常将日常生活中的问题与问题带来的三个层面的困扰混淆在一起，导致本末倒置的现象。在界定问题的过程中，社会工作者需要协助服务项目目标人群处理两个方面的基本要求：一是帮助服务项目目标人群找出在日常生活中遭遇到的问题，厘清这一问题在心理、人际和社会三个不同层面上的表现以及相互之间的关联，围绕这一问题以及它在心理、人际和社会三个层面上的表现设计有针对性的服务项目；二是帮助服务项目目标人群明确问题呈现的主要层面，以便分阶段、有所侧重地开展专业服务。这也意味着社会工作有三种不同类型的服务项目，它们分别偏向于心理困扰的消除、人际关系的改善和社会功能的增强。值得注意的是，尽管不同的服务项目有不同的服务侧重方面，但是它们都需要以人际结构为基本，延伸其他结构，以保证服务项目的专业服务真正融入服务项目目标人群的日常生活中，成为服务项目目标人群成长改变的重要支持力量。

二　服务项目的两种联结技术

正是由于服务项目目标人群在日常生活中遭遇到的问题呈现在心理、人际和社会三个层面，人际层面又是其成长改变的基础，它能够将心理层面和社会层面串联起来，成为一个相互影响的整体，所以社会工作专业服务项目也就拥有了两种基本的联结技术，即人际层面与心理层面联结的微观心理辅导技术和人际层面与社会层面联结的宏观社会支持技术。就人际层面与心理层面联结的微观心理辅导技术而言，它主要关注服务项目目标人群在问题应对过程中呈现的心理层面的困扰和人际层面的紧张，注重个人心理的改变。显然，这一专业服务技术偏向微观心理层面，需要社会工作者掌握心理层面的干预技巧。当然，这种专业服务技术可以有不同的侧重点：如果侧重心理层面，则注重心理危机的干预；[1] 如果侧重人际层面，则关注人际冲突的调整。就人际层面与社会层面联结的宏观社会支持技术来说，它注重服务项目目标人群在人际层面和社会层面上的困扰的消除，是一种社会关系的改善，需要社会工作者学会运用宏观社会层面的干预技巧，如资源链接、意识增强和增能等。同样，这种宏观的社会支持技术也可以有不同的侧重点：如果偏向人际层面，则强调社会支持网络的建设；如果偏向社会层面，则注重社会结构的调整。可见，尽管依据关注焦点不同，社会工作专业服务项目的专业服务技术可以分为微观心理辅导和宏观社会支持两大类，但在实际服务中它们呈现的是一个连续的系列，只是侧重的焦点不同而已，它们之间没有明显的分割界限。

之所以将社会工作专业服务项目的专业服务技术分为微观心理辅导和宏观社会支持两大类，是为了让社会工作专业服务能够真正融入服务项目目标人群的日常生活中，聚焦于服务项目目标人群具体的日常生活问题的

---

[1]　此时，社会工作的干预就与心理辅导非常相似了，以服务对象心理困扰的消除为主要目标。可见，两者在日常生活中并不是截然分开的。

解决和社会关系的改善，采用心理社会双重视角带动服务项目目标人群的成长改变。社会工作者在实际的专业服务开展过程中常常有一种误解，以为只要运用了个案工作、小组工作和社区工作三大社会工作专业方法，就是专业的，就能够带动服务项目目标人群的成长改变。但这样，社会工作者就会将时间和精力放在如何保证社会工作三大专业方法运用的规范上，而忽视这些专业方法运用的目的，不仅导致社会工作专业服务缺乏专业性，而且很容易出现与服务项目目标人群的成长改变要求相冲突的现象。可见，通过社会工作专业服务技术的微观心理辅导和宏观社会支持的划分，社会工作者能够在专业服务中将服务技术与服务目标和服务框架结合起来，提高专业服务的成效。如果服务项目目标人群在日常生活中遭遇到的问题与他们心理层面的困扰联系得更为紧密，社会工作者就能够以人际结构为基本的服务框架结合心理结构的考察，采用微观心理辅导的技术，在日常生活中促进服务项目目标人群心理层面的改善。当然，如果服务项目目标人群在日常生活中遭遇到的问题与他们社会层面的资源不足更为相关，社会工作者就需要以人际结构为基本的服务框架融入社会结构的考察，运用宏观社会支持的技术，在日常生活中带动服务项目目标人群社会层面的改变。

对于中国的社会工作来说，更需要将社会工作专业服务项目的专业服务技术分为微观心理辅导和宏观社会支持两大类，因为在中国，社区是社会工作专业服务开展的最重要场域，而每个社区的情况很不一样，导致在社区中开展社会工作专业服务不是社会工作者能够预先规划好的。实际上，在社会工作者进入社区之前，很多工作任务都是社区已经计划好的，没有留给社会工作者选择的空间，特别是在首次进入社区的时候，情况更是如此。因此，社会工作者在社区中开展专业服务需要具备一种能力，即能够结合社区的工作任务安排延伸出社会工作的专业服务。如果社区想办几场敬老爱老大型活动，社会工作者就需要借助宏观社会支持的技术，将社区原有活动安排与社会工作专业服务结合起来，在社会层面上带动社区的发展。如果社区想帮助社区中的边缘青少年，针对他们开展个别化的帮扶，社会工作者就需要采取微观辅导技术，在社区原有的个别化帮扶服务基础上增添社会工作的专业服务，在心理层面上促进社区服务的改善。实际上，社区生活的一个显著特点就是它的复杂性和多样性，需要社会工作者能够根据社区生活的变化灵活运用服务的专业技术，而专业技术的灵活运用，需要社会工作者掌握微观心理辅导和宏观社会支持两种类型的专业技术。这样，社会工作者就能够在个别化的服务中融入心理层面的改变元素，在大型活动中结合社会层面的改变元素，协助社区提升服务的专业化水平和成效。社会工作专业服务项目的三个改变层次和两种联结技术之间的关系如图 3 - 15 所示。

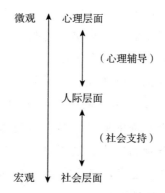

图 3 - 15　服务项目两种联结技术关系

仔细观察图 3 - 15 可以发现，服务项目目标人群的成长改变通常涉及心理、人际和社会三个层面，只是不同的人或者不同的成长阶段有不同的侧重点。如果社会工作者在设计服务项目时，只将关注的焦点集中在一个层面的改变上，不仅服务活动内容显得单薄，难以体现社会工作专业服务所倡导的心理社会双重视角，而且很容易陷入服务困境中：一方面采取抽离日常生活的类型化服务；另一方面需要在日常生活场景中帮助遇到困难的服务项目目标人群。显然，这样的服务项目是无法将社会工作专业服务融入服务项目目标人群的日常生活中的。因此，一个好的社会工作专业服务项目需要至少包含两个层面的成长改变，其中人际层面是不可缺少的。这样，社会工作专业服务项目也就有了两大类：微观心理辅导和宏观社会支持。就微观心理辅导而言，社会工作专业服务项目也有两种偏向：注重个人心理干预和关注人际关系改善。前者以人际结构为服务框架偏向个人内部心理的调整，后者借助个人心理的调整带动人际关系的改善。就宏观社会支持而言，它也有两种偏向：注重社会支持网络建设和关注社会结构改变。前者以社会结构为服务框架强调社会支持网络的拓展，后者通过人际关系的调整和意识的增强改善社会关系。在条件允许的情况下，社会工作者在设计社会工作服务项目时，可以在两个主要层面的改变基础上增加第三个层面的改变元素。例如，一个有关失能老人的照顾支持网络建设的服务项目，它的核心内容是帮助社区中长期卧床不起的老人搭建照顾支持网络，包括优化家庭成员的照顾分工、建立邻里互助的网络、组织社区志愿者队伍以及推动社区层面对照顾者的关怀和支持等。如果社会工作者在上述人际和社会层面的项目服务安排基础上加入一些照顾者心理压力舒缓和照顾技能提升的内容，就能够把心理层面的改变融入服务项目中，使项目服务内容更加饱满。总之，好的社会工作专业服务项目需要依据服务项目目标人群的问题及其呈现的具体状况，在两个主要层面上设计相关的服务活动安排，保证服务项目具有清晰的服务框架和严谨的服务逻辑；同时，在此基础上，增添第三个层面的服务内容作为辅助，增加服务项目内容的丰富性，既能够避免服务项目的内容过于单一，无法融入服务项目目标人群复杂多变的日常生活中，也能够避免服务项目的内容过于丰富，导致服务的焦点不清、服务的层次感不强。

第七节　服务项目结构层面综合设计的案例

服务项目结构层面的综合设计要求社会工作者在心理结构、人际结构和社会结构三个层面上安排服务活动，根据项目目标人群的日常生活状况和成长改变要求选择其中两个层面作为重点，将不同的服务活动串联起来，形成相互促进的有机整体。我们将以中小学生暑期社会实践项目为例，仔细考察如何把三个层面的不同结构联结起来形成一个具有社会工作专业服务要素的完整的服务项目。

一　找出服务项目综合设计的主线

在开始服务项目综合设计之前，社会工作者首先需要根据服务项目的需求评估找出服务项目的目标人群。在下面这个"康乐社区中小学生暑期社会实践项目"中，社会工作者选择了暑期能够参与社区活动的小学生（三年级以上）和初中生共86名作为服务项目的目标人群。之所以这样安排，是为了便于找到服务项目目标人群在日常生活中面临的共同困扰。这些共同困扰主要包括：动手能力弱、缺乏感恩的心态、缺乏团队合作精神以及暑期没有玩伴等。明确了以中小学生作为服务项目的目标人群之后，社会工作者可以把中小学生作为服务项目的主体，转换自己的角色，站在中小学生的位置上考察他们的成长改变要求。值得注意的是，社会工作者不能根据服务项目目标人群面临的共同困扰想当然地安排服务活动的先后顺序，而要把自己设想成一名中小学生，体会他们在日常生活中面临的困扰以及寻找改变的方式。

在转换到服务项目目标人群的位置上体验他们的成长改变要求时，社会工作者需要明确这些中小学生到底有多少空余时间可以参加社区组织的项目活动以及什么时间对他们来说比较合适等。在这里，社会工作者至少需要确定两个方面的时间信息：一是在哪些天开展活动，确定活动具体的日期安排，以便能够与服务项目目标人群的日常生活安排配合起来，避免打乱他们的日常生活节奏；二是在哪个时间段开展活动，是上午还是下午或者晚上？社会工作者不仅需要考虑这些服务项目目标人群的时间安排，而且如果涉及周围他人，还需要考虑周围他人的时间安排。明确了这两个方面的时间信息之后，社会工作者就能够初步拟定服务项目的时间安排。不过，除了考虑服务项目目标人群的时间安排和精力外，社会工作者还需要考虑自己的时间安排和精力，不能顾此失彼。

完成了服务项目目标人群的时间考察，社会工作者要注意梳理服务项目目标人群不同困扰之间的关系，即对服务项目目标人群遭遇的困扰进行排序，以明确服务介入活动的先后顺序。通常来说，社会工作者需要把服务项目目标人群外显的困扰放在前面，如动手能力弱、没有玩伴等，这些困扰可以直接从人们的外部表现识别出来；同时需要把内隐的困扰放在后面，像缺乏感恩的心态、缺乏团队合作精神等，这些困扰需要社会工作者综合不同方面的信息推导出来。这样，社会工作者就能够梳理出"康乐社区中小学生暑期社会实践项目"的服务思路：中小学生的动手能力提升/找到玩伴—团队合作精神培养—感恩心态的加强。当然，项目的服务思路出来之后，社会工作者还需要找几个中小学生做简要的访谈，确认项目服务思路是否可行，并且根据访谈对象的意见做适当的调整。

明确了项目的服务思路之后，社会工作者需要设计相对应的服务活动，以便能够让项目的服务思路展现出来。为此，社会工作者针对"康乐社区中小学生暑期社会实践项目"规划了中小学生的"手工制作"、"义卖活动"

和"捐赠活动",与项目希望促进中小学生成长改变的服务思路对应。除此之外,社会工作者还需要构思如何将这三项不同的服务活动自然联结起来,让它们能够跟随服务项目目标人群的成长改变步伐推展开来,推动服务项目目标人群的成长改变,因为服务项目目标人群的日常生活是不会停止的,他们需要不断调整成长改变的步伐。因此,社会工作者计划把中小学生"手工制作"的作品作为"义卖活动"的义卖品之一,由这些中小学生开展"义卖活动",然后将"义卖活动"的收入用于"捐赠活动"。这样,三个不同的项目服务活动自然而然地衔接起来,形成服务项目的主线。

二 架构服务项目综合设计的层面

在明确了服务项目的主线之后,社会工作者不能急于着手服务活动的具体安排,因为社会工作的专业服务是需要把人放在特定的场景中的,遵守"人在情境中"的基本原则,所以,社会工作者需要将服务项目的主线放在一定的情境中来考察,找出与服务项目目标人群直接相关联的周围他人作为服务项目的其他人群,在人际结构中审视服务项目目标人群的成长改变要求。这样,在"康乐社区中小学生暑期社会实践项目"中,社会工作者就能针对"手工制作"、"义卖活动"和"捐赠活动"三个项目服务活动找出相对应的服务项目的其他人群。每个项目服务活动的其他人群如图3-16所示。社会工作者只有找出服务项目的其他人群,才能够把服务项目目标人群的成长改变主线放在他们的日常生活中进行考察,让项目的服务活动安排能够融入服务项目目标人群的日常生活中,成为服务项目目标人群成长改变的重要推动力量之一。

只有人际结构层面的考察,服务项目就会显得比较单薄。因此,社会工作者在完成了人际结构层面的考察之后,还需要对心理结构或者社会结构做进一步的分析,以延伸服务项目的活动安排。针对"康乐社区中小学生暑期社会实践项目",社会工作者选择了心理结构层面作为进一步考察的重点。这样,社会工作者就需要深入分析这些中小学生在提升动手能力、培养团队合作精神和加强感恩心态的行为表现,如学会倾听他人的想法、分享经验、表达对他人的感谢等,围绕这些行为表现整理出相关联的其他心理元素,如体验自己的情绪、了解负面情绪带来的伤害以及从积极的角度理解事情等。这样,社会工作者就能够把这些中小学生心理结构层面的改变放到项目人际结构的活动安排中，让两个层面的改变成效相互促进。显然，综合设计的服务项目无论在服务的丰富性还是服务的成效上都与单层面的项目设计有明显的差别。"康乐社区中小学生暑期社会实践项目"的服务设计如图 3 – 16 所示。

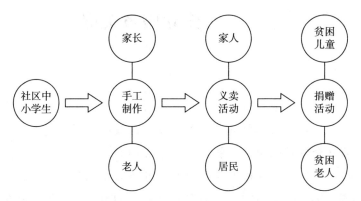

图 3 – 16 "康乐社区中小学生暑期社会实践项目"的服务设计

不过，为了提高项目服务的丰富性，社会工作者还可以在两个结构层面综合设计的服务项目基础上增添第三个结构层面的活动内容。像"康乐社区中小学生暑期社会实践项目"，社会工作者就可以把社会支持网络的概念引入服务项目的设计中，在参与活动的老人和家长中培育骨干志愿者，让他们对中小学生的关心在活动结束之后仍能够保持下去，为中小学生的成长改变提供良好的环境支持。

第四章　服务项目设计的转接性：
建立服务关联

　　社会工作者采用结构视角设计服务项目时会发现，服务项目中的服务活动安排常常涉及两大类服务：一类是偏向微观心理辅导的服务；另一类是注重宏观社会支持的服务。前者关注服务的心理深度，而后者注重服务的社会广度。显然，这两种不同类型的服务不只是服务形式不同，关注的焦点也不同，第一种类型的服务侧重心理层面的改变，而第二种类型的服务则强调社会层面的改善。[①] 因此，社会工作者在设计综合性的服务项目时，就有了整合不同类型服务的要求，这样的整合绝不是个案工作、小组工作和社区工作服务的简单叠加，而是两种不同类型的服务能够相互促进，共同带动服务项目目标人群的成长改变。这样，社会工作者也就需要仔细考察服务项目目标人群在日常生活中的成长改变的要求，根据他们自身的不同成长改变要求有针对性地设计不同类型的服务，使服务项目目标人群在心理层面的改变与社会层面的改善自然衔接起来，相互促进、相互转化，保证项目服务的转接性。实际上，社会工作专业服务项目的转接性体现的恰恰是社会工作"人在情境中"这一基本原则的运用要求，因为对于社会弱势人群来说，个人的改变与环境的改善只是社会工作者开展专业服务的不同着手点，它们本身是不能被人为地拆分开来的，而需要社会工作者有一种借助人际结构动态把握服务项目目标人群心理结构改变和社会结构改善的心理社会双重视角。

---

① 之所以将社会工作服务分为偏向微观心理辅导的服务和注重宏观社会支持的服务两大类，是因为在实际的服务过程中，人际结构是社会工作者开展专业服务的基本框架，无论组织什么服务，社会工作者都需要以人际结构为基础，要么关注个人的改变，要么关注环境（社会）的改善。

第一节　两类项目专业服务的特点和功能

从项目专业服务的形式而言，偏向微观心理辅导的服务通常采用的是辅导服务的形式，它关注人们心理层面的成长改变，侧重服务项目目标人群日常生活中问题解决能力的提升；而注重宏观社会支持的服务则常常运用大型活动的服务方式①，它关注人们社会层面的成长改变，侧重服务项目目标人群社会关系的改善。显然，这两类项目专业服务拥有不同的特点和功能，它们在服务项目目标人群的成长改变过程中发挥着不同的作用。这样，社会工作专业服务项目的设计和实施就必然涉及这两类项目专业服务的组合和运用，需要社会工作者用心理解两者的异同。

一　辅导服务与大型活动的比较

辅导服务与大型活动存在明显的差别，它们就像一个事物的正反两面，很多特征是相反的。通常情况下，辅导服务参与的人数不能太多，最多也只有十几个，因为人数多了，社会工作者就无法采用这种直接面对面沟通交流的服务方式。大型活动就不同了，社会工作者既可以采取直接的沟通交流方式，也可以运用间接的沟通交流方式，因而它要求的参与人数比较多。辅导服务要求参与的人员相对固定，如果变动过大，会影响服务的成效。相比较而言，大型活动参与人员的变动性就比较大，它需要社会工作者能够接纳参与人员一定的变动性。辅导服务主要采用直接沟通交流的方式，它要求社会工作者掌握面对面的沟通技巧，如倾听、同理和具体化等。大型活动主要运用非直接沟通交流的方式，它需要社会工作者具备间接的沟通技巧，如影像和多媒体的运用等，这样的方式具有更好的服务成效。辅导服务还有一个重要特征，它通常是一种连续服务，需要社会工作者通过逐次累加服务成效的方式开展深度的专业服务。而大型活动则常常是一种一次性的服务，由于它的参与人数和调动的资源比较多，需要社会工作者在社会层面上取得服务的成效。显然，辅导服务是社会工作者针对个别

---

① 在中国的社区社会生活中开展社会工作专业服务，大型活动是社会工作者针对社会层面改变目标常常采用的服务方式，这既与社会制度的要求有关，也与社区服务传统相联系。

人或者一群人开展的面对面的连续服务，而大型活动是社会工作者采用非直接沟通方式在特定时间、特定地点针对很多人开展的短暂服务。

辅导服务关注的是服务项目目标人群在日常生活中遭遇困扰时的问题解决能力，它希望借助连续多次面对面的沟通帮助服务项目目标人群调整个人的心理状况，主要实现两个方面的改变：问题解决能力的提升和社会技能的增强。而大型活动则完全不同，它关注的是服务项目目标人群在日常生活中遭遇困扰时的社会支持状况，包括协助服务项目目标人群建设社会支持网络以及实现增能和意识增强等。可见，辅导服务注重的是个人能力的提升，即在社会支持网络基本不变的情况下提高服务项目目标人群日常生活问题的解决能力，它是一种微观层面的服务，侧重服务的深度。而大型活动关注的是社会功能的改善，它是一种宏观层面的服务，强调服务的广度，即通过增强服务项目目标人群的社会自觉意识改善他们的社会支持关系状况。实际上，这两种服务恰恰反映的是人们在成长改变过程中来自两个方面的改变要求：一个来自个人，借助个人的成长改变有效应对外部环境的挑战；另一个来自外部环境，通过社会支持关系的调整为个人的成长改变创造良好的外部环境。

就专业服务活动开展所依据的服务框架而言，辅导服务也与大型活动存在明显的区别，前者是以人际结构为基础的心理结构的改变框架，即采取"心理－人际结构"的视角开展专业服务，它要求社会工作者首先明确服务项目目标人群与重要他人的交往关系，由此确定服务项目目标人群的人际结构，并且把人际结构作为专业服务的基本框架，重点关注在这一基本服务框架中服务项目目标人群心理结构的调整。这样，社会工作的辅导服务也就能够同时适应日常生活的变动性和心理层面干预的深度要求。后者是以人际结构为基础的社会结构的改变框架，即采取"社会－人际结构"的视角开展专业服务，它虽然也是以服务项目目标人群的人际结构为专业服务的基本框架，但是注重在这一基本服务框架中帮助服务项目目标人群学会运用社会结构的改变策略。因此，社会工作的大型活动也就能够同时适应日常生活的独特性和社会层面干预的广度要求。辅导服务与大型活动这两种项目服务形式的具体差异如表4－1所示。

表 4 - 1　两种项目服务形式（辅导服务和大型活动）差异比较

服务形式	辅导服务（微观 - 深度）	大型活动（宏观 - 广度）
服务目标	个人成长	环境改善
服务框架	心理 - 人际结构 （心理层面）	社会 - 人际结构 （社会层面）
活动特征	人数少 固定 直接互动 连续	人数多 变动 不直接互动 短暂
主要功能	问题解决能力提升 增能和意识增强	社会支持网络建设 增能和意识增强

　　从表 4 - 1 可以发现，这两种项目的服务形式虽然从表面看差异很大，好像是一个事物的两面，完全对立，但实际上它们对应的是服务项目目标人群在日常生活中遭遇困境时问题呈现的两种形态：一种偏向个人，让服务项目目标人群觉得是自己无法应对外部环境的要求；另一种偏向环境，使服务项目目标人群觉得是环境没有提供应有的机会和条件保障他们的成长改变。面对第一种形态的问题，社会工作者需要运用辅导服务的方式，而对第二种形态的问题，社会工作者需要采用大型活动的服务形式。在实际生活中，这两种形态的问题交错在一起，相互影响、相互转化，这也就需要社会工作者在服务项目的规划中学会综合运用辅导服务和大型活动这两种常见的服务方式，跟随服务项目目标人群的成长改变步伐，逐渐带动服务项目目标人群的成长改变。需要注意的是，尽管辅导服务和大型活动这两种项目服务形式，一种偏向心理层面的改变，另一种侧重社会层面的改善，但它们依据的视角是相同的，都是心理社会双重视角，只不过辅导服务以社会（人际结构）为框架注重心理层面的改变，而大型活动则以心理（人际结构基础上的意识增强）为条件促进社会层面的改善。

　　关注辅导服务和大型活动这两种项目服务形式的转接，是在日常生活中开展社会工作专业服务的基本要求，因为一旦社会工作者走进社区规划社会工作专业服务项目就会发现，社区居委会（农村是村委会）是社会工作者的重要合作单位，它对社会工作者的专业服务开展是有要求的。[①] 社区

————

① 处理好与社区居委会（村委会）的关系，是社会工作者在社区开展专业服务的基础，否则，社会工作的专业服务就很难扎根于服务对象的日常生活中。

居委会在社区的日常服务中常常面临两个方面的压力。一是大型活动的组织。例如社区节假日活动以及社区特色活动等，每个社区都有这样的大型活动需要组织，有时需要社会工作者来协助。这样，将社区的大型活动与社会工作的专业服务结合起来，就成为社会工作者快速融入社区的一个重要方式。二是特定人群的服务。社区总有一些弱势人群和特殊人群需要居委会特别的关注，而这些人群的服务常常涉及心理层面的改善，需要专业的人员和资源，这给社会工作者的介入提供了很大的空间。像失独家庭的帮扶和边缘青少年的服务等就属于这种类型的服务，其需要采取面对面的直接沟通交流的辅导服务方式。如果社会工作者掌握了这两种项目服务的方式，就能够顺利地与社区居委会建立起合作信任的专业服务关系。当社区面临大型活动组织的困难时，社会工作者就可以运用大型活动的项目服务形式，提升社区大型活动的服务成效；而当社区遭遇特定人群服务的困扰时，社会工作者又可以采用辅导服务的项目服务方式，协助社区居委会做好特定人群的管理和服务。不过，需要注意的是，就一般情况而言，每个社区居委会在服务方面都会同时面临大型活动和特定人群服务两个方面的压力，只是有时候偏向大型活动，有时候偏向特定人群服务。因此，下述的情况会经常出现：一旦社会工作者协助社区居委会组织好了大型活动，社区居委会就会提出特定人群服务的要求；而一旦社会工作者帮助社区居委会完成了辅导服务，社区居委会又会提出组织大型活动的要求。社会工作者需要学会运用这两种项目服务的方式，跟随社区的发展要求逐渐推进专业服务，提升社区服务的水平和成效。

二　注重深度的微观辅导服务

辅导服务聚焦于微观，虽然它的服务对象可以是一个人（个案辅导）、一个家庭（家庭辅导）或者一小群人（团体辅导），但它的服务目标是一致的，就是帮助服务项目目标人群提升日常生活的问题解决能力。因此，社会工作者不能直接采用抽离日常生活的类型化的心理辅导模式，而需要结合服务项目目标人群的日常生活处境对心理辅导模式做适当的调整，让服务项目目标人群的成长改变直接融入他们的日常生活中，提升他们对日常生活的掌控能力。显然，这样的辅导服务需要从服务项目目标人群在日常生活中遭遇到的问题入手，分五个步骤逐渐推进：明确日常生活问题、绘制人际结构图、确定问题应对行为、规划心理层面改变以及运用心理－人际框架等。只有这样，社会工作者规划的辅导服务活动才能融入服务项目目标人群的日常生活，在日常生活中带动他们的成长改变。

　　明确日常生活问题，这是社会工作者开展辅导服务的第一步，这意味着辅导服务不是从服务项目目标人群的需求出发，而是以他们在日常生活中遭遇到的具体问题为起点。人们在日常生活中遭遇到的问题常常不止一个，而且这些问题又纠缠在一起，因此，协助服务项目目标人群界定日常生活中的问题就成为辅导服务开展的关键。这样的问题需要符合下列四个要求。第一，现时性。这是问题的时间要求，它是服务项目目标人群在日常生活中遇到的困难，困难既不是发生在过去，也不是发生在未来，而是发生在现在。如果过去发生的事情或者未来的担忧对服务项目目标人群有影响，它们就应该表现为服务项目目标人群在目前生活安排中的困难。第二，生活性。这是问题的现实要求，它是服务项目目标人群在日常生活安排中遇到的困难，不管服务项目目标人群是否喜欢，他们都无法回避，都需要想办法解决。因为问题是在日常生活安排中遇到的，这样的问题也就与服务项目目标人群身边的重要他人紧密联系在一起。第三，基础性。这是问题的关联要求，它是服务项目目标人群在日常生活中经常遭遇到的困难，这样的困难如果不解决，服务项目目标人群面临的问题就会变得越来越严重。第四，可能性。这是问题的解决要求，它是服务项目目标人群依据现有的能力和资源能够解决的困扰。如果选择不能解决的问题，服务项目目标人群会在问题的界定过程中面临二次伤害。值得注意的是，尽管社会工作者总是希望服务项目目标人群在日常生活中能够尽快摆脱现实问题的困扰，特别是当社会工作者设身处地感受服务项目目标人群在生活困境中的痛苦时，这样的感受就更为强烈，但是社会工作者需要树立这样的信念：任何人的改变都是有条件的，可以解决的问题才是改变的最佳选择。

　　明确了服务项目目标人群的日常生活问题之后，社会工作者需要协助他们绘制人际结构图。人际结构图的具体绘制方法见本书第三章第二节的介绍，这里不再赘述。需要注意的是，人际结构图的绘制有两个目的。一是帮助服务项目目标人群了解自己在日常生活的困境中需要哪些人的帮助、这些人与自己是什么关系等，让服务项目目标人群能够从个人无力解决的困扰中跳出来，运用更宽广的日常生活中的人际互动的观察视角寻找问题解决的方法。因此，人际结构图的绘制不是社会工作者个人的事，需要服务项目目标人群及其重要他人的参与。只有通过这样的参与和讨论，社会工作者才能真正将人际结构图变成推动服务项目目标人群成长改变的有力工具。二是帮助社会工作者把辅导服务的安排自然地融入服务项目目标人群的日常生活中，根据服务项目目标人群以及重要他人的日常生活变化，及时运用这种日常生活中的人际互动的观察视角调整辅导服务的活动安排，使社会工作者的辅导服务既能够适应日常生活的变动性，又能够有针对性。这样，人际结构图的绘制能够让社会工作者从单个人或者几个人的辅导服务中抽离出来，运用一种人际层面的、整体的结构性视角开展专业服务。

有了人际结构的服务框架之后，社会工作者安排的辅导服务就能够与服务项目目标人群的日常生活紧密结合起来，不再是那种以需求为导向的抽离日常生活的类型化服务。为了进一步明确服务项目目标人群心理层面的改变，社会工作者需要协助服务项目目标人群确定问题应对行为，这是辅导服务开展的第三步。这一步骤的考察内容涉及服务项目目标人群对日常生活问题的应对状况，包括三个主要方面：①问题应对的现状，即确定服务项目目标人群采取了什么样的应对行为，让服务项目目标人群关注个人心理与外部环境相互影响的具体方式；②问题应对的成效，即确定服务项目目标人群采取的应对行为是否对外部环境有影响，这是帮助服务项目目标人群看到自己的应对行为与日常生活改变之间的关系，明确自己在日常生活中可以发挥的作用；③问题应对的程度，即在服务项目目标人群采取的应对行为中确定哪些是有积极的成效的、哪些是没有成效的甚至还带来负面的影响，协助服务项目目标人群找到成长改变的可能空间。通过对问题应对行为这三个主要方面的考察和分析，社会工作者能够准确把握服务项目目标人群对日常生活问题的应对能力，确定辅导服务的介入焦点，它通常包括两个方面：一是巩固或者增加服务项目目标人群问题应对行为中的有效部分；二是不增加或者减少服务项目目标人群问题应对行为中的无效部分。这两个方面的服务安排在实际的辅导服务中需要同时运用，只是有时根据服务项目目标人群的成长改变要求偏向巩固或者增加有效的应对行为，有时则相反，偏向不增加或者减少无效的应对行为。通常而言，在辅导服务的开始阶段，由于服务项目目标人群自身的改变信心不足，而且与社会工作者的信任合作关系还没有充分建立起来，这个时候，社会工作者需要特别留意服务项目目标人群的改变步伐不能太快，可以同时采取巩固有效应对行为和不增加无效应对行为的服务策略，避免使服务项目目标人群再次陷入自我责备和抱怨的恶性循环。一旦服务项目目标人群有了足够的改变信心，社会工作者就可以运用增加有效应对行为的服务策略，提高服务项目目标人群对自己日常生活的把控能力。而一旦服务项目目标人群对日常生活的改变有了充足的信心，社会工作者就可以转向使用减少无效应对行为的服务策略。

确定了服务项目目标人群的问题应对行为之后，社会工作者也就找到了帮助服务项目目标人群联结人际层面改变与心理层面改变的钥匙。接着，社会工作者需要协助服务项目目标人群规划心理层面的改变，即围绕服务项目目标人群的问题应对行为找到相关联的心理结构。这是辅导服务开展的第四步。这种在服务项目目标人群日常生活中开展的心理层面的辅导服务不同于一般的心理辅导，它有两个方面的核心要求。①注重问题应对行为的成效。通过问题应对行为成效的提高，提升服务项目目标人群掌控日常生活的能力和主动性，从而带动服务项目目标人群自决能力的提升。②关注心理反馈机制的建设。心理反馈机制是调整人们对外部环境理解的重要媒介，通过这一媒介的改善，服务项目目标人群能够找到更有效的问题应对行为，从而增强服务项目目标人群的自觉意识。这样，日常生活中的心理层面的辅导服务可以简化为两个方面的基本任务：一是采取有效的应对行为；二是扩展对生活处境的理解。不过，社会工作者在完成这两项基本任务后，还需要将它们联结起来，形成相互促进的循环圈，因而要重点关注两项基本任务的转换环节，即从问题应对行为转变为成效反思以及从生活处境理解转变为目标设定。

运用心理－人际框架开展专业服务，这是社会工作者实施微观层面辅导服务的第五步。在这一步骤中，社会工作者围绕如何提升问题应对行为的成效将服务项目目标人群的心理层面的改变与人际层面的改变紧密联结起来。这样，社会工作者在运用心理结构开展心理层面的专业服务时，需要同时关注人际结构的变化，把服务项目目标人群心理层面的改变放在他们的人际结构中，成为推动服务项目目标人群人际层面成长改变的重要影响力量。一旦服务项目目标人群的人际结构发生变化，也就为社会工作者选择下一个服务介入的对象提供了条件，由此社会工作者就能够规划下一次心理－人际框架的专业服务。可见，运用心理－人际框架开展辅导服务时，辅导服务的对象并不像心理辅导服务那样是固定的，而是变动的，需要社会工作者根据每一次辅导服务的成效在人际结构框架内有目的地选择下一次服务介入的最佳合作对象，同时运用服务项目目标人群心理层面的改变动力和人际层面的改变动力推动服务项目目标人群的成长改变。

显然，辅导服务是社会工作者在日常生活中开展的微观层面的专业服务，这种专业服务不同于同样注重微观层面改变的心理辅导，它采用心理－人际框架，需要社会工作者学会改变服务的形式，通过发掘服务项目目标人群在心理和人际两个层面上的改变动力推动服务项目目标人群的成长改变，使社会工作的微观专业服务能够真正融入服务目标人群的日常生活中，成为带动他们日常生活改变并且提升他们对自己日常生活掌控能力的重要影响力量。

三　注重广度的宏观大型活动

宏观大型活动是以环境改善为主要关注焦点的服务，它的目的是协助服务项目目标人群在一定社会生活空间内实现社会关系改善，包括社会支持网络的搭建、自助互助关系的创建、性别和文化意识的增强以及政策倡导等，以减少社会的歧视。大型活动是在一个较短的特定时间内将某个区域内的相关服务人群聚集在一起，并且为他们创造一个可以参与其中、相互交流的活动安排，从而协助他们改善现实生活中的社会关系，因此，这种服务涉及的人数比较多，影响的范围也比较广。不过，需要注意的是，这种服务也有它的限制，例如，参与者的变动性很大，中途离开或者中途加入的情况很常见，而且社会工作者在其中往往担任活动统筹的角色，并不与服务项目目标人群直接互动。正是因为如此，与辅导服务相比，这种服务也就具有了自己鲜明的特点，除了影响的广泛性之外，还表现为时间的短暂性和形式的开放性。通常情况下，依据时间安排，社会工作者可以把大型活动的组织和实施具体分为三个步骤：活动前的志愿者培育、大型活动的实施以及活动后的跟进服务。只有借助这三个连贯的步骤，社会工作者才能将专业服务自然地融入服务项目目标人群习以为常的大型活动中，成为社会工作的一种重要的服务形式。

活动前的志愿者培育，这是大型活动组织和实施的第一步。这一步骤完成的好坏直接影响大型活动的开展。一般情况下，人们常常把活动前的志愿者培育仅仅作为大型活动的一种保障，只是关注这些志愿者是否能够承担大型活动的志愿服务的任务要求。这样，大型活动前的志愿者培育也就集中在志愿服务任务的分工和协作上，完全成为完成大型活动的工具。但是，实际上，这样做不仅不利于志愿者的培育，发挥志愿者的能力，而且不利于大型活动的创新，增强人们参与大型活动的意识。因此，社会工作者需要从活动前的志愿者培育着手，把活动前的志愿者培育视为志愿者意识增强的服务过程，例如，让志愿者讨论大型活动的核心主题和基本安排，或者由志愿者确定大型活动的流程和安排等。只有这样，大型活动才能贴近参与者的生活，成为他们日常生活改变的一部分。当然，社会工作者也可以在大型活动前的志愿者培育中插入一些手工小组活动的安排，让小组活动的成果直接作为大型活动的装饰品或者奖品，把活动前的志愿者培育与具体的大型活动紧密结合起来。这样既能够减轻大型活动组织的压力，又能够提升大型活动服务的专业性。

　　社会工作者完成了活动前志愿者培育的工作后，大型活动进入实施阶段，这是大型活动的第二步。由于大型活动的目的是改善服务项目目标人群的社会关系，所以社会工作者在设计大型活动时，除了需要明确大型活动的目标人群以及他们面临的具体困难之外，还需要找到与这个困难相关联的目标人群身边的重要他人作为大型活动的另一类重要参与者。这样，社会工作者就可以围绕目标人群面临的具体困难设计能够提升他们解决能力的有针对性的体验式活动方案，让大型活动的目标人群与他们身边的重要参与者一起体验不同角色之间的互动，增强他们的成长改变意识，提升行为应对能力。此外，社会工作者还需要借助大型活动的宣传寻找到对解决或者预防这个困难有兴趣的居民，邀请他们作为观众参与大型活动的安排，以便能够扩大大型活动的影响范围。值得注意的是，大型活动不同于辅导服务，它的影响不是来自对目标人群心理层面的深入探讨，而是来自目标人群对自己扮演的社会角色的深刻自觉。因此，社会工作者在规划大型活动时，还需要设计大型活动的改变口号作为倡导的方法，扩大大型活动的影响广度。这种改变口号由两个部分的内容构成，包括微小的改变行为和新的理念，如"问一声好，人间有爱"就是典型的例子。之所以强调微小的改变行为，是为了便于社会大众在日常生活中尝试这样的行为，接纳大型活动所提倡的新的理念。显然，改变行为越微小、新的理念越通俗易懂，大型活动口号的影响力也就越大。

大型活动结束之后，大型活动本身的工作任务并没有结束，社会工作者还需要完成大型活动后的跟进服务。这是大型活动第三步骤的工作任务。在这一阶段，社会工作者除了需要评估大型活动的成效之外，还需要有目的地选择大型活动中的两类人员——积极参与者和被动参与者开展跟进随访，了解他们对待大型活动的态度以及希望改进的方面，为下一次大型活动做好准备。对于大型活动的积极参与者，社会工作者不仅需要了解他们对大型活动什么方面感到满意，而且需要细致询问他们对改善大型活动的意见和建议，以便能够更合理地安排大型活动。对于大型活动的被动参与者，社会工作者的询问焦点有所不同，需要更多地考察阻碍被动参与者参与大型活动的因素，如大型活动举办的时间、地点、内容和形式等是否符合他们的要求，从而通过现有大型活动的调整拓展参与人群和参与范围。另外，在活动后的跟进服务中，社会工作者还能够发掘社区活动中的积极分子，逐渐将他们培养成社区领袖。

通过大型活动三个步骤的组织和实施，社会工作者能够将社会工作的专业元素自然地融入大型活动中，并且将大型活动前后三个步骤联结起来，形成一种良性的开放循环系统，逐渐融入服务项目目标人群的日常生活中，成为带动服务项目目标人群成长改变的一种宏观层面的服务方式。这样，微观的辅导服务与宏观的大型活动就有了共同的"人在情境中"的理论假设基础和日常生活的现实服务条件，不再是两种相互对立的服务方式，只是特定场景中有不同的服务侧重点而已，而且两者是相互促进、相互转化的，它们都是带动服务项目目标人群成长改变不可缺少的重要服务方式。我们来看一看下面这个案例。

案例 4-1：某农村社区地处城市边缘，在城市化的改造过程中成了村改居，村民从原来的平房搬进了现在的高层公寓；同时，越来越多从外地前来打工的青壮年到该社区租房子、开商店，使原本熟人社会的安静乡村生活方式被打破。社区老年人习惯了走街串巷，虽然搬进了楼房，但是他们时常有强烈的孤单感，特别是那些行动不便的老人，子女外出工作时，他们只能独自待在家里，或者坐在公寓的门口，看着街上来来往往的陌生人，没什么人与他们说话，也没什么事情可做。

　　针对村改居社区中的老年人普遍存在的孤单感问题，社会工作者可以从两个层面出发设计服务项目：一是从个别困难的居民入手，采用微观的辅导服务，如开展定期入户随访，充分运用老年人的亲属和朋友等重要他人的资源为社区中有需要的老年人提供精神慰藉服务；二是从整个社区入手，采用宏观的大型活动，如定期组织社区活动，邀请社区老年人参加，为他们提供相互交流的机会，维持和巩固老年人原有的社会支持系统。当然，社会工作者也可以将微观的辅导服务与宏观的大型活动结合起来，组建社区志愿者服务队，由社区志愿者服务社区中有困难的老年人，加强社区的社会支持系统。这样，服务就能形成良性的循环圈：社会工作者组织社区的大型活动时能找到更多的社区志愿者，有了社区志愿者就能服务社区中更多的有需要的弱势人群，服务了社区中的弱势人群又能够吸引更多的居民加入社区志愿者队伍。同样，如果社会工作者希望提升服务的专业性，也可以从微观的辅导服务和宏观的大型活动两个方面入手，通过专项的大型活动发掘社区中的专业资源和专业志愿者队伍，服务于社区中的特殊的弱势人群，而借助对社区特殊弱势人群的服务又能够进一步培育社区的专业志愿者队伍，整合社区的专业资源。可见，通过微观的辅导服务和宏观的大型活动这两种专业服务形式的组合设计，社会工作者能够带动整个社区服务水平的提升，而不再是提供相互割裂的微观或者宏观层面的服务。

　　就从整个社区入手的宏观大型活动而言，它关注的改变焦点集中在人们社会角色的扮演上，以此带动社会资源的重新组合，提高社会资源的使用成效。为此，社会工作者可以将大型活动的服务设计分为三个层次。①维持目前的社会角色，整合现有的社会资源。这一层次的宏观大型活动设计关注现有资源的利用，它的工作重点是把服务项目目标人群现有的松散的社会资源联结起来，进行更有效的组合。例如，针对社区中老年人面临的孤单感，社会工作者可以将社区中有需要的老年人的亲属、邻居、社区志愿者、老年协会、社区居委会等重要社会资源整合起来，为他们搭建更完善的社会支持网络，弥补他们在运用现有社会支持网络应对日常生活问题中存在的不足。②维持目前的社会角色，拓展现有的社会资源。这一层次的宏观大型活动设计尽管仍然采取维持目前社会角色的策略，但是它注重挖掘服务项目目标人群的学习能力，通过自助互助的形式开拓现有的社会资源。例如，社会工作者可以从那些同样面临孤单感的老年人中挑选出积极分子组成自助互助小组，提高他们的互助能力，由他们带动社区中的其他老年人服务社区中需要帮助的老年人。③改变目前的社会角色，拓展现有的社会资源。与前两个层次的服务设计不同，这一层次的宏观大型活动设计侧重服务项目目标人群反思能力的培养，它主要通过协助服务项目目标人群察觉自身社会角色的认识偏差，帮助他们改善目前社会角色的扮演状况，从而拓展现有社会资源，使社会资源的运用更加多元、更加公平。社会工作者发现，村改居中的不少年轻人认为"照顾年老的父母只要给父母提供好的物质生活条件就可以了，老年人并不需要精神上的陪伴"；或者村改居中的老人们普遍认为"一个好社区应该每家每户都互相认识、经常见面，没有陌生的'外来人'"。显然，这些看法都存在社会角色认识上的误区，如果这些误区不消除，这个村改居中的社会资源的运用就会受到限制。因此，社会角色的扮演与社会资源的运用和拓展有直接的关系，只有协助服务项目目标人群及其身边重要他人提升对自身社会角色扮演的反思能力，才能更充分地发掘他们所拥有的社会资源，不断拓展社会层面的服务广度。

之所以采取微观辅导服务与宏观大型活动这样的划分，是因为这种理解社会工作专业服务的方式能够指导社会工作者不把针对微观心理层面的改变服务与宏观社会层面的改变服务对立起来，从个人心理和社会环境两个方面入手推进社会工作的专业服务，帮助社会工作者快速融入服务项目目标人群的日常生活中开展专业服务。一旦社会工作者将人们常见的个案工作、小组工作和社区工作三大传统方法作为社会工作服务技术的划分标准，就会只关注服务项目目标人群的类型化的需求服务。这样做不仅不利于社会工作者走进服务项目目标人群的日常生活中开展专业服务，而且会割裂人与环境之间的相互影响的动态关系，或者注重个人心理的改变，或者强调社会环境的改善，无法将两者整合起来。小组工作就是其中的典型例子，它既可以聚焦于心理层面的改变，这样的小组就偏向治疗性，也可以聚焦于社会层面的改善，这样的小组就具有了社会改变的要素。显然，个案工作、小组工作和社区工作这样的划分方式体现的是社会工作专业服务在组织形式上的差别，它依据的是机构提供的类型化服务，目的是保证机构所提供的服务符合专业的规范和标准，并不重视服务项目目标人群遭遇问题时的日常生活安排以及他们所处的社会环境。因此，当社会工作者走进服务项目目标人群的日常生活中，针对他们在日常生活中遭遇的问题开展专业服务时，其首先需要关注问题本身呈现的特征：如果问题集中在心理层面，需要采用微观辅导服务的方式；如果问题表现在社会层面，需要运用宏观大型活动的方式。在此基础上，社会工作者才能够根据服务项目目标人群自身成长改变的要求和步伐灵活使用个案工作、小组工作和社区工作三大专业方法。

在日常生活中开展专业服务，社会工作者首先需要面对的是如何协助服务项目目标人群明确生活困境中的问题，而日常生活中的问题又常常呈现复杂性和变动性，它既可能与服务项目目标人群心理层面的改变相联系，也可能与服务项目目标人群社会层面的改善相关联，甚至可能同时关乎两者的变化，只是在不同方面呈现不同层面的改变要求。因此，关注深度的微观辅导服务与关注广度的宏观大型活动就成为社会工作者在日常生活中协助服务项目目标人群改变的重要工具。但是，两者的结合绝不是简单叠加，它需要社会工作者学会动态地理解心理社会双重视角，依据服务项目目标人群自身的成长改变规律灵活地运用微观辅导服务和宏观大型活动这两种常见的社会工作专业服务形式。

第二节　服务项目设计的双重焦点

尽管微观辅导服务注重心理层面的改善，宏观大型活动注重社会层面的改善，但是实际上，两者的服务设计都需要运用心理社会双重视角，只不过微观辅导服务以人际结构为基本的服务框架，侧重通过心理因素的调整达成心理结构的改变，而宏观大型活动则以人际结构为基础，强调通过社会角色的自觉实现社会结构的改善。在实际服务过程中，这两种服务形式本身就是随着服务项目目标人群的日常生活状况变化而变化的，它既可能是由于社会工作者的服务介入而出现的改变，也可能与社会工作者的服务介入无关。这也意味着社会工作者无论采用什么样的服务形式，其都需要同时关注服务项目目标人群心理和社会两个层面的变化：当社会工作者从心理层面入手注重服务项目目标人群心理结构的改变时，也需要关注他们在人际层面的社会因素变化；当社会工作者在从社会层面入手注重服务项目目标人群社会结构的改善时，也需要关注他们在社会角色方面的自觉意识的变化，保证服务项目设计具有心理社会双重焦点。

一　服务项目双重焦点设计的基本逻辑

在日常生活中，无论服务项目目标人群是遭遇困扰还是寻求问题解决，都同时涉及个人与环境两个方面因素的相互影响、相互转化，只不过有时候侧重个人的成长改变，注重心理层面的服务介入，有时候关注环境的改善，强调社会层面的服务介入。因此，社会工作者不能够将个人成长与环境改善割裂开来，而需要将两者联系起来，学会从一种双向动态影响的整体视角出发理解服务项目目标人群在应对问题过程中呈现的个人成长和环境改变的要求。如果社会工作者决定从心理层面入手促进服务项目目标人群的个人成长，他除了需要关注这一成长改变对环境改善的影响之外，还需要从环境改善入手，理解环境变化对个人成长改变提出的要求；同样，如果社会工作者计划从社会层面入手推动服务项目目标人群生活环境的改善，他除了需要观察这一环境改善对个人成长的影响之外，还需要站在服务项目目标人群的角度，理解个人的成长改变对环境改善的影响。显然，只有保持这种双重焦点的整体视角，社会工作者才能够对自己的服务项目介入计划保持警觉，从自己的观察视角中跳出来，随着服务项目目标人群日常生活的变化而变化，不至于陷入自己的偏好中，只看自己想看的。

从注重心理层面介入的个人成长来看，社会工作者需要保持双重焦点的设计逻辑，不能仅仅关注服务项目目标人群自身心理状况的调整这种提升个人自助能力的服务安排，同时还需要关注服务项目目标人群身边重要他人的变化，因为这样的变化会带来服务项目目标人群社会支持状况的改变。因此，在针对心理层面介入的微观辅导服务中，社会工作者也就需要具有自助和支持双重焦点的整体视角，既需要站在服务项目目标人群的角度帮助他们提高个人的自助能力，也需要转换到服务项目目标人群身边的重要他人的立场，考察他们给予服务项目目标人群的社会支持状况。这样，服务项目目标人群的自助能力的提升就能够与他们社会支持的加强结合在一起，两者相互促进，一起推动服务项目目标人群的成长改变，避免因过度关注服务项目目标人群个人自助能力的提升而忽视身边重要他人的社会支持，或者因过度关注服务项目目标人群的社会支持而忽视他们自助能力的提升。正是因为如此，这种双重焦点的服务项目设计也就能够保证注重心理层面改变的微观辅导服务成为有效带动服务项目目标人群日常生活改变的重要手段，使服务项目目标人群能够真正体会到自身心理层面改变与外部环境改善之间的内在关联，提升他们参与日常生活的主动性和掌控感。

从注重社会层面介入的环境改善而言，社会工作者同样也需要保持双重焦点的设计逻辑，只不过不是注重自助和支持，而是关注互助和增能，因为服务项目目标人群在社会层面的改变主要表现为社会支持网络的完善和功能的增强，而社会支持网络功能的增强又离不开服务项目目标人群及其身边重要他人的社会角色自觉意识的增强。这样，社会工作者在通过设计宏观大型活动推动环境改善时，需要在关注服务项目目标人群的社会支持网络建设的同时，转换到服务项目目标人群的位置上考察他们社会角色扮演的自觉意识，避免因过度注重服务项目目标人群的社会支持网络建设而忽视他们自觉意识的增强，或者因过度注重服务项目目标人群社会角色自觉意识的增强而忽视他们的社会支持网络。因此，借助这种双重焦点的服务设计，社会工作者能够将注重环境改善的宏观大型活动转变成推动服务项目目标人群社会角色自觉意识增强的重要工具，提升他们的参与感和价值感，从而带动社会环境的改善，给服务项目目标人群的成长改变提供更好的环境支持。这种双重焦点的服务项目设计逻辑见图 4-1。

显然，这种服务项目双重焦点的设计，意味着社会工作专业服务不仅仅是将注重个人成长的心理层面介入与注重环境改善的社会层面介入结合起来，形成一个相互影响的整体，更为重要的是，在开展心理层面的介入时，注重社会层面的影响，而在实施社会层面的介入时，关注心理层面的影响，使社会工作者能够从自己的视角中跳出来，站在别人的位置审视服务开展的状况，保持对专业服务开展过程的自觉，随时回应服务场景中出现的变化。这样，无论社会工作者采取的是心理层面介入还是社会层面介入，都不会过度，因为他在专业服务过程中始终关注服务项目目标人群日常生活的变化，并且将这样的变化与专业服务的调整结合起来，具有更高层面的整全视角。因此，可以说，社会工作者所强调的心理社会双重焦点

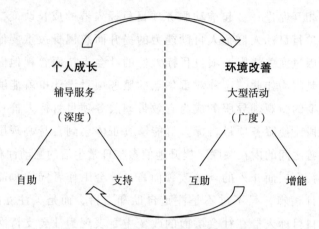

图 4 - 1　双重焦点的服务项目设计逻辑

的服务项目设计，实际上是一种从心理社会双重的整全视角审视社会工作专业服务的要求。

二　从微观服务向宏观服务延伸

如果社会工作者首先在社区中开展的是微观辅导服务，这样的服务开展方式的好处是具有明确的服务目标人群和服务的深度成效，但是它同时也面临服务覆盖面不足、服务的社会成效不显著的困扰，特别对于有着综合性管理和服务要求的社区来说，情况更是如此。因此，社会工作者在社区开展微观辅导服务时，也就常常面临来自社区的质疑：缺乏服务的广度。我们来看一看下面这个案例。

案例 4 - 2：社会工作者小李带领社会工作团队在社区中开展了不少失能与半失能老年人的家庭照护服务，但是社区觉得小李的服务"不够热闹""场面不够大"，希望小李能够把服务办得"有声有色"一些。小李认为，虽然他们做的服务只覆盖了社区里十几户需要长期照顾的老年人家庭，但是每户家庭的服务做起来都很复杂，需要依据每户家庭的个性化需求安排医生定期上门就诊，护士跟进家庭的护理照顾，社会工作者负责照顾者的心理压力舒缓和家庭照顾负担的减轻，以及家庭照顾风险的防范和社区邻里互助等。小李强调，这种密集、深入、多专业的综合社会工作服务在有限的人力和物力资源条件下，他们一年最多只能顾及十几户家庭，否则，就会影响服务的质量和成效。不过，社区有自己的担忧，尽管社区认为这个社会工作服务项目做得很专业，也有一些效果，但是觉得它的覆盖面太窄，社会效果不好，一万多人的社区，项目前前后后只关注那十几户家庭，其他家庭怎么办？领导来社区考评项目时，怎么才能在社区层面展现出服务的成效和影响力？

上述案例反映的恰恰是社会工作者在中国的社区场景中开展专业服务时面临的两难困境：一方面，他们需要明确服务项目的目标人群，有针对性地深入开展微观的辅导服务；另一方面，他们需要站在社区的位置上，关注服务项目在整个社区层面的成效和影响力。如果社会工作者仅仅关注服务项目目标人群的微观辅导服务，他们的服务就会与社区本身的工作任务脱节，甚至还会给社区的日常工作带来额外负担，如陪伴社会工作者入户、协调社会工作者的活动以及延续项目结束后的服务等。显然，这种偏向微观辅导服务的做法很容易引发社会工作者与社区之间的张力甚至冲突，使社会工作者调动社区资源的能力以及他们在社区中的行动空间受限。因此，社会工作者开展社区中的微观辅导服务之后，需要有意识地向服务广度上拓展，保证服务项目个人微观层面的服务成效能够与社区宏观层面的服务成效结合起来。具体而言，服务项目从微观辅导服务向宏观大型活动的延伸具有四种常见的途径，即相同问题延伸、相关问题延伸、相关人群延伸和不直接交往的同问题人群延伸。

第一种从微观辅导服务向宏观大型活动延伸的途径是相同问题延伸。这种延伸是围绕与微观辅导服务相同的问题展开的，从现有的微观辅导服务出发，将那些具有相同问题而需要服务的社区中的其他人找出来开展进一步的服务。例如，社会工作者在开展了十几户失能与半失能老年人的服务之后，可以将社区中其他有服务需要的失能与半失能老年人找出来，进一步延伸原有的服务。如果受到人力、物力资源的限制，社会工作者可以通过规范服务的流程、简化服务的操作，或者开展社区志愿者的培训，由志愿者替代专业人士的部分工作，在此基础上延伸微观辅导服务，拓宽服务覆盖面。这样，微观辅导服务就与宏观大型活动联结起来，形成相互促进的循环圈。因而，随着微观辅导服务的拓展，社会工作者需要带动更多的社区志愿者参与以及组织更多的培训和督导工作,从而使社区层面的服务成效能够逐渐呈现出来。

由相关问题延伸微观辅导服务,这是从微观辅导服务向宏观大型活动延伸的第二种常见的途径。这种途径与第一种相似,也是从服务的主题着手拓展服务的广度。不同的是,这种路径依据的是与微观服务服务相关的问题。例如,失能与半失能老年人的照护服务,就涉及照顾者的照顾技能提升和照顾压力管理的问题,特别对于老老照顾的空巢家庭来说,这种情况更为突出。当然,失能与半失能老年人照护服务的相关问题不仅如此,而且涉及失能与半失能老年人的社区预防,像老年人的慢性病管理、社区的防跌倒以及高龄独居老年人的风险预防等。这样,社会工作者能够从微观辅导服务中延伸出一系列的社区预防服务,将微观辅导服务与宏观大型活动结合起来,推动社区层面的改变。通常情况下,这种社区预防服务可以在三个层级上展开:第一层级针对的是社区中身体健康的居民,目的是提高他们的疾病预防能力和社区生活的风险预防能力;第二层级针对的是社区中的高危人群,像慢性病患者、高龄独居老年人等就属于这类人群,这类服务的目的是提升他们的风险应对能力;第三层级针对的是社区中的失能与半失能的老年人,这类服务的目的是为这些行动不便的老年人提供全方位的支持,减少他们的生活困难。通过针对三个层级的相关问题的服务设计,社会工作者能够自然地将微观辅导服务与宏观大型活动结合起来,在社区层面上呈现社会工作专业服务项目的成效和影响力。

从相关人群人手延伸微观辅导服务,这是从微观辅导服务向宏观大型活动延伸的第三种常见的途径。这种途径与前两种不同,是借助现有的微观辅导服务所涉及的相关人群拓展服务的广度的。它假设,人们之所以在日常生活中遭遇到问题,希望寻求他人的帮助,是因为这样的问题无法仅仅依靠自己的力量得以解决。因此,日常生活中一旦出现这样的问题,在人们的周围就会形成特定的社会支持网络,帮助他们应对面临的问题。如果社会工作者针对失能与半失能老年人开展服务,在服务过程中他会发现,在失能与半失能老年人的身边还有其他人如家庭的照顾者、亲友、社区志愿者等也在提供力所能及的帮助。这样,社会工作者就能够依据照顾责任的分工将失能与半失能老年人社会支持网络中的相关人员分为不同的类型,并且针对这些不同类型的相关人员开展延伸服务。例如,针对家庭照顾者,社会工作者可以开展照顾者的技能提升服务和压力舒缓的喘息服务；针对亲友，可以设计一般照顾技能和沟通技巧的培训；而针对社区志愿者，可以组织一些体验服务和健康意识增强的服务，帮助社区志愿者更好地了解这些失能与半失能老年人的需求以及健康保健的知识。这样，社会工作者就能够将对失能与半失能老年人的微观辅导服务延伸到包括家庭照顾者、亲友以及社区志愿者等相关人群在内的综合服务，提升失能与半失能老年人服务项目在社区层面的服务成效。

　　第四种从微观辅导服务向宏观大型活动延伸的途径与前三种不同，是将服务延伸的目标锁定在不直接交往的同问题人群上，它主要借助倡导、工作坊、研讨会和督导等间接的服务方式。不过，在采用这些间接的服务方式之前，社会工作者需要做好服务项目的规范和经验总结的工作，因为这种服务延伸的方式主要借助服务经验的学习，以便突破服务项目开展时所受的地理空间上的限制。例如，社会工作者希望借助这种不直接交往的同问题人群方式延伸微观辅导服务，他就需要在服务项目的设计和实施过程中做好服务项目流程和技术的规范，编写失能与半失能老年人的服务手册。完成了这些服务经验的总结和提炼工作之后，社会工作者就可以运用间接的服务方式延伸这个项目的服务，或者借助多媒体倡导一种新的失能与半失能老年人的服务模式，或者定期组织工作坊在同行面前分享失能与半失能老年人的服务经验，或者组织研讨会让有共同兴趣的研究者和实务工作者一起关注失能与半失能老年人的服务，或者建立一种结对互助的方式给那些想开展失能与半失能老年人服务的社会工作者提供督导，等等。当然，社会工作者也可以将这几种常用的间接服务方式整合起来，在研讨会中插入工作坊，同时开展督导的培训和倡导工作。这样，社会工作者就能够将微观辅导服务在社区层面上延伸开来，提高服务项目的社会成效和影响力。

　　尽管在介绍服务项目从微观辅导服务向宏观大型活动延伸的四种常见途径时，采用的是分门别类的描述方式，但是在实际服务中，这四种途径可以结合起来使用，它们并不是相互排斥、截然对立的。例如，社会工作者开展了失能与半失能老年人的服务之后，可以同时依据相关问题和相关人群的途径延伸服务，让失能与半失能老年人服务既具有预防服务的内容，也具有强化社会支持网络的功能。此外，社会工作者还可以通过挖掘社区志愿者、培育社区骨干以及加强志愿者队伍建设等方式运用第一种相同问题延伸途径延伸微观辅导服务。当然，在总结和提炼了服务项目的经验之后，社会工作者还可以采用第四种不直接交往的同问题人群延伸的途径拓展服务项目在宏观服务层面上的成效。需要注意的是，无论社会工作者采用哪种途径延伸微观辅导服务，他都需要时刻关注两个基本要求：①在社区日常生活场景中开展专业服务，需要同时平衡特定人群的微观服务需求和社区层面的宏观服务需求两个方面的不同要求，不能只关注其中的一方；②在从微观辅导服务向宏观大型活动延伸的过程中，不能模糊整个服务项目的目标人群和需要解决的问题，保证服务项目具有清晰的服务焦点。

三　从宏观服务向微观服务延伸

一旦社会工作者首先关注的是社区层面大型活动的组织，以便让社区居民有机会参与社区的活动，他接下来就需要面对如何将宏观的大型活动转化成微观辅导服务的任务。因为对于社会工作者来说，仅仅开展社区层面的大型活动，一方面很难呈现社会工作专业服务的改变成效，容易为了创新形式吸引人们的注意力而陷入形式化的困境中，让开展社区大型活动的社会工作者怀疑服务的专业性；另一方面对社区中存在的困难人群视而不见，容易导致社会工作者出现专业价值理念的冲突，怀疑这种社区大型活动的专业价值所在。我们来看一看下面这个案例。

> **案例 4-3**：社会工作者小张在社区做社会工作专业服务项目数年，让他感到最大压力的不是社区活动怎么开展，而是人手不够、服务成效不明显。社区的工作人员常常问他们：你们组织的活动与我们组织的有什么差别？效果在哪里？为什么你们的就能叫"社会工作专业服务"？而且，政府购买的服务项目往往只给一年的完成时间，一年之后就要评估服务的成效。为此，小张在组织社区大型活动时经常陷入困惑，感到挫败和迷茫：社会工作者到底怎么做才能把社区活动办得与其他人不一样？到底怎样才能让这些看上去很平常的社区大型活动满足专业服务的评估要求？

有社区服务经验的社会工作者对上述案例中描述的情况多半不会觉得陌生。在我国社区日常生活处境中开展社会工作专业服务，社会工作者需要与社区居委会建立相互信任的合作关系，因为实际上社区居委会在基层社区治理中扮演着极其重要的角色，它不仅是政府落实政策和管理任务的最基层单位，而且是政府联系居民、服务居民的重要窗口。平时，社区居委会就会组织一些社区的大型活动，吸引居民走出家门参与社区的活动和事务，这是社区居委会提供社区服务最常用的方法之一。而且常常出现这样的情况，工作越规范的社区，社区居委会组织大型活动的能力也越出色。这样，当社会工作者走进社区组织大型活动时，他就会面临专业性的挑战，即是否与社区居委会组织的大型活动有专业上的区别。因此，在资源和经验都不占优势的情况下开展社区大型活动，社会工作者面临的困难也就可想而知。值得关注的是，如果社会工作者能够将注重服务广度的社区大型活动与注重服务深度的微观辅导服务结合起来，相互促进，使社区大型活动具有带动整个社区改变的专业元素，就能够转变社会工作者在社区日常生活中开展专业服务的被动地位。就宏观大型活动向微观辅导服务的延伸而言，通常有四种途径，即重点跟进、潜在发掘、例外寻找和骨干培育。

从宏观大型活动向微观辅导服务延伸的第一种途径是重点跟进，这是最常用也是最基础的一种服务延伸途径，它要求社会工作者在组织社区大型活动时，注意留出足够的时间和精力用于观察大型活动参与者的表现，对其中有进一步服务需求的参与者进行活动后的随访，跟进了解他们的服务需求。例如，社会工作者在社区组织了一场关于如何帮助老年人预防阿尔茨海默症的知识讲座，其中介绍了一些阿尔茨海默症家庭保健的技术。在讲座开展过程中，社会工作者就需要注意观察参与者的表现，了解其中哪些人对这一议题特别感兴趣，表现比较积极，急于想掌握阿尔茨海默症家庭保健的技术，这些人往往在自己的日常生活中遇到了这方面的困难，有进一步服务的需求。因此，在知识讲座结束后，社会工作者需要对这些人进行回访，详细了解他们在阿尔茨海默症家庭保健和照顾方面遇到的具体困难。掌握了这些具体信息之后，社会工作者就能够针对他们的特定需求设计微观层面的辅导服务方案，跟进这些重点案例，从社区的宏观大型活动中延伸出针对社区特定人群的微观辅导服务。

在社区大型活动开展过程中，社会工作者除了关注那些与活动主题直接相关的目标人群中的重点个案之外，还可以通过发掘那些与活动目标不直接相关的潜在人群或者潜在问题做后续的跟进，这种延伸方法称为潜在发掘，它也是社会工作者常用的一种从宏观大型活动向微观辅导服务延伸的途径。例如，社会工作者针对社区中阿尔茨海默症患者的居家照顾者举办了一场照顾技能和个人减压的培训。在培训过程中社会工作者发现，虽然绝大部分参与者是阿尔茨海默症患者的家人，但是也有一部分参与者是阿尔茨海默症患者家庭请的保姆，他们平时也要负责阿尔茨海默症患者的日常照顾。这些保姆大多是从外地来到城市打工的中年女性，其遇到的问题显然与阿尔茨海默症患者的家人不同。这样，社会工作者就能够跟进这些作为阿尔茨海默症患者家庭照顾者的保姆，了解他们在照顾阿尔茨海默症患者中面临的困难，并且针对他们的具体需求做进一步的服务延伸，将这些潜在的服务对象转变成真正的服务对象。

从宏观大型活动向微观辅导服务延伸还有第三种途径，就是例外寻找。这种延伸的途径要求社会工作者在开展社区大型活动时，关注与社区大型活动相反的信息，从这些相反的信息入手找到服务延伸的方向。例如，为了改善社区老年人的居家安全，社会工作者联合相关单位举办了关于社区老年人居家安全风险防范的系列讲座，内容包括人们常见的防跌倒、紧急自救和疾病预防等方面。在讲座开展的过程中，社会工作者需要学会从例外的角度出发考察系列讲座的安排，观察和分析这个社区的居民除了关注讲座涉及的居家安全风险防范的内容之外，是否还有其他让他们非常关注的内容，或者除了讲座这种形式之外，是否还有其他服务的形式也是他们喜欢的，等等。这样，社会工作者就能够从社区系列讲座中寻找到社区中有特定需求的居民，将原来具有普遍适用性的讲座内容与社区居民的具体需求联系起来，延伸社区的大型活动，使服务项目具有更明确的针对性。

第四种从宏观大型活动向微观辅导服务延伸的途径是骨干培育，它不同于前三种服务延伸的方式，不是聚焦于那些有特定困难需要接受进一步服务的大型活动参与者，而是大型活动中表现积极并且有一定影响力的参与者，通过跟进服务把他们培养成社区活动的骨干，由他们带动其他居民参与社区活动。例如，社会工作者计划针对老年居家照顾风险的防范建立一支社区互助队伍，将关注这一问题的热心居民组织起来，相互支持。因此，社会工作者开展了老年居家照顾风险防范的技能培训。在培训过程中，社会工作者需要关注那些表现积极、乐于分享自己经验的参与者，做好大型活动之后的随访服务，了解他们参与社区活动的想法和意见，并且针对他们的发展要求设计相关的服务方案，让他们有机会发挥自己的特长，成为社区活动的骨干。此时，社会工作者主要作为能力的发掘者和服务的协助者，为这些社区骨干提供必要的支持，帮助他们安排好社区的自助互助活动。

上述介绍的从宏观大型活动向微观辅导服务延伸的重点跟进、潜在发掘、例外寻找和骨干培育这四种途径，并不是各自孤立的，在实际的服务项目开展过程中，社会工作者常常将它们整合起来使用。像重点跟进和潜在发掘就是社会工作者在一般服务人群中锁定特定服务人群常用的途径，而例外寻找则是社会工作者发掘社区居民个别化需求的常用方式。尽管骨干培育偏向个人能力和优势的挖掘，但是它也能够帮助社会工作者将服务关注的焦点从社区的一般性需求转向社区的个别化需求，而且通过骨干培育带动社区居民的自助和互助。

第三节　服务项目转接设计的三种策略

社会工作者了解了微观辅导服务与宏观大型活动相互转接的八种途径之后，就可以根据实际服务活动开展的状况，自然地从微观辅导服务延伸出宏观大型活动，或者从宏观大型活动延伸出微观辅导服务，避免使两者割裂，甚至对立。不过，就整个项目服务活动的安排而言，社会工作者除了需要考察微观辅导服务与宏观大型活动的服务成效如何转接之外，还需要关注服务项目运行的时间安排以及社会工作者的工作团队的服务能力。通常情况下，社会工作者可以采用循环设计、交叉设计和并行设计这三种策略将社区日常生活中开展的微观辅导服务与宏观大型活动结合起来，同时在个人成长和环境改善两个方面推进社会工作专业服务，平衡社区特定人群的深度服务和社区层面改变的广度服务的要求。

一　循环设计

所谓循环设计，是指将微观辅导服务和宏观大型活动交错起来推进专业服务的方式，即在微观辅导服务之后紧跟着宏观大型活动，宏观大型活动之后衔接微观辅导服务，两者相互交替，在个人成长和环境改善两个方面开展专业服务。这种服务项目的转接设计非常适合于在社区日常生活场景中开展的专业服务，因为社区居委会在平时的工作安排中就有一些社区大型活动需要组织，而且每个社区居委会都会根据自己社区的特点开展一些特色的服务活动。这样，社会工作者就能够在社区原有的社区大型活动和特色服务基础上融入社会工作的一些专业元素，既能够充分挖掘社区已有的服务资源，又能够呈现社会工作的专业性，使社会工作真正扎根于社区的日常生活中，避免陷入形式的专业化。从社区的发展来看，这样设计社会工作专业服务项目还有另一个好处，就是能够调动社区自身的改变动力，让社区看到社会工作专业服务对于其日常工作的帮助，使社会工作逐渐成为推动社区基层治理创新不可缺少的力量。

就具体的操作步骤而言，社会工作者在运用循环设计的策略规划服务项目时，需要遵循四个步骤。第一步，建立信任关系。社会工作者需要走进社区，与社区居委会取得联系，了解其日常工作安排和打算，建立相互信任的合作关系。第二步，确定社区大型活动。建立了信任合作关系之后，社会工作者需要根据社区居委会的年度工作计划安排选择合适的节假日活动作为社区大型活动创新的着手点。一般情况下，社会工作者选择两个节假日活动较为适宜，其中一个在上半年，一个在下半年，两个活动之间有足够的时间间隔，让社会工作者能够把社区大型活动延伸到微观辅导服务，也能够从微观辅导服务扩展到社区大型活动。第三步，与社区居委会协商。社会工作者一旦确立了社区大型活动的初步计划，就可以与社区居委会协商，探讨创新节假日活动的初步安排，包括明确社区大型活动的基本目标、各自分工以及核心目标人群等。社会工作者在与社区居委会协商大型活动安排时，需要维持社区原有的节假日活动的基本安排，在此基础上加入社会工作专业服务的元素。这样做，一方面是为了便于与社区配合，另一方面是为了保证社区大型活动适合社区居民的需要，因为社区居委会比社会工作者更了解社区居民。第四步，制订详细的服务计划。根据与社区居委会协商的结果，社会工作者就可以编制详细的服务项目的活动计划，运用循环设计的策略将服务项目中的微观辅导服务与宏观大型活动衔接起来，形成相互支持、相互促进的完整的项目服务计划。

在运用循环设计的策略时，如何选择合适的社区节假日活动作为社区大型活动的着手点是整个服务项目设计的关键。它要求社会工作者不仅熟悉社区居委会新一年度的工作计划安排，而且清楚自己以及自己服务机构擅长的服务。我们来看一看下面这张社区节假日/活动日活动年度计划表（见表4-2）。

表4-2　社区节假日/活动日活动年度计划

月份	节假日/活动日	月份	节假日/活动日
1	元旦	7	党的生日/暑期
2	春节/元宵节	8	暑期
3	三八妇女节/助残日	9	中秋节
4	清明节/端午节	10	国庆节/重阳节
5	五一国际劳动节/母亲节	11	感恩节/糖尿病日
6	六一儿童节/计生日	12	圣诞节

仔细观察表4-2可以发现，社区的节假日活动是非常丰富的，实际上，除上述表格列出的活动之外，每个社区通常还有一些自己社区的特色服务。在这些社区节假日活动（包括社区特色服务）中，社会工作者可以根据自己及服务机构擅长的服务选择其中合适的作为社区大型活动的着手点。在选择时，社会工作者要遵循以下三项原则。①专业擅长原则。在尊重社区意见的前提下，社会工作者需要尽可能选择自己擅长的专业服务领域。如果社会工作者擅长青少年服务，可以选择六一、暑期和感恩节社区组织的活动；如果社会工作者擅长老年人服务，可以选择清明节、端午节和重阳节等节假日的活动。②活动适度原则。社会工作者在选择社区的节假日活动时，还需要遵循活动适度原则，如果选择一个，就会缺乏社区层面的影响力；如果选择太多，不仅自己很忙乱，无法提升社区节假日活动的专业水平，而且社区和居民也会抱怨，很容易使活动流于形式。此外，社会工作者还需要考虑活动的时间安排，保持适度的均衡。在一般情况下，上半年选择一个，下半年选择一个，这样的做法能够平衡时间和精力，比较合适。③服务品牌原则。在专业擅长和活动适度原则基础上，社会工作者还需要遵循服务品牌原则，因为对社区来说，它们更为关注社区的节假日活动是否有自己的品牌特色，而不是是否专业。这样，社会工作者在选择社区的节假日活动时，也就特别需要关注活动中的品牌元素，如是否能够与社区的独特地理环境、人口结构特点、社区特色服务以及社区文化传统结合起来。因而，社会工作者在改造社区节假日活动过程中也就有了帮助社

区创建品牌服务的责任，其专业性不仅仅表现为活动的科学性和规范性，同时还表现为活动的个性化，即服务活动的品牌化。

如果社会工作者在社区的节假日活动年度计划表中找不到与其所擅长的专业服务直接相匹配的，就需要寻找相关的。例如，社会工作者希望在社区中开展妇女社会工作方面的服务项目，而在社区节假日活动年度计划表中，只有上半年的活动与妇女社会工作有直接的关联，像三八妇女节、母亲节等是比较合适的选择。在下半年，社会工作者可以选择重阳节的活动，不过此时需要与家庭照顾结合起来，也可以选择感恩节的活动，这个时候需要与家庭亲子教育联系起来，当然，也可以选择中秋节活动，强调关注家庭的亲情等。可见，社会工作者只要清楚自己擅长的服务以及希望开展的服务项目，就能够在社区的节假日活动年度计划表中找到合适的活动，将它们拓展为具有专业服务要素并且能够呈现品牌特征的宏观大型活动。

在服务项目的循环设计中，如何根据服务项目目标人群的成长要求将宏观大型活动与微观辅导服务联结起来，相互促进，是社会工作者需要重点考察的内容。这种联结不是简单地依据时间的进程将宏观大型活动和微观辅导服务交错安排就可以做到的，而需要跟随服务项目目标人群自身的成长改变步伐灵活运用宏观大型活动和微观辅导服务，带动服务项目目标人群的成长改变。例如，社会工作者擅长儿童服务，希望在社区中开展儿童的服务项目，他就可以筹备六一儿童节活动的名义针对社区中有行为偏差的儿童开展个案或者小组服务，提高他们的人际交往技能和应对日常生活困难的能力。到了六一儿童节活动期间，社会工作者可以邀请之前个案或者小组活动中的服务对象参与社区大型活动，通过社区大型活动帮助这些有行为偏差的儿童扩展他们的社会支持。六一儿童节活动结束之后，社会工作者可以将这些儿童发展为志愿者，协助他们帮助在社区大型活动中新发现的潜在服务对象。等到 11 月组织感恩节活动时，社会工作者可以进一步扩展这些有行为偏差的儿童的社会支持，包括同伴支持和家庭支持等，增强他们的成长改变动力。这样，社会工作者就能够一环扣一环，通过宏观大型活动与微观辅导服务的联结同时在个人成长和环境改善两个方面施加自己的影响，延伸专业服务。值得注意的是，这种循环设计背后是双重焦点的服务项目设计逻辑，它要求社会工作者无论在组织微观辅导服务还是宏观大型活动时，都需要从个人成长和环境改善两个角度入手安排服务活动的内容，学会在实际的日常生活中带动服务项目目标人群的成长改变。服务项目循环设计逻辑如图 4 - 2 所示。

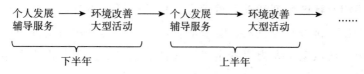

图 4 - 2　服务项目循环设计逻辑

　　仔细观察图 4 - 2 可以发现，上述介绍的服务项目的循环设计始终围绕一个服务项目目标人群，无论微观辅导服务还是宏观大型活动，社会工作者都只考察这一服务项目目标人群的日常生活变化，而且在整个服务项目的实施过程中，也只有一条项目服务的主线。因此，这种服务项目的循环设计称为单循环设计。社区往往有多种不同类型的社会弱势人群需要服务，因而给社会工作者提出需要同时服务社区中几种社会弱势人群的挑战。这样，社会工作者在设计服务项目时，就不能只选择其中的一种社会弱势人群作为服务项目的目标人群，而需要同时服务两种或者两种以上的社区中的社会弱势人群，这个时候的服务项目的活动安排也就不能紧紧围绕一条主线，而需要围绕两条或者多条主线。如果围绕两条主线，这样的服务项目设计就称为双循环设计。当然，如果有多条主线，这样的服务项目设计就是多循环设计。不过，当项目设计存在多条主线时，这样的项目服务安排很容易出现散乱、层次不清的现象，导致服务成效不佳。

　　如果采用两条主线的双循环设计，服务项目就能够满足社区多种社会弱势人群的综合服务要求。特别对于老旧社区来说，因为社区中社会弱势人群的困难比较突出，它们对于综合服务的要求就更为强烈。例如，社会工作者计划针对某个老旧社区的妇女和老人开展服务，把两个人群作为服务项目目标人群。就妇女而言，她们非常关注家庭的健康教育，包括如何照顾老年人等，因为很多妇女在日常生活中就承担着家庭照顾者的角色，而照顾的对象很多时候除了孩子，就是老人。此外，妇女也有身体健康保健的需要，尤其是对于那些已经退休的妇女来说，她们常常患有一些慢性病，也需要家庭的健康教育。对于老年人而言，家庭的健康保健需要更为突出，因为他们直接面临随年龄增加而生理机能衰退的现实。显然，妇女的家庭健康教育需要与老年人的家庭健康保健需要之间是有联系的，它们相互影响、相互促进。因此，社会工作者在设计服务项目时，可以采用两条主线的双循环设计策略：一条以妇女为服务主线，选择上半年的三八妇女节作为妇女社区大型活动的着手点，按照单循环设计的逻辑，从微观辅导服务开始，接着对接三八妇女节的社区大型活动，然后延伸出微观辅导服务；另一条以老年人为服务主线，选择下半年的重阳节作为老年人社区大型活动的着力点，也按照单循环设计的逻辑，由微观辅导服务延伸到社区大型活动，再由社区大型活动发展出微观辅导服务。这样，由妇女服务这条主线发展出来的志愿者就能够支持老年人的服务，同样，由老年人服务这条主线培育出来的志愿者也能够成为妇女服务的支持者，从而使社会工作专业服务项目能够在社区层面满足社区更多人群的成长改变的要求，带动整个社区的服务能力提升。

可见，循环设计是一种将微观辅导服务与宏观大型活动整合起来，应对社区服务中同时面临的特殊人群的成长改变要求和社区层面综合服务要求的有效策略，它可以依据项目服务主线的多少分为单循环设计、双循环设计和多循环设计。其中，最为常见的是单循环设计和双循环设计。

二 交叉设计

除了循环设计之外，社会工作者在设计服务项目时经常使用的另一种策略是交叉设计。所谓交叉设计，是指针对同一个服务项目目标人群同时开展以个人成长为导向的微观辅导服务和以环境改善为导向的宏观大型活动，让二者相互穿插。对于很少主动求助并且难以接触到的服务项目目标人群来说，这种服务项目设计的逻辑尤其适合，因为这样的人群不同于一般的服务项目目标人群，除了受到严重的社会污名影响不愿意与别人交往之外，由于身份比较特殊，他们的生活往往处于一种隐蔽的状态，如边缘青少年（行为不端，处于违法犯罪边缘）、怀孕未成年少女和艾滋病患者等，社会工作者在寻找、接触以及与他们建立初步信任关系的过程中需要花费很多的时间和精力，而且这样的人群又通常受到多种复杂因素的影响，很难在短时间内让服务成效展现出来。此外，这样的人群即使接受了服务，他们能稳定地留在服务项目中的概率也是比较低的，通常情况下，只要他们接受了一段时间的服务，问题状况得到了缓解，他们就可能放弃这种服务，觉得自己不再需要这种"伤害他们自尊心"的治疗性服务。

面对这样的服务项目目标人群，无论社会工作者做得如何成功，他们需要服务的服务项目目标人群的数量只会越来越少。然而，现行政策下政府购买服务项目的评估是有标准的，它要求社会工作者在项目的一个周期（通常 1 年）内完成一定数量的服务任务。因此，社会工作者在开展针对这种类型的服务项目目标人群的服务时，可以同时从微观辅导服务和社区大型活动两个方面入手，在关注这样的服务项目目标人群的成长改变要求时，也关注他们生活环境的改善，处理那些高风险的家庭面临的困难，并从中找到需要进一步跟进服务的高风险的服务项目目标人群，使微观辅导服务与宏观大型活动相互支持，相互促进。服务项目交叉设计逻辑见图 4 - 3。

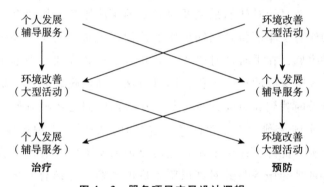

图 4 - 3　服务项目交叉设计逻辑

　　仔细观察图 4 - 3 可以发现，服务项目交叉设计有三个特点：①项目的微观辅导服务与宏观大型活动同时开展，既关注服务项目目标人群的个人发展，也关注高风险环境的改善；②项目遵循治疗和预防两条主线延伸服务，分别针对服务项目目标人群和高风险人群开展服务；③项目的治疗服务和预防服务交叉，既通过治疗服务带动预防服务，给困境中的服务项目目标人群更好的社会支持，也通过预防服务促进治疗服务，做好困境中的服务项目目标人群的"及早发现、及时处理"工作。借助服务项目的交叉设计，社会工作者就能够保障那些经过微观辅导服务的服务项目目标人群在平时的生活中得到更有效的社会支持，减少反复的情况，同时，社会工作者又能够在更大的社区范围内发掘潜在的服务项目目标人群，及时做好预防工作，防止这些高风险人群情况的进一步恶化。

　　如果社会工作者希望针对边缘青少年开展专业服务，他就可以运用交叉设计的策略规划项目服务活动的安排。这样，社会工作者就需要依照两条主线来设计服务项目的具体活动。第一条主线是直接针对这些边缘青少年及其家庭开展微观辅导服务，在这些微观辅导服务基础上延伸出宏观的大型活动，如重阳节的敬老活动、助残日的公益活动等，加强这些边缘青少年的社会支持。由于这些边缘青少年平时很难找到，他们通常都是由司法机关、学校或者社区等单位转介而来的，这一方面给社会工作者的平时服务增加了难度，另一方面对微观辅导服务的深入提出了挑战，使项目的服务成效极易受限。因此，社会工作者在对这些边缘青少年开展辅导服务的同时，还需要开拓第二条项目服务的主线——预防为主的服务，即通过针对边缘青少年容易出现的高风险环境开展预防服务，及早发现那些高风险的青少年，并且针对他们采取及时必要的预防服务。如社会工作者可以根据这些边缘青少年的特点归纳出影响他们行动选择的重要环境因素，找到高风险的家庭，在平时针对这些家庭开展亲子教育和心理健康方面的活动，做好高风险家庭的预防工作，同时与这些高风险家庭建立良好的信任关系，以便及时找到高风险的青少年，在他们的问题还没有严重到出现偏差的时候就实施干预。相比较而言，这个时候的服务干预难度要小得多，成效也更明显。此外，社会工作者还需要根据服务的开展情况将直接针对边缘青少年的辅导服务与针对高风险家庭的预防服务结合起来，一方面帮助边缘青少年拓展成长改变的空间，在他们结束深度的微观辅导服务之后，可以继续获得社会工作者的支持；另一方面协助高风险家庭提升家庭抗逆力，扩展边缘青少年的社会支持网络。

与循环设计相比，交叉设计的最显著的特征是依据治疗和预防两条主线同时展开项目的服务，它既需要关注已经深陷困境的服务项目目标人群，也需要关注高风险的服务项目目标人群，围绕特定问题的解决将治疗服务与预防服务结合起来，相互促进，使治疗服务有良好的预防服务作为支撑，预防服务有精准的治疗服务作为保障，做到"第一时间、第一现场"实施社会工作的专业服务。

三 并行设计

并行设计是社会工作者在设计服务项目时经常采用的另一种策略，是专门针对两个以上的目标人群的服务项目而采取的设计策略，要求社会工作者在兼顾两个以上服务项目目标人群的发展要求时促进他们之间的相互支持，从而带动整个社区的发展。由于社区常常面临多种不同人群的发展要求，这就使社区的社会工作专业服务项目出现这样的情况，要求社会工作者在同一个服务项目中同时处理两个以上服务项目目标人群的发展要求，以保障服务项目在社区服务中有足够的人群覆盖面，提高项目服务的成效。尽管交叉设计也涉及两个以上的服务项目目标人群，但是它有一个非常明确的特定问题，围绕这个特定问题设计治疗和预防两条主线的服务。显然，这与并行设计不同，并行设计只提出需要服务的两个以上的服务项目目标人群，并没有明确的特定问题，它的设计逻辑如图4－4所示。

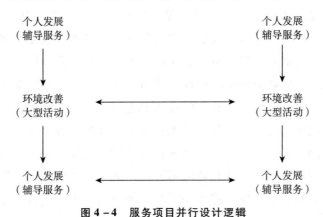

图4－4　服务项目并行设计逻辑

从图4－4可以看出，在并行设计中，社会工作者是依据相关服务项目目标人群的成长改变要求设计项目的服务活动安排的，每个服务项目目标人群的服务活动相对独立，它们只是在其中的某些环节交叉。就这种交叉的形式来说，服务项目通常有三种并行设计的方式：主辅式、同步式和交叉式。在主辅式的并行设计中，社会工作者需要将服务项目目标人群中的一个人群作为服务项目的主线，依照他们的成长改变要求策划服务项目的活动安排，设计思路就像单循环设计一样，而服务项目中其他人群的服务活动安排则作为这条主线的辅助，补充和丰富项目的主线服务活动安排。如果社会工作者需要针对某个社区同时开展老年人和残疾人的服务，此时，他可以采用主辅式的并行设计策略，针对社区中的老年人和残疾人进行需求评估，依据需求的紧迫性和重要性选择其中某个人群（如残疾人）作为服务项目的主线。在完成服务项目的主线设计之后，社会工作者可以将另一个服务人群（老年人）作为服务项目的副线，配合服务项目主线活动安排的开展。例如，社会工作者以残疾人为主线设计了残疾人能力提升的多层支持网络项目，可以把社区中的老年人作为残疾人支持网络的一部分融入服务项目中，特别是其中一些在居家保健和安全方面有经验的老年人，他们可以作为残疾人能力提升的重要支持力量。同样，如果社会工作者将社区中的老年人作为服务项目的主线，就可以把残疾人作为老年人服务项目的支持力量，融入整个服务项目的活动安排中。

并行设计的第二种常见形式是同步式，即社会工作者在设计服务项目时，不对服务项目目标人群做主次的区分，而是将他们完全作为各自独立的人群分别设计项目的服务活动安排，只有在这些人群同时出现的场合，才同时运用项目中不同服务人群各自的服务活动安排。还是以社区中的老年人和残疾人的服务项目为例，如果社会工作者计划采用同步式的并行设计策略，他就需要遵循单循环的设计逻辑分别针对社区中的老年人和残疾人设计项目的服务活动，并且从中挑选出老年人和残疾人同时出现的场合作为综合运用这两种服务项目活动安排之处。如同时有老年人和残疾人的家庭，或者同时需要老年人和残疾人参与的宏观大型活动等，社会工作者需要给予特别关注，针对这些特定场合中的老年人和残疾人的需要调整原有的服务项目的活动安排，将服务项目中的这两条不同主线的活动安排联结起来。

并行设计的第三种常见形式是交叉式，它是将第一种主辅式和第二种同步式整合成一体的并行设计形式，即首先按照主辅式的要求针对服务项目中的不同目标人群分别设计项目的服务活动安排，接着挑选出服务项目目标人群同时出现的场合，针对这些特定的场合调整服务项目的活动安排，将项目中的不同主线服务整合起来。为了便于比较，还是以社区中的老年人和残疾人的服务项目为例。针对这样的服务项目，社会工作者可以采用主辅式的并行设计分别针对社区中的老年人和残疾人策划两条主线的项目服务活动安排：一条以老年人为主，以残疾人为辅；另一条以残疾人为主，以老年人为辅。完成这两条主线的服务项目设计之后，社会工作者可以将这两条主线的项目服务活动整合起来，从中挑选出老年人和残疾人同时出现的场合，运用同步式的并行设计调整特定场合中的服务项目的活动安排，让两条主线的服务项目设计能够衔接起来。显然，交叉式的并行设计结合了主辅式和同步式的项目设计要求，因而它的项目设计思路更为复杂，对社会工作者的要求也就更高，需要社会工作者能够将服务项目中的不同目标人群的成长改变要求整合起来。

可见，在服务项目转接设计中，社会工作者常用的有三种服务项目的设计策略：循环设计、交叉设计和并行设计。其中，循环设计是基础，也是社会工作者最常用的服务项目转接设计的策略。其他两种服务项目转接设计策略都需要依托循环设计，是在循环设计基础上的改良。值得注意的是，循环设计和交叉设计都主要依据项目服务的主题来规划服务项目的活动安排，而并行设计则主要依据项目服务的人群来策划服务项目的活动安排。尽管从形式上它们很相似，如双循环设计和并行设计就很容易被混淆，但是实际上，它们的设计目标和起点都是不同的。

四　一个案例：老年人高风险预防项目

为了便于准确理解服务项目转接设计的策略，我们来看一看下面这个案例。这是一个在需求评估基础上设计出来的老年人高风险预防项目，服务项目的目标人群是社区中的高风险老年人，主要包括两类：独居的老年人和需要照顾残疾人的老年人。同时，服务项目还将社区中比较热心的积极老年人和老年照顾者以及普通老年人作为项目服务中的其他人群。这样，社会工作者就能够把服务项目目标人群与他们身边的其他人群联系起来，以便把高风险的老年人放到他们的日常生活中来规划项目的服务活动安排。整个服务项目的设计采用风险预防和支持网络建设两条思路：前者关注高风险老年人的预防能力提升，以家庭为服务的重点，是注重深度的辅导服务；后者注重老年人日常支持网络的建设，以社区为服务的焦点，是关注广度的大型活动。在支持网络的建设中，这个服务项目又将服务活动细分为两个层面：人际互助层面和社区层面。人际互助层面注重建立高风险老年人的邻里互助支持网络，而社区层面则侧重普通老年人的能力提升。显然，整个服务项目不仅具有清晰的服务项目目标人群，而且拥有清晰的服务层次。从服务项目的活动安排来说，整个服务项目既有针对服务项目目标人群的专项深入的辅导服务，也有惠及社区普通老年人的注重广度的大型活动。

这个老年人高风险预防项目采用的主要是单循环转接设计的策略，即通过高风险老年人微观辅导服务衔接邻里互助和社区大型活动，或者通过社区大型活动寻找骨干志愿者支持高风险老年人的微观辅导服务。这样，老年人高风险预防项目的微观辅导服务就能够与宏观大型活动相互转换，从而提高整个项目的服务成效。老年人高风险预防项目的服务转接设计如图4-5所示。

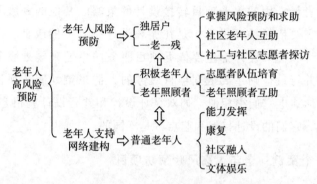

图4-5 老年人高风险预防项目的服务转接设计

尽管这个老年人高风险预防项目的基本设计逻辑是比较清晰的，但是只要进一步分析服务项目的具体活动安排就会发现，这个服务项目在活动安排上仍存在一些明显需要改善的地方，主要涉及四个方面。①目标人群的确定。整个项目把目标人群界定为两类，即独居的老年人和需要照顾残疾人的老年人，而实际上，这两类目标人群的风险预防能力的要求是不同的，前者关注自身的风险预防能力，后者注重整个家庭的风险预防能力。这样，整个项目在微观辅导服务的具体活动安排上就会遇到不小的困难，使服务项目活动安排很难具有清晰的焦点。②风险预防的服务。风险预防的服务通常有三种：发生预防、临界预防和日常预防。发生预防是训练服务项目目标人群如何处置危机，即危机事件发生后如何应对，应该先做什么、后做什么、联系谁。临界预防是训练服务项目目标人群怎样识别危机事件，做好规避的准备。日常预防则是帮助服务项目目标人群在日常生活中养成良好的风险预防的意识，减少风险发生的次数。③邻里互助的搭建。整个项目在邻里互助支持网络上分为两个层面：志愿者队伍培育和老年照顾者互助。这样的划分针对性不强，没有与服务项目目标人群的成长改变联结起来，需要根据服务项目目标人群的不同成长改变要求安排与之相匹配的邻里支持，如针对亲情需要，可以安排亲属和朋友的探访，而针对照顾经验的分享，可以设计老年人照顾者互助，等等。只有这样，邻里互助的支持网络才能与服务项目目标人群形成相互促进的良性循环圈。④社区层面的服务。整个项目在社区层面的活动安排包括能力发挥、康复、社区融入和文体娱乐四个方面，不仅这四个方面之间缺乏联系，而且整个社区层面的服务活动安排与服务项目目标人群的深度辅导服务之间的关系也模糊不清，使项目的风险预防的微观辅导服务与支持网络建设的宏观大型活动之间无法建立紧密的联系，从而导致项目缺乏整体性。可见，社会工作者在设计服务项目时，除了需要关注服务项目的基本逻辑框架之外，还需要细致考察服务项目的每一个活动安排，让它们之间相互支持，形成相互促进的有机整体。

第四节　服务项目转接设计的内在逻辑

由于服务项目通常涉及好几个服务人群，它的转接也就不只是服务项目的微观辅导服务与宏观大型活动相互联结那么简单，说到底，还与项目中不同服务人群之间的关系以及社会工作者对这种关系的理解相联系。因此，在服务项目的转接设计中，社会工作者需要通过微观辅导服务与宏观大型活动的转接审视其背后的项目服务人群之间的关系，了解他们在项目服务中到底有几种常见类型、不同类型的服务人群之间的关系怎样以及它们在整个服务项目的实施过程中又是如何变化的，从而揭示服务项目转接的内在逻辑。

一　服务项目的三种人群

尽管社会工作的服务项目针对的服务人群比较多，有时服务人群之间的差别也比较大，但是社会工作者可以根据服务人群在项目安排中的作用，将项目中的服务人群分为三种类型：目标人群、潜在人群以及合作人群[1]。目标人群是服务项目中需要改变的核心服务人群，是整个服务项目介入的

---

[1]　这种分类受到埃伦·平克斯（Allen Pincus）和安尼·明南汉（Anne Minahan）在1973年正式出版的《社会工作实践：模式和方法》（*Social Work Practice: Model and Method*）一书中提出的系统视角的社会工作的启发，他们把服务的目标人群称为目标系统，把实现目标人群改变的合作者称为行动系统，其中包括服务的潜在人群以及合作人群，参见 Pincus & Minahan（1973）。

焦点，也是衡量服务项目是否有效的关键；潜在人群是服务项目目标人群的重要他人，他们在服务项目目标人群改变过程中发挥重要支持作用，也是服务项目改变的重要目标之一；合作人群是服务项目目标人群改变过程中的合作者，他们通常只是作为服务项目活动安排的参与者，以保证服务项目活动安排顺利实施。与潜在人群不同，合作人群与服务项目目标人群的交往没有那么密切，而且形式上也更为正式，他们并不是服务项目目标人群日常生活中的重要他人，也不需要随着服务项目目标人群的改变而改变，只是作为服务项目目标人群改变过程中的一般支持者，为服务项目目标人群的改变创造良好的支持环境。

一个好的社会工作专业服务项目需要有明确的服务项目的目标人群，这个人群越明确，服务项目的焦点也就越清楚，人们也就越明了这个项目是针对谁设计的。这样，整个服务项目的主线也就能够明确下来。无论服务项目活动内容多么丰富、形式多么不同，它们都需要围绕服务项目目标人群这个焦点展开。像"共享蓝天"流动儿童综合服务项目就是一个典型的例子，这样的服务项目尽管有一个初步的服务人群——流动儿童，但是由于这个服务人群范围太宽，很容易出现这样一个结果：无法明确这个服务人群面临的具体困难。这样，服务项目也就缺乏明确的服务焦点。如果社会工作者希望明确"共享蓝天"流动儿童综合服务项目的服务焦点，他就需要进一步深入分析这些流动儿童的成长改变要求，了解其中哪类流动儿童的需求最为迫切，把这类成长改变需求最为迫切的流动儿童作为服务项目的目标人群。例如，社会工作者发现这些流动儿童学习困难最为突出，他就可以把这个服务项目改为"共享蓝天"学困流动儿童综合服务项目。

一旦社会工作者明确了服务项目的目标人群，他接着需要确定服务项目的潜在人群。针对同样的服务项目目标人群，如果社会工作者选择了不同的潜在人群，这就意味着整个服务项目的服务重点不同。例如，对于"共享蓝天"学困流动儿童综合服务项目，社会工作者既可以选择这些学困流动儿童的父母作为服务项目的潜在人群，也可以把这些学困流动儿童同伴中学习优秀的选择出来作为服务项目的潜在人群。如果社会工作者选择的是前者，这个服务项目就属于亲子关系方面的服务，它的服务重点是帮助这些学困流动儿童解决学习中的亲子沟通问题，以提升这些学困流动儿童应对学习困境的能力；如果社会工作者选择的是后者，这个服务项目就属于同伴学习的服务，它的服务重点是帮助这些学困流动儿童提升同伴学习能力，目的也是提升这些学困流动儿童应对学习困境的能力。当然，为了提高服务项目的成效，社会工作者可以将亲子沟通与同伴学习结合起来。不过，这时的服务项目的潜在人群就有了两类，即这些学困流动儿童的父母和他们身边学习优秀的同伴。

在明确了服务项目的目标人群和潜在人群之后，社会工作者还需要确定合作人群。合作人群的主要作用是在服务项目的社会层面上延伸项目服务的广度，这样做除了扩展服务项目目标人群的社会支持之外，还能够增强服务项目在社会层面的丰富性和综合性，比较符合目前中国社区工作面临的多人群和综合性的要求。例如，针对关注亲子沟通的"共享蓝天"学困流动儿童综合服务项目，社会工作者可以在社区中寻找志愿者，建立一支社区志愿者队伍，协助学困流动儿童父母做好亲子沟通。社区志愿者既可以是专家（退休的教师），专门指导学困流动儿童父母如何与孩子进行良好的沟通，也可以是社区中的一般志愿者，与学困流动儿童家庭做好一对一的结对帮扶。显然，这两种合作人群的功能定位是不同的：前者把合作人群作为学困流动儿童家庭的社会支持，以提升学困流动儿童家庭的亲子沟通能力；后者把合作人群视为整个学困流动儿童家庭的社会支持，目的是帮助学困流动儿童家庭扩展社会层面的社会支持。

显然，在服务项目的三种人群中，目标人群是整个服务项目的核心，也是社会工作者确定服务项目潜在人群以及合作人群的依据。在通过服务项目目标人群确定潜在人群和合作人群的过程中，社会工作者还需要明确服务项目目标人群需要解决的问题，找到影响这个问题解决的服务项目目标人群身边的潜在人群以及合作人群，并且借助服务项目的形式将他们的改变力量整合起来。例如，社会工作者希望设计一个社区慢性病老年人的服务项目，如果发现这些社区慢性病老年人面临的主要困难是日常居家照顾，他就需要把这些社区慢性病老年人的日常起居的主要照顾者（老伴、子女、保姆等）作为服务项目的潜在人群，把这些社区慢性病老年人居家照顾的支持者（朋友、邻居、社区志愿者等）作为服务项目的合作人群。这样，借助社区慢性病老年人的服务项目，社会工作者就能够挖掘和整合社区慢性病老年人、主要照顾者以及支持者的能力，解决社区慢性病老年人面临的居家照顾的困难。如果社会工作者发现这些社区慢性病老年人面临的主要问题是由代际关系疏离带来的孤独感，他就需要将那些产生孤独感的社区慢性病老年人的子女或者孙辈作为服务项目的潜在人群，而把社区中的其他老年人作为合作者，加强他们与这些社区慢性病老年人的情感交流。可见，只要日常生活中出现了问题，针对这个问题就会形成三种类型的人群：①直接受害者，他们直接受到问题的伤害，是服务项目的目标人群；②直接影响者，他们因直接受到问题的影响而生活负担增加，是服务项目的潜在人群；③间接影响者，他们受到问题的间接影响，支持问题的解决，是服务项目的合作人群。正是因为如此，社会工作者在将微观辅导服务与宏观大型活动联结的过程中，也就不能局限于服务项目活动形式的变化，而需要重点关注这一过程所呈现的服务项目三种人群之间关系的变化，审视这样的联结和整合是否有利于服务项目目标人群的问题解决。

二　服务项目转接设计中的三种思维方式

如何将服务项目中的目标人群、潜在人群、合作人群这三种人群的改变力量整合起来，是服务项目转接设计的核心，因为只有这样思考服务项目转接设计的逻辑时，社会工作者才能真正使项目服务的成效得到提升。这样，社会工作者也就需要梳理对服务项目三种人群之间关系的理解方式，以便找到服务项目转接设计的内在逻辑。为了便于理解，这里只选取服务项目的目标人群和潜在人群作为考察对象。根据对服务项目这两种人群之间关系的把握，社会工作者可以把服务项目转接设计的思维方式分为三种常见的类型，即直线思维、生态思维和关联思维。

第一种服务项目转接设计的思维方式是直线思维，即社会工作者把服务项目的焦点锁定在服务项目目标人群的改变上，仅仅将潜在人群视为服务项目的资源，以协助自己带动服务项目目标人群实现改变的目标。这样，社会工作者只有一个需要服务的人群，即服务项目的目标人群，而潜在人群是帮助服务项目目标人群达成改变目标的手段，整个服务项目的转接设计是帮助服务项目目标人群找到一条达到目标的最简洁的直线。例如，社会工作者希望设计一个半失能老年人的居家照顾项目，目的是帮助这些行动不便的老年人解决日常起居的困难以及因长期生病而产生的精神压力。如果依照直线思维的方式，社会工作者在确定了这些半失能老年人的问题之后，就需要寻找他们身边的照顾者作为这个服务项目的潜在人群，提高这些照顾者的照顾技能以及与半失能老年人沟通的能力。显然，在这样的服务项目转接设计中，社会工作者只是把照顾者作为半失能老年人改变的资源，他的关注焦点只有一个，就是这些半失能老年人如何改变。如果用图来说明这种直线思维方式的服务项目转接设计，它的基本逻辑如图4-6所示。

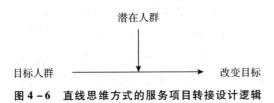

图4-6 直线思维方式的服务项目转接设计逻辑

如果依照图4-6所示的直线思维方式设计服务项目，社会工作者就会发现，这种设计尽管能够准确聚焦项目的服务目标，挖掘服务项目目标人群拥有的资源，帮助服务项目目标人群快速实现改变，但是这样的服务设计方式极易加剧服务项目目标人群与潜在人群之间的冲突。因为通常情况下服务项目的潜在人群已经在日常生活中承担了本应由目标人群承担的责任，如果这个时候社会工作者一味地要求照顾者花费更多的时间和精力照顾身边的半失能老年人，而不去考虑照顾者本身承受的巨大照顾压力和内心的感受，只会进一步增加照顾者的负担，甚至迫使照顾者产生强烈的抵触情绪。因此，社会工作者在使用服务项目转接设计的直线思维方式时，需要随时注意服务项目潜在人群感受到的生活压力和内心的情绪变化，避免因只强调服务项目目标人群的成长改变要求而忽视潜在人群的内心感受和需求。

第二种服务项目转接设计的思维方式是以关系事实为基础的生态思维，它关注服务项目目标人群和潜在人群在解决面临的问题过程中朝什么方向变化，以及两者在变化的过程中是如何相互影响的，以保障两者的成长改变能够相互协调、平衡发展。生态思维与直线思维的最大区别在于，社会工作者对待服务项目潜在人群的方式不同。在直线思维中，潜在人群只是作为帮助目标人群实现改变的资源；而在生态思维中，潜在人群则被视为与目标人群一样具有自身成长改变要求的主体。这样，依照生态思维方式设计的服务项目在微观辅导服务与宏观大型活动转接过程中就具有了两条成长改变的主线：一条是服务项目目标人群的；另一条是服务项目潜在人群的。这两条主线交织在一起，相互促进。还是以半失能老年人的居家照顾项目为例，如果从生态思维出发，社会工作者在帮助半失能老年人应对日常起居中的困难以及因长期生病而产生的精神压力的过程中，需要让这些半失能老年人了解照顾者的困难之处，促进他们与照顾者之间的沟通，提升他们的沟通能力，减少他们给照顾者造成的压力。同时，社会工作者还需要转换到照顾者的角度，协助照顾者了解在帮助半失能老年人应对日常起居中的困难和精神压力过程中的主要困惑，从照顾者的成长改变要求出发，缓解他们的照顾压力，帮助他们寻找周围他人的社会支持，提升他们的照顾能力以及合理安排自己生活的能力。显然，这样设计服务项目的转接活动就能够让半失能老年人与照顾者之间形成相互影响的循环圈，只要半失能老年人的沟通能力提升，就会带动照顾者的成长改变；而照顾者的照顾能力提升，反过来又会影响半失能老年人的成长改变。通过这样的相互影响，社会工作者能够将微小的改变转变成大的改变。不过，对于社会工作者来说，他也就有了与直线思维方式设计服务项目不同的任务，除了将目标人群的改变与潜在人群的改变联结起来之外，还需要随时转换到双方各自的角度引导他们调整自己的应对方式，促进双方之间的沟通与合作。生态思维方式的服务项目转接设计的逻辑如图 4 - 7 所示。

图 4 - 7　生态思维方式的服务项目转接设计逻辑

　　仔细比较服务项目转接设计的直线思维图与生态思维图可以发现，生态思维方式的服务项目转接设计是从两个维度考察服务项目目标人群的成长改变要求的，即问题解决的维度和人际沟通的维度。它假设，服务项目目标人群的任何成长改变都离不开与周围他人的沟通交流。这样，社会工作者在推动服务项目目标人群的成长改变过程中，就不能把潜在人群作为他们自身成长改变的资源，而是作为目标人群的沟通对象，一起寻找问题解决的方法。同样，社会工作者在规划服务项目潜在人群的活动安排时，也需要站在潜在人群的角度，把服务项目目标人群视为沟通的对象，与他们一起寻找问题解决的方法。因此，社会工作者在运用生态思维方式设计服务项目的转接活动安排时，同时具有目标人群和潜在人群两个着力点和两条主线，即在聚焦于目标人群的成长改变时，同时考虑潜在人群会怎么变化以及如何相互配合，在聚焦于潜在人群的成长改变时也是一样，两者相互影响、相互促进，形成积极影响的循环圈。

第三种服务项目转接设计的思维方式是关联思维，这种思维方式虽然仍以生态思维为基础，但是它在此基础上增添了社会建构的逻辑，强调服务项目目标人群与潜在人群的沟通过程也是潜在人群影响目标人群的过程，沟通永远是双向的、相互关联的，不存在"谁影响谁"这种单向的逻辑，因此，社会工作者在设计服务项目的转接活动时，也就需要直接关注服务项目目标人群在问题的困境中与潜在人群的沟通方式，了解这种沟通方式的成效在哪里，其中哪些是有效的、哪些是无效的，从而找到沟通方式中可以改善的空间，目的是通过改善目前的沟通交流方式来提高服务项目目标人群与潜在人群之间的沟通成效。还是以半失能老年人的居家照顾项目为例，如果社会工作者希望通过改善半失能老年人与照顾者的沟通状况来提升半失能老年人应对日常生活起居和精神压力的能力，他就首先需要了解之前半失能老年人是如何与照顾者沟通的，其中哪些方式有成效、哪些方式没有成效。之后，社会工作者可以在此基础上设计改善半失能老年人与照顾者沟通方式的活动安排，通过调整之前的沟通方式帮助半失能老年人找到更有效的与照顾者沟通的方式。可见，关联思维方式的服务项目转接设计与生态思维方式不同，它不是关注谁与谁沟通或者谁与谁交流，而是关注相互沟通的方式，并且通过更有效的沟通方式的寻找，帮助服务项目目标人群或者潜在人群提升问题困境中的应对能力。值得注意的是，关联思维方式设计的服务项目转接活动是优势取向的，它要求社会工作者不论服务项目目标人群或者潜在人群面临什么困难，他们的应对方式如何无效，都首先接纳他们，站在他们的角度了解他们的应对方式，挖掘其中有效的，调整其中无效的，从而提升他们在问题困境中的应对能力，而不是实现社会工作者所希望的某种理想的生活方式。关联思维方式的服务项目转接设计的逻辑如图4-8所示。

从图4-8中可以看出，服务项目目标人群在问题困境中常常涉及两个方面沟通的紧张：一是与潜在人群的人际沟通；二是与自己身体的自我沟

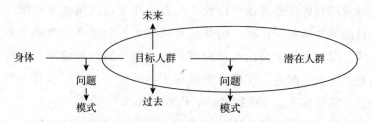

图 4 - 8   关联思维方式的服务项目转接设计逻辑

通。前者关乎人际（社会）层面的影响，呈现社会人的特征；后者关乎生理层面的影响，呈现生命有机体的特征。值得注意的是，这两个方面并不是割裂的，它们经常纠缠在一起，相互影响。当服务项目目标人群与身边潜在人群的沟通处于冲突状态时，他们感受到的压力就会增加，身体的一些不适反应也会随之出现；同样，当服务项目目标人群的身体状况不太好的时候，他们对人际冲突的忍耐程度就会降低，极易将身体的不适转变成人际的冲突。这样，在问题困境中服务项目目标人群的生理层面的沟通就与人际层面的沟通紧密联系在一起，形成服务项目目标人群独特的身体 - 人际的沟通方式。[①] 因此，社会工作者在考察服务项目目标人群遭遇的困扰时，就不能仅仅关注他们与身边潜在人群的沟通方式，同时还需要考察他们与自己身体的沟通方式，特别是这两种沟通方式之间如何相互影响，从而找到改善服务项目目标人群在问题困境中的身体 - 人际的沟通方式，避免使两者陷入恶性循环。在关联思维方式看来，社会工作者在设计服务项目转接活动安排时，除了需要关注服务项目目标人群的身体 - 人际的横向沟通之外，还需要关注他们自身的纵向沟通，即时间维度的交流，因为服务项目目标人群的任何横向沟通，都需要他们在过去的经验中找到应对的线索，明确未来怎么办。如果服务项目目标人群在过去的经验中找不到继续前行的线索，他们就会对未来感到迷茫，甚至绝望。显然，对未来发展的迷茫又会影响服务项目目标人群的横向沟通。服务项目目标人群就是这样，他们的沟通交流处在特定的时空，与横向的身体和人际（社会）以及纵向的过去和未来紧密关联。

与生态思维方式相比，关联思维方式吸纳了身体的元素，增加了服务

[①] 社会工作一直关注人际层面和社会层面的沟通，忽视人与身体的对话交流，对此，女性主义和社会学有很深入的讨论，参见 Simons（2010）和 Phillips（2007）。

项目目标人群与自己身体的自我沟通，让社会工作者开展的专业服务能够真正扎根于服务项目目标人群的日常生活。这样，对身体经验的考察也就成为社会工作专业服务不可忽视的内容，特别是身体的不适和病痛的经验，直接影响人们的人际沟通，是人们成长改变空间拓展的重要方面。还是以半失能老年人居家照顾项目为例，如果社会工作者采用关联思维方式设计服务项目的转接活动，除了需要关注这些半失能老年人与照顾者的沟通方式之外，还需要关注他们的身体经验，如身体有哪些不适和病痛，是否有并发症，服用什么药物，这些药物有什么副作用以及日常起居需要注意什么，等等。只有这样，社会工作者才能够对这些半失能老年人在日常居家生活中遭遇到的困扰有更深层次的理解。同样，针对照顾者，尤其是老老照顾方式中的照顾者，他们常常患有一些慢性病，也需要有疾病管理的能力，特别是在长期照顾的巨大压力下，这种疾病管理的能力显得尤为重要。因此，社会工作者在针对半失能老年人的照顾者设计服务项目的转接活动安排时，需要把照顾者的身体经验作为重要的考察内容融入服务项目的需求评估和方案设计中。否则，面对这种有着健康方面困扰的服务人群，社会工作者设计的服务项目很难取得明显的服务成效，甚至还可能与服务项目目标人群或者潜在人群产生直接的冲突，因为这时，服务项目目标人群和潜在人群都直接感受到了来自身体健康方面的压力，而社会工作者却忽视了他们的这方面要求。当身体的元素作为服务项目重要考察的内容时，它也给社会工作者提供了更宽阔的服务介入空间，让社会工作者能够从服务项目目标人群的身体经验入手拓宽他们成长改变的空间。

当社会工作者面对服务项目的转接设计时，他可以按照直线思维、生态思维和关联思维这三种思维方式规划服务项目的活动安排。其实，这三种服务项目转接设计的思维方式的差别主要体现在对待潜在人群的态度上。如果社会工作者把潜在人群作为服务项目目标人群成长改变的一种资源，他运用的就是直线思维方式；如果社会工作者把潜在人群视为与服务项目目标人群一样有着自己成长改变要求的人，他采用的就是生态思维方式；如果社会工作者把潜在人群当作与服务项目目标人群交错影响中的人，他应用的就是关联思维方式。与直线思维方式和生态思维方式不同，关联思维方式把关注的焦点放在了沟通交流的方式上，强调服务项目目标人群的沟通是一种特定时空条件下的沟通，既涉及横向的身体－人际沟通，也涉及纵向的过去和未来的沟通。这样，社会工作者在服务项目的转接设计中就需要重点考察两个方面的内容：①生态系统视角，即把服务项目目标人群与周围他人（包括自己的身体）视为一种生态系统，注重生态系统中不同主体之间的相互影响；②应对方式，即把关注的焦点集中在不同主体之间如何应对上，通过应对成效的考察和应对方式的调整改善不同主体之间的沟通交流状况。

三 服务项目转接设计中的四种逻辑安排

如果采用生态系统视角理解服务项目的活动安排，社会工作者就会发现，只要服务项目中任何一个人群发生了改变，这种变化就会影响服务项目中的其他人群，从而导致整个服务项目的变化。这样，社会工作者在设计服务项目的转接活动时，就不能只关注服务项目目标人群的变化，还需要时刻留意服务项目潜在人群的变化，而且需要把两者的变化放在生态系统视角的框架下考察他们是如何相互影响的，从而确定整个服务项目的走向。因此，服务项目转接设计中的逻辑安排不仅与服务项目中任何一个人群的变化有关，而且与服务项目中的不同人群相互影响的方式有联系。就服务项目目标人群与潜在人群之间的转换而言，社会工作者在服务项目转接设计中通常会遭遇四种情况，即服务项目转接设计中的四种逻辑安排：目标人群—潜在人群—目标人群、目标人群—潜在人群—潜在人群、潜在人群—目标人群—目标人群以及潜在人群—目标人群—潜在人群（见图4-9）。

逻辑安排1	逻辑安排2	逻辑安排3	逻辑安排4
目标人群	目标人群	潜在人群	潜在人群
↓	↓	↓	↓
潜在人群	潜在人群	目标人群	目标人群
↓	↓	↓	↓
目标人群	潜在人群	目标人群	潜在人群

图4-9 服务项目转接设计的逻辑安排

在第一种服务项目转接设计的逻辑安排中，社会工作者首先从服务项目的目标人群入手，聚焦于目标人群的问题解决能力的提升。一旦目标人群发生了一点改变，社会工作者就需要仔细留意他们身边的潜在人群的变化，看潜在人群是否注意到目标人群的变化、是否做出了相应的调整以支持目标人群的改变。这时，社会工作者的关注焦点需要从服务项目目标人群身上暂时移开，转向潜在人群，帮助他们配合目标人群的改变做出同步的调整。一旦服务项目潜在人群根据目标人群的改变做出了相应的调整，并且给予目标人群必要的社会支持，社会工作者就需要将关注焦点再次从潜在人群身上转移到目标人群身上，协助目标人群根据潜在人群的调整做出进一步的改变规划。这样，整个服务项目就能够依据目标人群与潜在人群相互循环影响的规律逐步推进，避免因过分强调目标人群或者潜在人群的改变而导致冲突加剧。例如，社会工作者计划设计一个有关慢性病老年人的居家照顾项目，如果社会工作者在服务项目的转接设计中首先从慢性病老年人入手，他就需要帮助这些慢性病老年人学习慢性病的管理知识，了解就医的注意事项。一旦这些慢性病老年人学完了这些知识并开始在生活中尝试，社会工作者就需要留意这些慢性病老年人的家庭照顾者的反应，了解这些家庭照顾者是否发现慢性病老年人的变化、是否在支持他们改变的过程中遇到一些困难。对于其中遇到困难或者没有发现慢性病老年人变化的家庭照顾者，社会工作者需要及时给予帮助，协助他们根据慢性病老年人的变化做出相应的调整。而这些家庭照顾者做出调整之后，社会工作者需要再次把关注焦点放在慢性病老年人身上，协助他们根据照顾者的调整安排下一步的改变计划。这样，慢性病老年人的改变就能够与家庭照顾者的改变衔接起来，相互促进，形成积极改变的循环圈。

　　与第一种服务项目转接设计的逻辑安排相似，第二种服务项目转接设计的逻辑安排也是从服务项目的目标人群入手的，在目标人群发生了一点改变后，服务项目的关注焦点才转向目标人群身边的潜在人群，了解潜在人群是否注意到目标人群的改变以及如何做出调整配合目标人群的改变，并且协助潜在人群根据目标人群的改变及时做出积极的回应。完成这两步工作之后，第二种服务项目转接设计的逻辑安排就与第一种逻辑安排不同了，不是再把焦点放到服务项目目标人群身上，并关注他们下一步的改变安排，而是继续挖掘潜在人群，因为目标人群身边的潜在人群的精力和能力有限，无法完全依靠这些潜在人群给予目标人群必要的社会支持。除了目标人群需要潜在人群的社会支持之外，潜在人群之间也需要相互支持。由此，服务项目也就变成了多个潜在人群社会支持的服务。还是以慢性病老年人的居家照顾项目为例，社会工作者在跟进这些慢性病老年人的服务过程中发现，他们很多采用的是老老照顾的方式，他们的家庭照顾者也是老年人，也患有慢性病。针对这样的情况，仅仅依靠慢性病老年人之间的相互照顾，这样做的风险是很高的。因此，社会工作者就不能继续采用第一种服务项目转接设计的逻辑安排，而需要根据家庭照顾者的成长改变要求进一步挖掘服务项目的潜在人群，以便给予患有慢性病的家庭照顾者必要的社会支持，如慢性病老年人的亲属和朋友，他们就是服务项目深化过程中的很好的潜在人群。

第三种服务项目转接设计的逻辑安排与第一、第二种不同，社会工作者首先从服务项目的潜在人群入手，通过潜在人群的改变寻找到目标人群。一旦目标人群出现改变，社会工作者就会根据目标人群的已有改变协助他们明确进一步改变的目标，并且帮助他们做好下一步改变的安排。通常情况下，目标人群前后两次改变的目标类型是不同的：前一个是治疗的，下一个就是预防的；前一个是预防的，下一个就是治疗的。这样，社会工作者就能够针对服务项目目标人群的成长改变要求开展逐层深入的服务。为了便于比较和说明，还是以慢性病老年人的居家照顾项目为例。如果社会工作者发现，这些慢性病老年人因为行动不便，平时很少参加社区组织的活动，他可以先从这些慢性病老年人的照顾者和其他亲友入手，开展有关老年人慢性病管理和保健方面的课程，锁定慢性病老年人居家照顾项目的潜在人群。一旦确定了这个服务项目的潜在人群，社会工作者就可以通过入户服务找到这些行动不便的慢性病老年人，开展慢性病老年人的疾病管理和保健服务，同时协助照顾者提高慢性病的居家照顾能力。等疾病管理和保健服务取得一些明显成效后，社会工作者需要跟进慢性病老年人的成长改变要求进一步拓展慢性病老年人的居家照顾项目，将服务项目的焦点转向未来风险的管理，如并发症的识别与应对等，让慢性病老年人的居家照顾项目有更深入的服务成效。

第四种服务项目转接设计的逻辑安排与第三种相似，社会工作者也是从服务项目的潜在人群入手的，通过对潜在人群的服务逐渐锁定目标人群。两者的不同之处在于，社会工作者一旦明确了服务项目目标人群并且针对他们的成长改变要求开展了专业服务，就需要再次转变服务焦点，跟随服务项目目标人群的改变步伐将改变的焦点集中在潜在人群上，协助潜在人群做好进一步的改变安排。还是以慢性病老年人的居家照顾项目为例来说明第四种服务项目转接设计的逻辑。如果社会工作者通过服务慢性病老年人的照顾者和亲友找到了这些行动不便的慢性病老年人，并且针对他们的疾病管理和保健要求开展了专业服务，他除了需要观察这些行动不便的慢性病老年人的变化之外，还需要留意他们身边的照顾者的内心感受和改变要求。一旦社会工作者发现，这些行动不便的慢性病老年人的改变对照顾者提出更多的照顾要求，如规范服药的监督、血压和血糖的监测以及日常起居的照顾等，此时他就需要转变服务的焦点，转向协助这些慢性病老年人的照顾者学习新的慢性病居家照顾技能。

通过对上述四种服务项目转接设计的逻辑安排的介绍可以发现，社会工作者在日常生活场景中规划服务项目的转接活动安排时，需要遵守以下两项重要原则：第一，关联原则，即社会工作者不能采用直线思维方式规划服务项目的转接活动，不能自始至终都以服务项目中的目标人群为服务焦点，而需要同时关注服务项目目标人群和潜在人群的变化以及他们之间的相互影响，在相互影响的过程中找到下一阶段服务项目的焦点问题和焦点人群，推动服务项目的逐步展开，使服务项目的目标人群与潜在人群一同成长改变，相互促进；第二，优势原则，即社会工作者不能采用"需要－满足"的逻辑开展专业服务，也不能只盯着问题，而需要关注最容易改变的人和最容易改变的事，从这些改变的优势入手，逐步提升项目服务人群的问题解决能力。依据这两项原则，社会工作者就能够在服务项目转接设计中厘清服务的线索，合理安排不同类型的服务活动，让各个不同服务活动自然地衔接起来。

简而言之，服务项目转接设计的核心是考察服务项目通常涉及的目标人群、潜在人群、合作人群这三种人群的状况以及相互之间的关系。尽管在服务项目转接设计中社会工作者可以依据直线思维、生态思维和关联思维这三种思维方式对服务项目目标人群和潜在人群进行不同方式的组合，但是在日常生活场景中社会工作者需要重点关注关联原则和优势原则的运用，灵活转换微观辅导服务和宏观大型活动，带动服务项目目标人群和潜在人群一起改变。

第五章　服务项目设计的累加性：
巩固服务成效

除了针对性、结构性和转接性之外，服务项目设计还有另一个重要的要求，就是累加性，因为通常而言服务项目设计不同于服务活动设计，它的时间跨度比较大，由多个服务活动组合而成。这样，对于服务项目而言，它的服务成效就有了一个逐次、逐层累加的要求，不是各个活动成效的简单相加。服务项目设计的累加性意味着，服务项目的活动安排是以成效为导向的，不是为了活动的规范而规范，也不是为了活动的专业而专业，它需要从项目的服务人群（主要包括目标人群和潜在人群）出发，通过协助他们解决面临的实际问题真正实现生活的改变。[①] 特别是在社区的日常生活场景中开展服务项目，项目服务人群的任何改变都与他们的日常生活的变化紧密联系在一起，因而日常生活中的实际问题的解决也就显得更为重要。

第一节　服务活动设计与服务项目设计

要想提升服务项目的成效，社会工作者需要了解服务活动设计与服务项目设计之间的差别，因为服务项目设计，说到底，也是对服务活动如何安排的考察，所以人们常常将两者混淆起来。实际上，仔细观察就会发现，服务活动设计关注的是每项活动本身的安排，例如，个案辅导就是针对某个个案开展连续服务的过程，小组活动就是针对一群小组成员组织系列活动的过程，社区活动则是针对社区中的某类或者某几类人群开展大型活动

---

① 专业服务中的专业性与合法性是不同的：前者关注服务提供者自身的专业标准；后者注重服务利益相关方的认可。对于生活场景中开展专业服务的本土社会工作者来说，他除了需要关注服务的专业性之外，更需要关注服务的合法性。

的过程。服务项目设计就不同了，它重点关注的不是哪个活动如何策划，而是项目服务人群如何改变。正是因为如此，从形式上看，服务项目设计与服务活动设计相似，都是关于活动怎么安排，但它们的设计逻辑却是完全不同的。

一　服务活动设计与服务项目设计的基本逻辑

走进社区，社会工作者就会发现，社区每年都要举办很多服务活动。在这些服务活动中，有些常常重复出现，例如，给高龄老人送温暖、关爱残疾家庭、组织社区义诊、开展儿童"四点半"课堂，等等；有些则是一次性的特殊活动，例如，社区广场舞比赛、亲子趣味运动会、爱心募捐，等等；有些则被组合在一起，成为一段时间的系列活动，例如，重阳节敬老月、暑期夏令营、国庆宣传月，等等。不管上述哪种活动，这些服务活动的组织都有一个共同的特点，就是只关注服务活动本身是否能够顺利完成，不仅活动与活动之间缺乏紧密的联系，而且活动的重复现象严重，导致服务活动既缺乏明确的目标人群和需要解决的问题，又缺乏明显的服务成效，使服务活动常常流于形式，追求热闹、声势浩大。因此，按照这样的逻辑组织的服务活动，尽管社区投入了大量的时间、精力和资源，但参与的居民最多只是在单次服务活动中有所收获，很难谈得上这样的服务成效能够在之后的其他服务活动的开展过程中得到积累和扩展。显然，这种以单个服务活动为单位设计的活动安排，是依据服务活动本身的要素和流程来设计的，并不关注服务活动与服务活动之间的联系。这种设计就被称为服务活动设计。如果社会工作者按照服务活动设计的逻辑安排服务项目，就会在时间和空间上延伸单个服务活动，例如，同样的服务活动在不同的时间，或者同一时间的不同地点出现，以扩大服务活动的声势。

与服务活动设计的基本逻辑不同，服务项目设计的关注焦点不是服务活动本身，而是服务项目目标人群自身的成长改变，服务活动只是作为促进服务项目目标人群成长改变的工具。这样，服务项目目标人群到底在日常生活中遇到什么困难、这些困难如何能够得到解决以及问题解决过程到底给服务项目目标人群带来什么成长改变等，这些方面就成为社会工作者关注的焦点。这样的服务活动设计是以服务项目目标人群的成长改变成效为导向的，它以整个服务项目为单位，根据服务项目的时间跨度和空间维度有意识地安排服务活动，以便有效促进服务项目目标人群的成长改变。显然，这样的服务活动设计是以整个服务项目为单位的，目的在于提升整个服务项目的服务成效，它被称为服务项目设计。服务活动设计和服务项目设计的基本逻辑如图5-1所示。

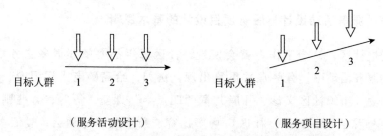

目标人群　　1　　2　　3　　　　　目标人群　　1　　2　　3

（服务活动设计）　　　　　　　（服务项目设计）

图5-1　服务活动设计与服务项目设计的基本逻辑

仔细对比图5-1中的服务活动设计与服务项目设计的基本逻辑就可以发现，这两种服务设计的根本差别就在于对服务项目目标人群的理解：前者以"需求-满足"的逻辑理解服务项目目标人群，视他们为生物有机体，它的服务成效表现为服务项目目标人群的满意度；后者以"能力-提升"的逻辑考察服务项目目标人群，把他们视为能够通过学习不断寻求成长改变的人，它的服务成效表现为服务项目目标人群的成长改变。可见，服务项目设计的基本逻辑与服务活动设计的基本逻辑是根本不同的，它相信每个人都有内在的成长改变意愿和能力，尽管每个人的成长改变意愿和能力各不相同，但是只要给予一定的环境条件，其就能获得成长和改变。相应地，问题这个概念对服务项目设计来说就有了非常重要的作用，因为当服务项目目标人群深陷困境时，他们有了重新审视自己生活经验的机会，愿意停下生活的脚步探索问题解决的方法，从而找到成长改变的途径。

值得注意的是，中国社会工作者的工作场所通常在社区，因而依照服务项目设计的基本逻辑安排服务活动比较有利。这样做，一方面能够通过日常生活中的问题界定找到项目服务的焦点，明确项目服务的目标和任务，避免使社会工作服务介入过度，如夸大服务项目目标人群的问题，视问题为异常，或者使社会工作服务介入不足，如只关注服务项目目标人群的优势；另一方面能够借助问题的解决协助服务项目目标人群提高对日常生活的把控能力，实现服务项目目标人群的增能，避免使社会工作服务介入出现不是过分关注个人就是过分关注环境的现象，割裂个人与环境之间的内在关联以及相互转化的动力关系。

二　服务活动设计与服务项目设计的异同

明确了服务活动设计与服务项目设计在逻辑上的差别之后，社会工作者能够把握两者的定位。就服务活动设计而言，它只关注服务活动怎么安排。如果社会工作者按照这种方式设计服务活动，就会不自觉地采用类型化的思维方式，将服务项目目标人群因遭遇问题而出现的需求从日常生活中抽离出来，只针对这些需求开展服务，关注服务活动本身的标准化和规范化。从服务活动设计来看，明确界定服务项目目标人群遭遇到的问题非常重要，由此可以划分出清晰的服务界限，从而确定需要帮助修补的内容。尽管服务项目设计也像服务活动设计一样需要清晰界定服务项目目标人群遭遇到的问题，也把这一界定作为划分服务界限的标准，但是它把问题视为一种生活的状态，而不是需要帮助修补的内容。服务项目设计强调，正是在这样一种生活状态中服务项目目标人群无法再按照以往的行动方式应对日常生活中遭遇到的问题，因而也就有了改变自己的机会，以便能够找到更有效的行动应对方式，改善目前的生活状况。显然，对于服务项目设计来说，问题只是个人成长改变的契机，它是社会工作者帮助服务项目目标人群调整生活状态、寻找成长改变途径过程中必不可少的着手点。

相应地，服务活动设计与服务项目设计的目标也就存在明显的差别，前者关注服务活动是否按照预先制定的标准顺利实施，包括程序是否科学、方法是否恰当以及过程管理是否有效等；后者关注服务项目的活动安排是否能够利用服务场景中提供的机会充分挖掘服务项目目标人群的能力和资源，提升他们的行动应对能力，涉及场景是否融入、能力是否运用、资源是否发掘以及过程反思是否及时等。显然，服务活动设计采取的是一种实证思维方式，目的是保证服务活动设计符合科学性和客观性的标准。而服务项目设计不同，它把服务项目目标人群放在日常生活中来考察，注重人与环境之间相互影响、相互转换的关系，采取的是一种交互影响的增能思维方式，目的是通过服务项目的活动安排提升服务项目目标人群在特定日常生活场景中的生活把控能力。值得注意的是，尽管服务项目设计关注服务项目目标人群与环境之间的交互影响以及他们自身的主观经验，但是这并不意味着服务项目设计是主观的,纯粹依赖个人的灵感,不需要科学性和客观性。实际上,服务项目设计也追求科学性和客观性,并且把它们作为考察服务项目合理的最重要标准,只不过,服务项目设计所说的科学性和客观性是一种建立在人们主观经验基础上的事实分析。

在服务的方式上,服务活动设计首先需要确定服务项目目标人群需要什么方式的服务,如个案工作、家庭辅导、小组工作或者社区工作等,然后对这些服务方式进行设计。按照这种服务活动设计逻辑设计的服务项目,服务方式的组合就成为整个服务项目设计的关键。它依托的是机构服务。设计日常生活中的服务项目就不同了,社会工作者首先需要关注服务项目目标人群在日常生活中的变化,然后依据这种变化的规律设计服务项目的活动安排,不仅需要留意生活场景的变化,而且即使考察服务项目目标人群的成长改变时,也需要把他们放在特定的日常生活场景中,观察他们的改变对生活场景的影响。这样,服务项目设计依托的是场景服务,它关注服务项目目标人群在日常生活中的成长改变状况,而服务方式只是社会工作者帮助服务项目目标人群实现成长改变的手段。因此,服务方式运用是否恰当不是看这样的方式是否符合标准化的规范,而是考察这样的方式是否能够带来服务项目目标人群的成长改变。

显然,服务活动设计的核心是找到服务项目目标人群的需求,然后针对服务项目目标人群的需求提供有针对性的服务。这里所说的针对性是就服务项目目标人群的需求而言的,是指能够满足服务项目目标人群需求并且带来问题解决的那些服务。产生这种需求的"土壤"——日常生活场景,并没有被纳入服务活动设计考察的范围。从服务活动设计来看,需求是一个客观概念,是人们观察、分析的对象。不过,服务项目设计不认同这种看法,认为需求是需要人们感受和解释的,是人们对日常生活的一种体验。因此,服务项目设计强调,人们的自我才是服务项目设计的关键,社会工作者只有了解了服务项目目标人群对日常生活的看法和理解,才能站在服务项目目标人群的角度制定有针对性的服务项目的活动安排。这样的针对性是就服务项目目标人群的自我而言的,它的目的是通过增强服务项目目标人群的自我来提升他们应对日常生活困境的能力。服务活动设计与服务项目设计的差异如表5-1所示。

表 5 - 1　服务活动设计与服务项目设计的差异对比

设计要求	服务活动设计	服务项目设计
视角	把问题视为不足	把问题视为契机
焦点	注重事实的客观性	注重经验的客观性
目标	促进活动的完成	促进自我的增能
方式	关注活动的完整性	关注服务的有效性
依托	依托机构服务	依托场景服务
核心	通过满足需求解决面临的问题	通过增强自我提升应对能力

尽管从基本逻辑的对比来看，服务项目设计比服务活动设计更接近服务项目目标人群的成长改变要求，也更能够体现社会工作一贯秉持的"助人自助"的价值理念，但是在实际的工作中服务项目设计的要求比服务活动设计高。特别是对于年轻的社会工作者来说，由于自身经验的限制，他们很难一下子转换到服务项目目标人群的角度准确理解他们自身对生活的感受，围绕服务项目目标人群自我能力的提升开展专业服务。因此，为了防止陷入自我挫败的感受中，初学的社会工作者要避免把服务活动设计与服务项目设计对立起来，而要学会在服务活动设计中逐步融入服务项目设计的元素，将服务项目目标人群自身的成长改变要求呈现出来。

总之，服务项目设计不同于服务活动设计，它的目的不在于服务项目的活动办得多么成功、多么热闹，而在于服务项目的活动能够给服务对象带来怎样的成长改变，它是以服务项目目标人群的成长改变成效为导向的。成效越明显，服务项目设计也就越成功。这样，服务成效如何累加就成为服务项目设计的关键，而服务活动本身也就转变成手段，以促进服务项目目标人群的成长改变。

第二节　服务项目的起点选择

无论是对个人还是对环境来说，改变都是一个循序渐进的过程，时常会遭遇阻碍和挑战。通常情况下，人们之所以需要社会工作者的帮助，是因为当他们想要做出某种改变以应对生活中的困难时，遇到了仅仅依靠自己的力量难以克服的障碍。社会工作者在设计服务项目时，需要对服务项目目标人群改变的困难程度以及改变过程中可能出现的阻碍和挑战有所考察，有策略地选择服务项目的介入起点，由浅入深、由易到难层层推进服务项目的改变目标，并且在服务的开展过程中逐步累积服务成效。因此，服务项目的起点选择实际上是服务突破口的选择，它不仅关系到服务项目的活动是否能够顺利实施，而且关系到服务的成效是否能够逐步累加。

一 服务项目起点选择的基本策略

由于服务项目的起点选择是为了保障之后的服务活动能够顺利实施，所以社会工作者需要从服务实施的角度考察服务项目的起点选择。显然，做好一件事与分析一件事不同：前者关注这件事怎么做才能顺利完成，是在实际的处境中寻找最容易的实施方式，它需要重点考察实施过程中可能遭遇的阻碍以及消除这些阻碍的方法，包括需要花费的时间和精力等；后者关注这件事怎样理解才能准确，是在实际的处境中寻找最佳的理解角度，它重点考察分析的系统性和完整性。可以说，做好一件事的关注焦点是怎么容易做，而分析一件事的关注焦点是怎么准确理解。我们来看一看下面这个案例。

> **案例5-1：** 社会工作者小李最近接手了一个社区矫正的项目，在完成了前期的需求评估之后，他希望对需要帮助的200名社区矫正人员进行个别化的帮扶，同时结合家庭照顾者的培训，为社区矫正人员提供良好的家庭支持。他把这样的想法告诉了督导，希望督导能够给他一些改进的建议。

面对上述案例，社会工作者要学会选择服务项目的起点，找到开展专业服务的最佳途径。社会工作者有两种选择的策略：一种是针对200名社区矫正人员做进一步的需求评估分析，找到每一位社区矫正人员的个性化需求，并且根据他们的个性化需求设计有针对性的服务；另一种是从200名社区矫正人员中筛选出最容易改变的，针对这些最容易改变的人员设计服务项目的活动安排。例如，社会工作者可以根据个人的改变意愿和能力，对200名社区矫正人员进行筛选，找到其中改变意愿比较强而且有能力进行改变的社区矫正人员。针对这些筛选出来的社区矫正人员开展专业服务，难度要比直接针对 200 名社区矫正人员开展专业服务小得多。而一旦这些筛选出来的社区矫正人员发生了改变，就会对其他社区矫正人员产生积极的影响，这些积极的影响又会反过来进一步促进这些筛选出来的社区矫正人员的改变。这样，从最容易改变的人员入手，通过他们的改变创造有利的条件，从而促进其他人员的改变，再通过其他人员的改变影响最容易改变的人员，最终形成从最容易改变的入手的积极影响的循环圈。

　　与直接从需要服务的人群入手相比，从最容易改变的人员入手这种服务策略的成本是最小的，它不仅能够有效降低服务介入的风险，提高服务介入的成功率，而且能够运用服务人群之间相互影响的动力关系，通过社会工作者的介入让他们之间产生积极的相互影响，从而带动他们日常生活的改变。显然，从最容易改变的入手这种服务策略运用了生态系统的逻辑，它假设系统与系统之间是相互关联的，生态系统中的任何一部分变化都会影响其他部分的改变，从而对整个生态系统产生影响。因此，对于社会工作者来说，最佳的服务策略就是寻找整个生态系统中最容易改变的部分，由此带动整个生态系统的改变，再从生态系统的新的处境中选择下一步最容易改变的部分。这样，社会工作者就能够通过不断寻找生态系统中最容易改变的部分帮助服务项目目标人群发现成长改变的最佳路径。

　　就寻找日常生活中最容易改变的而言，社会工作者除了可以考察项目服务人群的成长改变的意愿和能力之外，还可以分析他们的社会支持状况，特别是他们与身边重要他人之间的沟通交流状况。像这一节案例讨论中涉及的社区矫正人员，他们身边的家庭照顾者就是这些社区矫正人员寻求成长改变过程中的重要社会支持。可以想象，如果家庭照顾者在这些社区矫正人员的成长改变过程中能够给予必要的支持和配合，他们的成长改变也就比较容易实现。这样，社会工作者就可以依据家庭照顾者的支持状况对社区矫正人员进行筛选，把其中家庭支持比较强的社区矫正人员挑选出来，作为社会工作专业服务项目介入的重点。此外，因为在社区矫正人员的成长改变过程中社区层面的社会支持的作用非常重要，所以社会工作者在选择服务项目的起点时需要考察社区层面的社会支持，把具有良好社区层面社会支持的社区矫正人员筛选出来，作为服务项目介入的起点。可见，对于社会工作者来说，服务项目的起点选择是整个项目服务策略中的重要组成部分，它依据从最容易改变的入手这一基本策略，涉及项目服务人群改变意愿和能力、家庭支持状况以及社区支持状况的考察，目的是帮助项目服务人群找到最佳的改变路径。

值得注意的是，从最容易改变的入手不仅仅是一种服务项目起点选择的策略，同时还反映了社会工作作为一门实践学科的核心要求，就是以改变为核心，寻找最佳的改变路径，是一种在具体的日常生活场景中选择最佳改变路径的实践理性。这种理性既离不开具体的改变行动的情境，也无法舍弃特定情境中人所尝试的改变行动，是两者相互影响过程中形成的一种关于日常生活如何改变的理性，它不同于站在情境之外的静态的观察分析。

二 从最容易改变的入手

社会工作者一旦确定了从最容易改变的入手这样的服务策略，就需要明确什么才是最容易改变的。如果把人放到日常生活场景中来看，社会工作者就会发现，这里所说的最容易改变的无非涉及三个方面的考察：第一个方面，是针对项目服务人群的个人特征来说的，他们是需要改变的服务人群中改变意愿和能力比较强的那部分人；第二个方面，是针对项目服务人群的人际关系而言的，他们身边的重要他人不仅热心，而且具有良好的沟通技能，能够给项目服务人群的改变提供重要的社会支持；第三个方面，是针对项目服务人群的服务关系来说的，它强调不同的社会工作者需要根据自己的能力选择不同的服务项目的改变起点。这样，从最容易改变的入手也就能够细化为社会工作专业服务项目起点选择的三项基本的服务要求，即从最容易改变的人、最容易改变的支持关系和最容易改变的事入手。

第一，从最容易改变的人入手。在确定服务项目的改变起点过程中，社会工作者首先需要对项目服务人群进行筛选，根据他们成长改变的意愿和能力把其中最容易改变的人挑选出来，作为整个服务项目的实施起点。需要注意的是，这里所说的成长改变意愿除了个人的成长改变要求之外，还包括这种成长改变要求的紧迫性。这意味着，社会工作者不仅需要考察项目服务人群成长改变意愿的强弱，而且需要分析这种成长改变意愿与他们现实生活之间的关系，即是不是那些他们在日常生活中必须面对的。例如，对于患有慢性病的老年人来说，那些慢性病管理意识比较强的老年人的改变意愿比普通患有慢性病老年人的改变意愿强，特别是其中独居的老年人，慢性病日常管理的好坏直接影响他们的日常生活安排。因此，社会工作者可以将那些独居的慢性病管理意识比较强的老年人作为整个服务项目的改变起点。此外，社会工作者还需要考察项目服务人群的成长改变的能力，将其中能力比较强的作为项目服务开展首先关注的对象。不过，需要注意的是，这里所说的项目服务人群的成长改变能力主要是指他们在成长改变过程中的学习能力，包括学习是否主动、学习态度是否积极以及学习方法是否有效等，这些方面的能力直接影响项目服务人群的成长改变。

第二，从最容易改变的支持关系入手。由于需要在日常生活场景中开展服务项目，日常生活中的社会支持关系的重要性就变得非常突出，它是项目服务人群成长改变过程中的重要影响因素。一旦社会工作者明确了最容易改变的人之后，就需要进一步考察这些人的社会支持状况，选择其中社会支持比较强的作为项目服务的介入起点。还是以患有慢性病的老年人为例，如果社会工作者计划针对这些老年人开展项目服务，他就需要考察这些患有慢性病的老年人的家庭照顾状况，把其中具有较好照顾关系的老年人找出来作为整个服务项目的介入起点。这样，只要这些患有慢性病的老年人发生一点改变，他们就能够得到家庭照顾者的认可和鼓励，他们的成长改变的动力和成效也就比较容易维持。更为重要的是，在帮助这些患有慢性病老年人寻求成长改变的过程中，社会工作者就有了重要的合作者，他可以和照顾者一起设计服务项目的活动安排，推动这些老年人发生积极的改变。当然，这里所说的社会支持关系不仅仅局限于家庭的照顾关系，同时还涉及项目服务人群在成长改变中与其他重要他人之间建立起来的社会支持关系。

第三，从最容易改变的事情入手。即使社会工作者找到了服务项目最容易改变的人和支持关系，但是这并不代表社会工作者就可以结束服务项目起点选择的工作，由此开始服务项目的服务活动。实际上，服务项目起点选择中还有另一项重要的原则，它是从项目服务人群与社会工作者的服务合作关系的角度来考察的，要求社会工作者从最愿意改变的事入手。值得注意的是，这里所说的最愿意改变的事包括两层含义。①它是项目服务人群愿意改变的事情，是项目服务人群意识到并愿意做出调整的方面。为此，社会工作者就不能依据自己的观察和推测确定项目服务人群最愿意改变的事情，而需要由项目服务人群提出他们的成长改变要求，因为只有项目服务人群自己有了这样的要求，他们才拥有成长改变的意愿。②它是社会工作者擅长做的事情，是社会工作者乐于尝试并且拥有一定服务经验的方面。社会工作者不能把自己视为服务的局外人，他在服务过程中出现的任何感受都会影响项目的服务人群。因而在项目的服务起点选择过程中，社会工作者需要选择自己比较擅长的方面开始项目的服务；否则，如果社会工作者在项目服务开展的开始阶段就受挫，他的感受和表现就会影响项目服务人群的改变。可见，服务项目起点选择的过程事实上是社会工作者与项目服务人群相互协商的过程，以便能够找到最佳的成长改变路径。在这个过程中，社会工作者既需要避免完全从项目服务人群出发，忽视对自身能力和特长的考察，也需要避免完全从自己的意愿出发，忽视项目服务人群的成长改变的要求。

值得注意的是，在实际的项目服务开展过程中社会工作者无法将这三个方面拆分开来，分别考察它们的要求，然后将它们逐一叠加起来，而需要同时顾及这三个方面的要求，并且设法找到项目服务人群的最佳成长改变路径。因为任何一个有效的应对行为都是在特定的日常生活处境中做出的，它本身就是对日常生活特定处境要求的回应，根本无法脱离具体的日常生活处境，分析其中某个方面的要求。因此，针对项目服务人群在日常生活中特定社会位置的考察就成为服务项目起点选择的重要依据。

三 从最容易看到成效的开始

社会工作者在服务项目起点选择的过程中除了需要考察项目服务从哪里入手最容易推动项目服务人群发生改变之外，还需要考虑如何维持项目服务人群的改变成效，使服务项目成效具有持续性，不会随着服务项目的结束而终止。这样，服务项目起点的选择也就需要能够带动项目服务人群自身生活状况的改善，是一种成长改变导向的，具有持续的改变效果，不仅仅是项目服务人群一时的需求满足。因此，社会工作者在选择项目的服务起点时，就需要从时间维度审视这样的服务项目起点选择是否具有持续的改变成效。显然，一种改变要成为项目服务人群自身的主动选择，这样的改变就不是外部强加的，它需要让项目服务人群看到这样的改变成效，并且依据这样的改变成效做出更合理的行为选择，从而能够推动日常生活发生积极的改变，形成人与环境相互积极作用的日常生活改变的循环圈。

需要注意的是，之所以这样考察服务项目的起点选择，是因为除了能够避免社会工作者将自己认为正确的强加给项目服务人群，让他们能够根据自己察觉到的实际改变成效做出自己的选择之外，还能够通过这个选择过程让项目服务人群逐渐培养起对日常生活的掌控感和自决意识，真正实现社会工作所倡导的"助人自助"的价值理念。具体而言，从最容易看到改变成效的开始涉及三个方面，即从微小的改变开始、从成效的观察开始和从有效的应对开始。

第一，从微小的改变开始。尽管社会工作注重改变的成效，但是这并不意味着社会工作可以要求项目服务人群直接针对改变成效进行尝试。实际上，人们之所以遭遇困难，是因为他们的行动能力与希望达到的目标之间存在差距。因此，社会工作者在选择项目的服务起点时，需要根据项目服务人群的应对能力进行引导，鼓励他们尽可能从微小的改变开始尝试。这样做，一方面能够增加项目服务人群行动尝试成功的可能性，让他们看到改变的成效，减少对行动尝试的害怕和担心；另一方面通过微小的改变尝试促进他们与重要他人之间的沟通，让他们能够关注和倾听重要他人的想法和感受，学会运用一种积极的方式争取重要他人的支持，从而为自己的行动尝试创造更好的支持条件。可见，从微小的改变开始不仅仅是一种服务策略，同时还是人们实现持久改变的基本要求。至于什么才是微小的改变，这取决于项目服务人群的行动应对能力。在实际的项目服务开展过程中，微小的改变也通常很难一次确定，它本身就是一个需要不断尝试的过程。社会工作者一旦面临项目服务人群觉得太难不愿意尝试，或者尝试过程中遭遇阻碍无法继续的情况，就需要运用问题切割的服务技术，把项目服务人群遭遇的问题做进一步的切割，让问题小到项目服务人群觉得可以尝试的程度。例如，社会工作者在鼓励性格内向的流动儿童在同学面前主动表达自己的想法时，可以从他们熟悉的像父母这样的身边人开始，如果这些流动儿童还是觉得这样的行动尝试有困难，此时，社会工作者可以将问题切割得再小一点，让这些流动儿童首先向社会工作者汇报每周学习的情况。这样，通过微小的改变尝试，项目服务人群就能在日常生活中看到自己的成长改变。

第二，从成效的观察开始。一旦项目服务人群开始微小的改变尝试，社会工作者就需要引导他们观察行动尝试的成效，包括行动尝试是否有成效、什么样的成效以及不足在哪里等，让项目服务人群的关注焦点集中在具体尝试的经验上，从而为他们的成长改变找到现实的基础。值得注意的是，这里所说的成效观察不是简单地看行动尝试是否有成效，而是让项目服务人群体验行动尝试的过程以及这样的尝试对日常生活的影响，即人与环境之间的相互影响。因此，从项目服务人群开始尝试微小的改变行动时，社会工作者就需要有意识地引导项目服务人群关注行动尝试的成效。例如，社会工作者可以通过布置任务的方式让项目服务人群关注尝试之后有什么变化，或者直接询问项目服务人群尝试之后有什么发现，当然，也可以让项目服务人群对比行动尝试前后的不同。不过，无论社会工作者采用什么方式让项目服务人群关注行动尝试的成效，他都需要站在日常生活的角度让项目服务人群考察这样的行动尝试是否对他们的日常生活改善发挥作用，而不是站在日常生活之外分析这样的行动尝试是否达到预期目标。这样，借助行动尝试的成效观察，社会工作者就能够帮助项目服务人群逐渐培养起对日常生活的观察和接纳的能力。

第三，从有效的应对开始。在协助服务项目目标人群观察行动尝试的成效过程中，社会工作者还需要特别留意其中有效的应对，将这些有效的应对找出来作为项目服务人群计划下一步微小改变的行动尝试的基础。一旦项目服务人群的改变尝试建立在有效的应对行为上，他们对日常生活的把控能力就能提升，也就能够在日常生活的安排中看到改变的希望，他们的主动性就能够增强。因此，在推动项目服务开展过程中社会工作者就有了一项重要任务，协助项目服务人群寻找行动尝试中的有效应对方式。例如，社会工作者可以在微小改变的行动尝试经验总结中首先协助项目服务人群分析其中有效的应对经验，询问哪些应对方法是有效的，然后让项目服务人群关注如何将这些有效的应对方法运用到以后的生活安排中。如果社会工作者发现，项目服务人群的行动尝试确实没有什么效果，此时，社会工作者就需要将注意的焦点转向项目服务人群内心的感受，引导他们把内心的不安和害怕表达出来，让他们的内心能够腾出更多的空间接纳周围环境的要求，学会更为理性地应对现实生活中的困难。可见，这里所说的从有效的应对开始包括两层含义：一是从认知层面而言的，能够准确理解周围环境的要求，采取有效的应对行为；二是从情绪层面来说的，能够包容周围环境的要求，采取理性的应对方式处理日常生活中遭遇的问题。实际上，在整个项目服务的开展过程中，项目服务人群的这两个层面的表现通常是紧密联系在一起的，只是有时偏向认知层面的有效应对，有时偏向情绪层面的有效应对，特别是在项目服务的开始阶段，情绪层面的考察是社会工作者不可忽视的内容。

　　显然，在服务项目的起点选择过程中，社会工作者不能将整个服务项目目标人群的服务作为项目服务的起点，整体推进服务项目，而需要在整个项目服务人群中寻找最容易改变的突破点，从这个突破点开始逐渐拓展服务。这样的项目服务突破点就是项目服务的起点，它需要遵循两项基本原则，即从最容易改变的入手、从最容易看到成效的开始。这样，无论服务项目的设计多么复杂，社会工作者都能够在现实的日常生活中找到微小的改变起点。

第三节　服务项目累加设计的基本策略

　　找到项目服务的起点只是知道服务项目从哪里开始，真正要让服务项目每一次活动的成效累积起来，社会工作者则需要仔细分析服务项目每次活动前后的联系以及它们背后蕴含的服务逻辑。社会工作者只有依据这样的服务逻辑规划服务项目的不同活动安排，才能够将不同时间、不同地点的服务项目活动串联起来，形成一个整体。这样的项目服务成效就不是服务项目不同活动成效的简单叠加，而是活动与活动之间能够相互促进的项目整体成效。因此，社会工作者在设计服务项目时，还需要从单个服务活动安排中跳出来，站在整个项目服务成效的角度考察服务活动的安排，使服务项目拥有最佳的整体服务成效。

一　服务项目累加设计的三种策略

　　尽管服务项目累加设计有多种不同的方法，但是社会工作者可以根据服务项目目标人群的成长改变的逻辑，将服务项目累加设计简要概括为三种常见的策略：叠加法、整合法和转换法。服务项目累加设计的叠加法是指社会工作者根据服务项目目标人群的成长改变的步伐和要求，逐步将服务项目的活动成效累加起来的服务设计。它以服务项目目标人群的成长改变为主线，将成长改变过程中不同时间点的服务项目潜在人群的社会支持融入服务项目目标人群的成长改变过程中，协助服务项目目标人群克服每个时间点遭遇的困难。这样，通过成长改变过程中的一个一个时间点的问题的解决，服务项目目标人群就能够一步一步地往前迈进，实现服务项目预定的成长改变的目标。服务项目累加设计的叠加法的基本逻辑如图 5 - 2 所示。

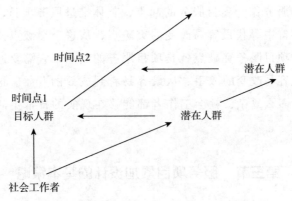

图 5 - 2　服务项目累加设计的叠加法的基本逻辑

仔细观察图 5 - 2 就可以发现，服务项目累加设计的叠加法是按照两条线索来设计服务活动的，其中服务项目目标人群是主线，整个服务项目的活动安排就是围绕服务项目目标人群的成长改变步伐逐次展开的；同时，伴随服务项目目标人群的成长改变还有另一条线索，就是潜在人群，他们作为服务项目目标人群的社会支持参与到服务项目目标人群的成长改变过程中。这样，服务项目目标人群每成长一步，他们的改变成效就成为下一步成长的条件，逐渐累加起来。例如，针对学困流动儿童，社会工作者可以依据他们的成长改变的要求逐次安排服务活动。在服务项目的开始阶段，社会工作者可以把项目的服务焦点集中在这些学困流动儿童的日常学习安排上，减轻他们的学习压力。显然，这个时候社会工作者需要寻求这些学困流动儿童的家长和老师的支持，为他们的成长改变提供及时的帮助。当这些学困流动儿童的学习状况有所改变时，社会工作者就需要跟随他们的成长改变步伐，拓展他们与同伴的交往圈，尤其与那些学习能力比较强的同学的交往，成为他们成长改变过程中的重要同伴支持。当然，社会工作者还可以继续跟踪服务项目目标人群的成长改变要求，协助他们在成长改变过程中争取到更多的社会支持。值得注意的是，服务项目累加设计的叠加法比较适合那些处于特定成长阶段并且成长改变意愿比较强的服务人群，针对这样的服务人群社会工作者的主要任务是协助他们学会克服成长改变过程中遭遇的问题，陪伴他们度过生活中的困难阶段，并且在困境中找到继续前行的方向。

　　第二种常见的服务项目累加设计的策略是整合法，它要求社会工作者根据服务项目目标人群的成长改变要求，将潜在人群与合作人群的社会支持整合起来，同时为服务项目目标人群提供多层次的支持服务。与服务项目累加设计的叠加法不同，整合法更为关注服务项目的不同活动如何有效地整合起来，以便活动与活动之间能够相互支持作为一个整体发挥作用。当服务项目目标人群遭遇比较大的生活困扰或者面临多重生活困扰时，社会工作者可以采取服务项目累加设计的整合法，根据服务项目目标人群面临的具体困难以及各个困难之间的关系设计有针对性的项目服务的活动安排，让不同的活动能够衔接起来，针对服务项目目标人群不同层面的不同要求开展综合性的服务介入活动。显然，服务项目目标人群遭遇的困扰越复杂，服务项目的综合性也就越强。服务项目累加设计的整合法就是依照服务项目目标人群的成长改变要求来设计的，它的基本逻辑如图 5 - 3 所示。

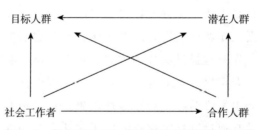

图 5 - 3　服务项目累加设计的整合法的基本逻辑

　　对比图 5 - 2 和图 5 - 3 我们可以发现，整合法不关注服务项目目标人群的成长改变过程，而关注服务项目目标人群目前困扰的解决。这一困扰比较复杂，涉及服务项目目标人群日常生活的多个层面，因而需要社会工作者整合服务项目目标人群身边的不同资源，将这些资源有效地组合起来为服务项目目标人群提供一种个性化的综合服务。例如，在严重精神障碍患者的社区康复服务中，患者面临的服务需求是多层次的，除了平时的规范服药和日常生活技能的提升之外，还需要社会交往能力以及职业能力的训练。为此，社会工作者需要将患者身边的照顾者、其他重要他人以及能够提供社会交往能力和职业能力训练的社会组织和服务机构找出来，作为患者社区康复中的重要资源，并且将这些资源整合起来，给患者提供及时、有效的综合性服务。否则，即使患者有机会得到各个层次的不同服务，但是如果这些服务没有得到很好的整合，它们的服务成效也会大打折扣。因此，对服务项目目标人群遭遇困扰的了解，尤其是其各个层面不同要求之间关系的考察，成为社会工作者准确运用服务项目累加设计的整合法的关键。

第三种常见的服务项目累加设计的策略是转换法，它强调社会工作者需要根据服务项目目标人群受助身份的转变设计项目的服务活动，逐渐累加服务改变的成效。通常而言，服务项目目标人群的受助身份在项目的服务过程中会发生改变，从最初的服务受助者变成互助的合作者，再到主动提供帮助的服务提供者。这样，服务项目的成效就不是为服务项目目标人群提供多少帮助，而是通过服务让多少服务项目目标人群走出家门成为服务的提供者，真正实现"助人自助"的社会工作服务目标。从这个意义上而言，服务项目累加设计的转换法的核心，不是帮助服务项目目标人群解决日常生活中遭遇的问题，而是通过问题的解决过程给服务项目目标人群增能，让他们在日常生活中能够发挥自己的潜能，承担起自己应该承担的责任。例如，社会工作者计划设计一个老年慢性病患者的服务项目，他可以转变传统社会工作只是提供服务的方式，让老年慢性病患者成为项目服务活动的主角，由老年慢性病患者呈现自己在管理慢性病方面的经验和遭遇的困难，从优势出发协助这些老年慢性病患者找出他们的成功经验和有效的应对方法，并且通过链接医疗资源给予这些老年慢性病患者进一步改善的建议。在社会工作者与这些老年慢性病患者建立了充分的信任关系之后，他就可以从这些老年慢性病患者中找出态度比较积极、能力比较强的骨干组织一些自助互助的服务，让这些老年慢性病患者在平时的生活中能够相互支持；接着，社会工作者可以与他们一起讨论和组织社区慢性病预防或者社区健康意识增强的活动，鼓励他们把自己的成功经验分享出来，为社区中有需要的人提供指导，提升社区居民的自助互助能力。这种服务项目累加设计的转换法的基本逻辑如图 5-4 所示。

图5-4 服务项目累加设计的转换法的基本逻辑

与叠加法和整合法不同，服务项目累加设计的转换法需要社会工作者转换服务的角度，具体涉及两个方面：①由优势入手开始专业服务，让社会工作者从服务的提供者转变成服务的协助者，注重协助服务项目目标人群总结日常生活中的成功经验，特别是生活困境中的成功应对经验，提升他们的问题解决能力，这是一种成长的视角；②关注自助互助的同伴学习，让社会工作者从服务的指导者转变成服务的协助者，强调服务项目目标人群在日常生活中的经验学习，提升他们的自助和互助能力，这是一种社会支持的视角。当然，在实际的项目服务开展过程中，这两个方面是紧密关联的，需要社会工作者协助服务项目目标人群平衡这两个方面的要求，使个人的改变与环境的社会支持改善相互促进。值得注意的是，尽管服务项目累加设计的叠加法、整合法与转换法的服务视角根本不同，前两者关注服务项目目标人群成长改变过程中的问题解决，后者强调服务项目目标人群成长改变过程中的优势发挥，但是实际上，社会工作者在项目服务的开展过程中常常将这三种常见的服务项目累加设计的策略混合在一起使用，采取的是一种混合设计的方式。

二 服务项目累加的混合设计

服务项目累加的混合设计的目的，不是简单将叠加法、整合法和转换法这三种常见的累加设计的策略组合在一起，而是根据服务项目目标人群的成长改变要求有目的地灵活使用这三种常见的累加设计的策略，以保障服务项目成效的最大化。因此，社会工作者需要首先了解这三种常见的服务项目累加设计策略的异同以及各自的优缺点。就服务项目的目标而言，叠加法的核心是促进服务项目目标人群的成长改变，它比较适合身处特定成长改变阶段的服务项目目标人群。整合法则不同，它的目标是帮助服务项目目标人群克服目前生活中遭遇的困难，由于这一困难涉及很多层面，所以它需要社会工作者协助服务项目目标人群整合身边的资源。转换法的目标是帮助服务项目目标人群挖掘自身拥有的能力，学会自助互助的同伴学习方式，它比较适合改变动力不强的服务项目目标人群。从服务项目的焦点来说，叠加法关注的重点是服务项目目标人群成长改变的关键时间点，正是依据这些成长改变的不同时间点的服务活动设计，社会工作者才能将项目的服务成效逐渐累加起来。整合法关注的焦点是服务项目目标人群遭遇的困难以及这些困难的不同层次之间的关联，在此基础上，社会工作者才能够围绕问题的解决制定有针对性的服务项目的活动安排。与叠加法和整合法不同，转换法注重的是服务项目目标人群自身拥有的优势，特别是服务项目目标人群在生活困境中的成功应对经验，整个服务项目的活动安排都是围绕这一焦点展开的。就服务项目的视角而言，叠加法通常采用生态视角安排服务项目的各种活动，假设每个人都有适应环境的要求，并且能够在适应中找到成长改变的具体路径和方法。而整合法通常采用系统视角审视服务项目的活动安排，认为每个人在生活中与多个不同系统相关联，当他在日常生活中遭遇困难时，这样的困难也就表现在多个层面上。与叠加法和整合法不同，转换法更为关注服务项目目标人群自身拥有的能力以及在身份建构中的主动性，它常常运用优势视角或者社会建构视角，强调每个人的自我（对自己认识和评价）在日常生活经验组织中的重要性。显然，服务项目累加设计的叠加法、整合法和转换法这三种常见的策略有自己不同的要求，它们的目标、焦点和视角也各不相同。不过，它们都是从日常生活处境出发考察服务项目目标人群的成长改变要求的，并且在此基础上设计服务项目的各项活动，因而它们也就拥有了混合使用的现实基础。

　　实际上，服务项目目标人群在日常生活中遭遇到的困扰通常涉及三种类型：成长改变的困扰、特定问题解决的困扰以及自我身份建构的困扰。成长改变的困扰与服务项目目标人群特定时间阶段的成长改变的要求联系在一起，是人们成长改变的时间发展维度的考察；特定问题解决的困扰与服务项目目标人群特定时间点的困扰相关联，是人们成长改变的空间关系维度的考察；而自我身份建构的困扰常常与服务项目目标人群的生活经验的组织相联系，是人们成长改变的意义解释维度的考察。这三种类型的困扰不是相互割裂的，而是相互关联、相互影响的，只是有时偏向成长改变的困扰，有时侧重特定问题解决的困扰，有时又突出自我身份建构的困扰。

这意味着，社会工作者需要采用生态社会理论的整体视角理解服务项目目标人群的成长改变要求，跟随服务项目目标人群的成长改变要求的变化而灵活应用三种常见的服务项目累加设计的策略，实现服务项目成效的最大化。例如，社会工作者计划针对长期照顾者设计喘息服务项目，可以首先采用整合法安排项目的服务活动，将长期照顾者作为服务项目的目标人群，为他们提供压力疏导、情绪管理以及替代照顾等不同的服务活动，使长期照顾者有机会"喘息"，缓解长期照顾的压力。之后，社会工作者可以针对这些长期照顾者在照顾过程中遇到的困扰采用叠加法，设计能够促进长期照顾者照顾技能提升的服务活动，提升长期照顾者的照顾技能，减轻他们的照顾压力。一旦长期照顾者开始学习照顾技能，社会工作者就可以采用转换法设计项目的服务活动，在指导照顾者的照顾技能提升过程中，注重他们自身成功经验的挖掘和总结，转变他们对待自己的态度和看法，同时提供更多的同伴学习机会，让他们在日常生活中能够形成更强有力的社会支持。

　　除了将服务项目累加设计中常见的叠加法、整合法和转换法混合起来使用之外，社会工作者有时候还会根据服务项目目标人群的成长改变要求同时运用两种服务项目累加设计的策略，即针对服务项目目标人群在日常生活中遭遇的同一问题采取不同的角度开展专业服务。还是以针对长期照顾者的喘息服务项目为例，社会工作者在缓解长期照顾者的生活压力时，可以同时采用服务项目累加设计的整合法和转换法，一方面为这些长期照顾者提供各种形式的压力舒缓服务，如情绪疏导、照顾技能学习、照顾责任分工、邻里互助以及社区志愿服务等；另一方面从这些长期照顾者最成功的方面入手，寻找他们在长期照顾过程中的成功经验，并且提供机会让他们将这些成功经验呈现出来相互学习，提升长期照顾者的自助互助能力。当然，社会工作者也可以将服务项目累加设计的叠加法和整合法结合起来使用，即以长期照顾者的照顾技能学习为主线，依照叠加法的累加设计的要求安排项目的服务活动，同时结合长期照顾者的压力舒缓，运用服务项目累加设计的整合法挖掘他们身边的资源，为这些长期照顾者的成长改变提供多层面的支持。如果社会工作者希望这些长期照顾者在照顾技能学习过程中发挥自身的能力，他就需要运用服务项目累加设计的转换法安排项目的服务活动，将叠加法与转换法整合起来。因此，社会工作者学会时刻站在服务项目目标人群的位置上体会他们的成长改变要求，就变得十分重要，这是社会工作者掌握服务项目累加的混合设计的关键所在。

不管社会工作者选择哪一种或者哪几种服务项目累加设计的策略，他都需要始终将服务项目的活动安排视为一个思路连贯、层层推进的整体，而不是不同活动的简单叠加。说到底，服务项目设计的累加性就是要求社会工作者把服务项目当作一个整体来拓展服务项目目标人群的成长改变空间，让项目的服务活动衔接起来，一步一步地协助服务项目目标人群实现成长改变的目标。

第四节　服务项目设计的总体框架图

将服务项目各个活动安排衔接起来形成一个整体，并且以图形的方式清晰形象地呈现它们背后的服务逻辑，让人们能够一目了然地理解服务项目开展的总体框架，这是社会工作者在设计服务项目时的一项基本要求。服务项目通常时间跨度比较大，而且服务活动的内容也比较多，如果用文字来描述服务项目背后的服务逻辑，不仅复杂，难以清晰地表达出来，而且即使能够清晰地表达出来，也会因为文字的冗长以及不同的人对文字含义的不同理解，而导致服务项目设计的服务逻辑无法得到准确的理解。因此，绘制服务项目设计的总体框架图，就成为社会工作者在规划和设计服务项目时需要掌握的一项基本技能。

一　服务项目设计总体框架图的绘制要求

服务项目设计的总体框架图呈现的服务项目目标人群如何改变的基本逻辑，是用图像的形式对服务项目目标人群成长改变的途径和方式的说明，因而它需要以服务项目目标人群为核心来绘制。在这里，社会工作者要避免两种常见的错误认识。一是把社会工作者作为核心来绘制服务项目设计的总体框架图，通过图形来呈现社会工作者如何做的基本逻辑。显然，这样绘制出来的服务项目设计的总体框架图只是介绍社会工作者怎么做、做了什么，而没有描述服务项目目标人群在项目服务中的成长改变。对于社会工作者来说，服务项目目标人群的成长改变才是整个服务项目设计的核心所在。二是把服务项目涉及的所有服务人群作为中心来绘制服务项目设计的总体框架图，呈现服务项目各个服务人群之间的关系。这样绘制出来的服务项目设计总体框架图不仅缺乏项目服务的焦点，使服务项目失去清晰的服务主线，而且会让人们误读服务项目设计的基本逻辑，看不清服务项目目标人群在整个服务项目开展过程中与其他服务人群之间的关系。因此，绘制服务项目设计总体框架图的第一项基本要求是以服务项目目标人群为核心。下面我们来看一看"乐龄"老年人生活情感辅导项目设计的总体框架图（见图5-5）。

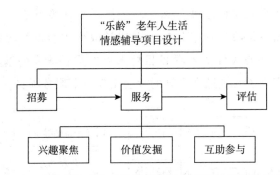

图5-5　"乐龄"老年人生活情感辅导项目设计的总体框架

　　仔细分析图5-5可以发现，"乐龄"老年人生活情感辅导项目是按照社会工作的服务流程来设计总体框架图的。正是因为如此，它将项目的服务活动分成前后相连的三个步骤——招募、服务和评估，其中的服务环节又细分为三个方面，即兴趣聚焦、价值发掘和互助参与。尽管这样的服务流程影响项目的服务成效，但这毕竟只是社会工作者所做的项目的服务尝试，并不能反映服务项目目标人群在日常生活困境中的成长改变。在社区的日常生活场景中，从服务项目目标人群的角度来理解他们成长改变的基本逻辑很重要，这不仅因为在社区日常生活场景中影响服务项目目标人群的成长改变的因素有很多，而且在社区日常生活场景中环境本身就是服务项目目标人群成长改变过程中不可或缺的一部分，它既是服务项目目标人群成长改变的限制，也是服务项目目标人群成长改变的条件。可见，服务项目设计的总体框架图与服务流程图不同，它是为了描述服务项目目标人群的成长改变的基本逻辑，它的主角是服务项目目标人群，不是社会工作者。

　　一旦明确了服务项目目标人群，并且以他们为核心来绘制服务项目设计的总体框架图，社会工作者就需要进一步呈现服务项目目标人群成长改变的基本路径，这是绘制服务项目设计总体框架图的第二项基本要求。通过成长改变基本路径的呈现，社会工作者就能够将服务项目目标人群的成长改变的基本方式展现出来，并由此梳理出整个服务项目设计的主线，让人们在服务项目设计总体框架图的阅读中能清晰看出整个服务项目的基本走向及其背后的逻辑依据。值得注意的是，社会工作者在展现服务项目目标人群的成长改变的基本路径时，需要重点说明服务项目目标人群朝什么方向发展，即在个人层面改变什么、在人际层面改变什么，或者在社会层面改变什么，而不是服务项目目标人群成长改变内容的简单排列。我们来看一看图 5 - 6，重点关注服务项目目标人群的成长改变的基本路径。这是一个有关离异家庭子女抗逆力提升的社会工作专业服务项目。

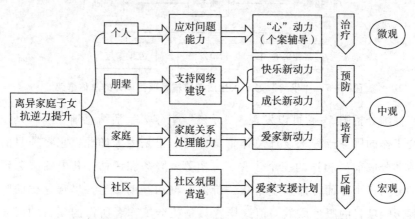

图 5 - 6　离异家庭子女抗逆力提升项目设计的总体框架

从图 5 - 6 可以看出，社会工作者选择离异家庭子女为项目的目标人群，并且以这个服务项目目标人群为核心绘制整个服务项目设计的总体框架图。可以说，这个离异家庭子女抗逆力项目设计的总体框架图具有清晰的目标人群。在针对离异家庭子女这个服务项目目标人群开展服务时，社会工作者提供了个人、朋辈、家庭和社区四条成长改变的路径，使整个服务项目既具有微观层面的改变，也具有中观和宏观层面的改善，呈现多层次、多系统成长改变的特征。不过，需要注意的是，社会工作者是从抗逆力视角开展离异家庭子女的服务项目的，因此，他也就需要遵循抗逆力的基本逻辑框架。就抗逆力而言，社会工作者可以从保护因素和风险因素两个方面入手开展服务，也可以从外部支持因素、内在优势因素和效能因素三个方面入手安排服务（Brooks-Gumn，1995：465）。这样，离异家庭子女也就具有了相对应的提升抗逆力的两条或者三条路径，而不是图5-6中的四条路径。

明确了服务项目目标人群的成长改变路径之后，社会工作者在绘制服务项目设计的总体框架图时需要完成第三项基本要求，即明确服务项目目标人群在成长改变过程中的改变焦点。显然，只有明确改变焦点，社会工作者才能了解在服务项目的每个重要环节到底需要开展什么样的服务以及这样的服务是否与改变的焦点相匹配。这样，从服务项目目标人群的聚焦到成长改变路径的确定，再到改变焦点的明确，社会工作者就能够通过绘制服务项目设计的总体框架图来清晰呈现服务项目目标人群的成长改变的基本逻辑。从定义来看，服务项目目标人群的成长改变路径与改变焦点是不同的，前者关注朝什么方向发展，后者注重做什么改变。但是实际上两者常常容易混淆起来，因为朝什么方向发展就是在什么方面做改变；同样，在什么方面做改变也就是希望在这个方面有所变化。因此，服务项目目标人群的成长改变路径与改变焦点的最明显区别是在时间维度的选取上。如果社会工作者从整个服务项目的时间跨度来理解服务项目目标人群的成长改变要求，这样考察的结果就是服务项目目标人群的成长改变的路径；如果社会工作者选取了服务项目的某个阶段来理解服务项目目标人群的成长改变要求，这就是服务项目目标人群的改变焦点。图5-7是"家-校-社"三位一体单亲留守儿童项目设计的总体框架图。

仔细分析图5-7就可以发现，尽管8名单亲留守儿童是整个服务项目的目标人群，他们成长改变的基本路径涉及家庭、学校和社区三个方面的改善，但是在改变的焦点上，整个服务项目却集中在了环境的改善上。如在家庭环境方面，整个服务项目侧重提升家长照顾能力和搭建亲子沟通平台；在学校环境方面，主要关注提升老师的能力以及增进同学之间的交往；在社区环境方面，则注重提升社区对单亲留守儿童的关注以及促进社区各群体之间的互动。显然，这样安排服务项目的改变焦点虽然都围绕服务项目目标人群，但是没有直接呈现服务项目目标人群需要改变什么，导致整个服务项目的活动安排偏离核心，只是为服务项目目标人群提供更便利的环境条件，不是带动服务项目目标人群成长改变，实现"助人自助"的社会工作价值理念。

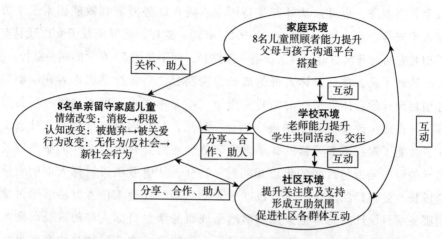

图 5 – 7 "家 – 校 – 社"三位一体单亲留守儿童项目设计的总体框架

二 服务项目设计总体框架图的绘制

实际上，服务项目设计总体框架图绘制的三项基本要求是紧密关联的，它们本身就构成一个整体，一起呈现服务项目设计背后的基本逻辑，缺一不可。也就是说，一幅清晰的服务项目设计总体框架图需要以服务项目目标人群为核心来绘制，呈现明确的服务项目目标人群、他们的成长改变路径和改变焦点，无论让其他社会工作者还是服务项目的相关利益方一眼就能看清楚整个服务项目到底要做什么、怎么做以及达到什么改变成效。我们以长期照顾者为例介绍社会工作者在绘制服务项目设计的总体框架图时，如何将绘制总体框架图的三项基本要求联系起来清晰展现服务项目设计的基本逻辑。图5 – 8是有关长期照顾者家庭社会综合停靠项目设计的总体框架图。

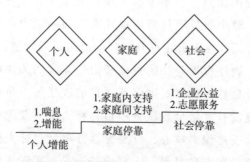

图 5 – 8 长期照顾者家庭社会综合停靠项目设计的总体框架

　　分析图 5 - 8 的逻辑框架就会发现，这幅服务项目设计总体框架图描述的核心内容是长期照顾者的成长改变，解释他们如何在社会工作者的帮助下应对由长期照顾压力带来的生活困境，从而能够更有效地面对在家庭小型化和社会急剧转型处境中的老年人家庭照顾的困难。显然，整个服务项目的目标人群是长期照顾者，针对的问题是他们在长期家庭照顾过程中面临的照顾压力。因此，可以说，长期照顾者家庭社会综合停靠项目设计的总体框架图具有明确的目标人群。

　　针对长期照顾者，长期照顾者家庭社会综合停靠项目采取了三条路径开展专业服务，以保证长期照顾者能够更好地应对家庭照顾中面临的困境。这三条路径分别是：个人、家庭和社会。值得注意的是，整个长期照顾者家庭社会综合停靠项目是依据个人—家庭—社会的次序逐步展开的，它在传统的个人喘息和增能服务基础上延伸出家庭停靠和社会停靠这两个方面的服务。这样，长期照顾者家庭社会综合停靠项目与传统长期照顾者的喘息和增能服务的异同就一目了然。有意思的是，整个长期照顾者家庭社会综合停靠项目的重点放在了家庭和社会综合停靠这两条路径的开拓上，这不仅突出了与传统喘息和增能服务的区别，强调这个服务项目自身的创新之处，而且倡导一种更为合理的应对长期照顾困境的家庭社会综合停靠的理念，改变人们将长期照顾责任全部归为个人的传统观念，使整个服务项目具有了社会意识倡导的功能。

　　在个人、家庭和社会三条路径上，长期照顾者家庭社会综合停靠项目还设计了相关的服务活动，呈现长期照顾者改变的焦点，即个人增能、家庭停靠和社会停靠。个人增能主要涉及压力的喘息和照顾的增能；家庭停靠主要包括家庭内支持的增强和家庭间支持的建立；社会停靠则重点强调爱心企业公益的搭建和志愿服务团队的建设。这样，三个层面的变化就能够环环相扣，相互促进。个人增能能够带动家庭停靠能力的提升，家庭停靠能力的提升又能够促进个人增能；同样，个人增能和家庭停靠能力的提升又能够激发社会停靠的要求，而社会停靠能力的提升又会进一步促进个人的增能和家庭停靠能力的提升。可见，长期照顾者家庭社会综合停靠项目设计的总体框架图很好地展现了服务项目设计的基本逻辑，它把三项基本绘制要求紧密地结合在了一起。

第六章 服务项目书的逻辑安排
和书写要求

可以说，服务项目的科学化设计和管理是社会工作职业化和专业化的关键所在。但是，对于社会工作专业服务项目的设计有两种完全不同的逻辑安排：一种以服务对象的需求为导向；另一种以服务对象的成长为导向。与以需求为导向的项目设计不同，以成长为导向的项目设计要求社会工作者采用生活场景为本的生态社会视角，将服务对象视为环境中的人，关注个人改变与环境改善之间的相互影响。这种以成长为导向的服务项目设计思路不在于营造一个专业的服务空间，代替服务对象解决问题，而在于帮助服务对象在其所熟悉的日常生活场景中寻找解决问题的方法，争取重要他人的支持，提升问题应对能力，改善生活环境。这样，服务项目的设计绝不是做几个个案、几个小组、几个社区活动这么简单，而是要把不同的服务活动围绕服务项目目标人群希望解决的问题组织成前后承接、层层推进的项目服务计划，满足服务项目设计的目标有针对性、内容有结构性、活动有转接性和成效有累加性四个方面的要求。服务项目设计的这四个方面要求也给服务项目书提供了书写的基本框架，让服务项目书的书写有了现实基础。

第一节 服务项目书的基本逻辑

尽管服务项目书的基本框架可以按照服务项目设计的四项基本要求来确定，但是在具体的书写安排上服务项目书也有自己的逻辑，因为一份服务项目书不仅涉及服务项目活动设计的安排，而且涉及服务项目呈现的考察，能够让服务项目的相关利益方了解到他们希望知道的服务项目安排的信息，以便为服务项目的开展创造更有利的条件。因此，服务项目书的内容安排也就不能仅仅从社会工作专业角度出发，还需要采取多元的视角，将服务项目相关利益方的不同要求都囊括在服务项目书中，并且能够清晰地展现服务项目设计的基本要求，保证服务项目的专业性。

一　服务项目书的基本内容

一般来说，一份完整的服务项目书从项目的名称开始到项目的预算为止，包括10部分内容，再加上附录，如需求评估的问卷、访谈的提纲、服务项目参与成员的资质证明以及其他相关的参考资料等，就有了"10＋1"的内容安排。这份"10＋1"服务项目书的基本内容安排如表6－1所示。

表 6－1　服务项目书的基本内容安排

序号	项目	内容	备注
1	项目名称	①项目通俗表达； ②项目专业表达	基本内容，是服务项目利益相关方阅读部分
2	项目概要	①项目需要解决的问题； ②项目采用的解决方法； ③项目的核心成效	
3	项目团队介绍	①项目工作团队的资质； ②项目承担机构的资质	
4	项目背景和需求分析	①项目立项背景； ②项目需求分析	核心内容，是服务项目专业人士阅读部分
5	项目规划	①项目指导理论； ②项目总体设计（项目设计的总体框架图）； ③项目总体目标（总目标）； ④项目具体目标（子目标）	
6	项目活动计划	①项目活动安排； ②项目流程安排	
7	项目风险管理	①项目风险； ②应对方法	
8	项目预期成效	①项目预期的产出和改变成效； ②项目成效评估指标体系； ③项目成效评估方法	

续表

序号	项目	内容	备注
9	项目可行性和创新性	①项目的可行性; ②项目的创新性; ③项目的可复制性	基本内容,是服务项目利益相关方阅读部分
10	项目费用预算	①项目的活动费用; ②项目的人员费用; ③项目的督导费用; ④项目的管理费用; ⑤其他费用	
11	项目附录	①项目背景和需求分析的相关资料; ②项目工作团队和机构资质的相关资料; ③其他相关资料	补充内容,是服务项目利益相关方阅读部分

　　仔细观察表 6-1 就可以发现,尽管各个地方对于服务项目书的具体内容安排有不同的侧重点,但是就服务项目书的完整内容安排而言,它包括服务项目书的基本内容、核心内容和补充内容三大部分。其中,基本内容是指服务项目书中有关服务项目的基本信息,这些信息虽然并不关乎服务项目如何设计,但是它们本身构成服务项目书不可或缺的部分,具体包括服务项目书的名称、概要、项目团队介绍、项目的可行性和创新性以及项目费用预算 5 项。核心内容是指服务项目书中有关服务项目如何设计的信息,这些信息是整个服务项目最核心的部分,包括项目背景和需求分析、项目规划、项目活动计划、项目风险管理和项目预期成效 5 项。补充内容则是服务项目书中补充说明服务项目的信息,这些信息并不是服务项目书必要的部分,它们常常作为附录放在服务项目书最后。

　　在这 11 个 ("10+1") 项目内容中,每一个项目内容又有具体的内容安排的要求。这些具体的内容安排要求见表 6-1 "内容" 这一纵栏,这里不再赘述。值得注意的是,由于社会工作专业服务项目是在人们日常生活中开展的服务项目,所以它的名称通常由两部分构成:通俗表达和专业表达。例如,"你我同行" 长期照顾者综合停靠项目或者 "悦读悦成长" 流动儿童亲子增能项目等,其中像 "你我同行" 或者 "悦读悦成长" 等,就是通俗表达,让参与者和社会大众能够了解这一服务项目的核心内容;而长期照顾者综合停靠、流动儿童亲子增能等则是专业表达,呈现这一项目在社会工作专业服务设计上的要求,让社会工作者等专业人士能够理解这一服务项目设计的基本逻辑。此外，各地甚至同一地区不同部门，在项目费用预算上的具体内容要求差别很大，表6-1中列出的项目的活动费用、人员费用、督导费用、管理费用和其他费用是最常见的服务项目的五种类型的费用，还有像服务产出费用，如制作居民互助手册、志愿者服务手册等费用，也是服务项目开展过程中需要支出的费用。

二　服务项目书的逻辑安排

服务项目书的内容安排也是需要遵循一定的逻辑的，这一逻辑是贯穿整个服务项目书的主线，它就像串起项链的那条线，将不同的项目内容安排串联起来形成一份完整的服务项目书。仔细观察表6-1就可以发现，整个服务项目书的内容安排是围绕服务项目的核心内容展开的，依照服务项目的核心内容回答这是什么服务项目、这一服务项目的具体安排如何以及完成这一服务项目有什么价值和需要什么样的经费保障。这样，整个服务项目书的内容安排就包括三大部分。第一部分，这是什么服务项目，它涉及服务项目的名称、概要和项目团队介绍。通过这一部分的介绍，服务项目的利益相关方就能够了解这一服务项目的概貌以及承担这一服务项目团队的资质。第二部分，这一服务项目的具体安排如何，它包括项目背景和需求分析、项目规划、项目活动计划、项目风险管理和项目预期成效。这一部分的内容安排呈现的是服务项目专业设计的服务逻辑，它是服务项目专业人士重点审阅的部分。通过这一部分的介绍，服务项目的专业人士能够准确评估这一服务项目的合理性和专业化水平。第三部分，完成这一服务项目有什么价值和需要什么样的经费保障，它具体包括项目的可行性和创新性以及项目费用预算。显然，这一部分内容的介绍是为了让服务项目利益相关方了解整个服务项目的推广价值、实施过程中存在的风险以及需要投入的经费，它是从成本-收益的角度考察服务项目的内容安排，以便为政府的服务项目购买的问责提供依据。

就服务项目书的核心内容部分来说，它也有自己的服务逻辑，具体包括三个环环相扣的方面。第一个方面，服务人群需要什么服务，它涉及项目立项的背景和项目的需求分析。这一部分的内容介绍是为了说明为什么需要这样的服务项目，它能够帮助服务人群解决日常生活中什么困扰以及这些困扰的解决对于服务人群的生活改善能发挥什么作用。这一部分内容的说明是整个服务项目设计的现实基础，也是确保服务项目具有针对性和成效的前提条件，它不仅明确了整个服务项目的目标人群和潜在人群，让服务项目有清晰的聚焦，而且确定了整个服务项目需要解决的核心困扰，使服务项目具有清晰的目标和成效监测的标准。第二个方面，服务项目活动如何安排，它涉及项目的规划、项目的活动计划和项目的风险管理。这一部分内容的安排是为了介绍如何依据服务项目针对性的要求设计结构完整、层次分明的服务项目的具体活动安排，保证服务项目的各个活动之间具有整体的结构关联、不同类型的活动之间能够相互转接。这样，整个服务项目的活动安排才能形成一个整体，相互影响、相互促进。因此，服务项目的总体规划特别重要，它给整个服务项目的活动安排提供一个基本的逻辑框架，包括项目指导理论、项目总体设计（项目设计的总体框架图）、项目总体目标（总目标）和项目具体目标（子目标），即回答以什么理论来指导服务项目的总体设计以及服务项目希望达成的改变目标。第三个方面，服务项目预期带来什么改变，它涉及服务项目的预期成效，具体包括项目预期的产出和改变成效、项目成效评估指标体系和项目成效评估方法。这部分内容呈现的是项目的服务人群，尤其是目标人群在经过项目的服务后到底在什么方面发生改变，他们的改变成效是否能够累加起来，以及用什么方式把这些服务项目的改变成效完整地呈现出来。服务项目书的这三个方面的核心内容部分是紧密关联的，只有明确了服务人群需要什么服务，才能进行服务项目的规划，确定服务项目的具体活动安排，而确定服务项目活动安排过程中，又需要考察服务项目预期达到的成效。实际上，在服务项目的设计过程中，这三个方面是相互对照、相互印证的，它们本身就是一个不可分割的整体。

此外，服务项目基本内容中的项目可行性和创新性部分常常被部分社会工作者忽视，因为这部分内容并不是服务项目的核心内容，而且有时也不被服务项目的利益相关方看重。但是，实际上，一个优秀的服务项目不仅仅是为了解决当时当地的问题，同时还需要具有给其他地方的项目服务提供问题解决的示范，发挥服务项目在社会层面的影响力。从社会工作服务来说，这部分的影响本身就构成专业服务要求的一部分，它是一种倡导的服务，让社会工作专业服务项目在社会层面上发挥更大、更广的影响力，从而带动社会环境更有效地改善。因此，社会工作者不能把项目可行性和创新性部分作为服务项目的资料分析，仅仅停留在分析的层面，而需要将它视为服务项目活动安排的一部分，提升服务项目在社会层面的影响力。

第二节　服务项目书的书写要求

服务项目书除了需要遵守服务项目的基本逻辑，呈现服务项目设计的针对性、结构性、转接性和累加性四个方面的核心要求之外，在书写方面也有自己独特的考虑，因为服务项目通常涉及多个利益相关方，其中既有相关的专业人士，也有相关的非专业人士。这样，服务项目书的书写就有了平衡专业人士和非专业人士不同观察视角的要求，让服务项目利益相关方都能够了解服务项目的基本安排，为服务项目的实施创造有利的合作条件。为了便于阅读和理解，下面就服务项目书的"10＋1"项目内容书写展开讨论。

一　项目名称的书写

人们对于服务项目的了解常常是从服务项目的名称开始的，好的服务项目书首先需要有一个好的服务项目名称。它不仅是对服务项目具体活动安排的概括，呈现服务项目最核心的逻辑和焦点，而且是对服务项目的特点和创新点的展现，使服务项目具有个性化的风格。通常而言，一个好的服务项目名称除了需要包括项目通俗表达和专业表达两部分组合之外（服务项目名称的通俗表达和专业表达的组合要求在本章第一节中已经进行了详细讨论，这里不再赘述），还需要符合以下三个方面的要求：明确的服务项目目标人群、清晰的服务项目主题和准确的服务项目类型。

服务项目名称需要具有明确的服务项目目标人群，能够清晰呈现对谁开展专业服务的明确信息。这一信息对于服务项目来说非常重要，它能够让人们了解整个服务项目活动安排的主线，看到不同服务项目活动之间的关联。相反，如果服务项目名称缺乏对服务项目目标人群清晰的界定，就会导致服务项目活动安排散乱、零碎，使服务项目各项活动成效无法得到逐步累加，缺乏服务项目的整体成效。例如，"邻里一家亲"社区社会工作专业服务项目，这个项目名称就缺乏服务项目目标人群，只是描述了服务项目的类型，它属于社区社会工作类型的服务项目，但是这个服务项目到底对谁开展专业服务，是社区中的外来人口还是老年人，还是社区中的其他人群，服务项目名称没有说明。显然，这个服务项目在设计具体的活动安排时，必然会遇到这样的困难，即到底以谁为主线组织安排各种不同的服务项目活动。此外，有些服务项目从名称上看具有服务项目目标人群，像"乐活"社区老年人社会工作专业服务项目就属于这种类型，项目目标人群就是社区老年人。仔细思考就会发现，社区老年人类型有很多，他们的需求差别也非常大，其中最需要"乐活"的老年人是谁，这个服务项目没有给出清晰的界定，从而在服务项目活动安排上也就会缺乏清晰的主线。

服务项目名称书写的第二个方面的要求是需要清晰的服务项目主题，即服务项目名称需要展现针对服务项目目标人群的什么问题开展服务，这个服务项目能够给服务项目目标人群带来哪些生活方面的改变。例如，"乐活"社区空巢老人综合服务项目，这个服务项目名称就比"乐活"社区老年人社会工作专业服务项目的名称更清晰，它能够告诉社会工作者针对社区中的哪类老年人开展服务。不过，虽然"乐活"社区空巢老人综合服务项目明确了服务项目目标人群，但是它并没有清晰的改变焦点，没有说明针对社区空巢老人开展什么主题的服务。这样，社会工作者在设计具体的服务项目的活动时，就会不自觉地将有关社区空巢老人的服务都放在这个服务项目中，而服务项目各项活动之间的内在关系却没有得到关注。实际上，社区空巢老人的服务需求是多方面的，他们不仅有生活照料和医疗保健方面的需求，而且有社会交往和精神慰藉方面的诉求，因此，社会工作者在设计"乐活"社区空巢老人综合服务项目时，需要明确针对社区空巢老人的什么迫切需求开展服务，将综合服务的"综合"内涵具体化，从而能够通过服务项目的活动实施带动社区空巢老人的改变。

明确了服务项目的目标人群和服务项目主题之后，社会工作者还需要确定服务项目的类型，即服务项目名称需要呈现社会工作者开展什么性质的项目服务的信息。尽管针对项目的服务性质有多种不同的分类标准，但就一般情况而言，通常可以依据服务的取向把项目服务分为治疗性、预防性和发展性三种类型。像危机干预、心理援助等，都属于治疗性的服务项目；照护、监护网络建设和风险预防等，属于预防性的服务项目；而增能、互助等，则属于发展性的服务项目。之所以需要明确服务项目的类型，是因为不同类型的服务项目在服务项目设计时有不同的侧重点：治疗性的服务项目关注服务资源如何准确聚焦于服务项目目标人群问题的解决，是一种聚合性的服务项目设计思路；发展性的服务项目则注重服务项目目标人群自身能力和资源的发掘，是一种扩散性的服务项目设计思路；预防性的服务项目则强调支持关系的加强，是一种介于聚合性和扩散性之间、重点在于促进现有支持关系改善的服务项目设计思路。这样，社会工作者就可以把"乐活"社区空巢老人综合服务项目改成"乐活"社区空巢老人健康互助项目。当然，在设计实际的服务项目时，社会工作者可以根据服务项目目标人群成长改变的时间阶段或者不同类型的服务项目目标人群将治疗性、预防性和发展性三种不同类型的服务项目设计思路组合在一起综合运用，保证服务项目能够适应多样复杂的现实处境的要求。

二　项目概要的书写

对服务项目的内容和设计思路进行简要的概括，这就是服务项目概要。通过阅读服务项目概要，服务项目利益相关方能够了解服务项目的核心内容和基本思路。值得注意的是，阅读服务项目概要的不一定是社会工作专业人士，也有与服务项目有关的利益相关方，因此，服务项目概要的书写除了需要简明扼要之外，还需要通俗易懂，让非专业人士也能清晰了解服务项目的核心内容和基本思路。为此，社会工作者在撰写服务项目概要时，就需要尽可能避免使用专业术语，或者生僻的词语，而采用人们容易理解的方式表达服务项目的基本活动安排及背后依据的服务框架，保证服务项目利益相关方通过阅读服务项目概要就能够迅速了解服务项目的概貌。

就服务项目的核心内容而言，它通常包括三部分内容。①服务项目的依据，回答为什么要开展这个服务项目，或者说这个服务项目是针对什么问题开展的，让服务项目有一个现实的基础。值得注意的是，社会工作者需要避免从服务项目本身或者某个理论假设出发归纳服务项目基本内容的思路。例如，"每个青少年在成长过程中都会遭遇挫折，因而本项目计划依据抗逆力理论针对社区中遭遇困扰的青少年开展服务……"。显然，这样的服务项目概要阐述的思路不是从实际的问题出发的，会让服务项目利益相关方产生疑虑：服务项目不实际，没有现实的基础。②服务项目的思路，回答怎么开展这个服务项目。这是服务项目概要，目的是帮助服务项目利益相关方快速了解服务项目的核心内容和基本思路，因此，社会工作者只需要提供一个清晰的服务思路，不需要对具体的服务项目内容进行展开，更不需要对具体的服务技术进行描述。例如，"针对这个社区45名卧床不起的老年人面临的照顾困难，本项目计划围绕家庭照顾能力提升从照顾者的照顾能力的个别指导和压力舒缓、照顾者之间的邻里互助、社区助老队伍的建设以及社区健康照顾意识和能力的提升四个方面入手开展专业服务……"。这样，即使是非专业人士，他们也能够从服务项目概要的描述中理解专业服务开展的思路和要点。③服务项目的成效，回答服务项目带来什么改变，或者说服务项目的目标是什么。社会工作者除了需要尽可能以量化的形式呈现服务项目的成效，避免服务项目成效描述空泛、抽象之外，还需要关注产出成效和改变成效的差别①，突出服务项目的改变成效。例如，"通过一年的专业服务实施，本项目计划给45名卧床不起的老年人建立过程管理的健康服务档案，完成45名照顾者的个案服务、6个照顾者互助和任务学习小组、2场社区的健康意识增强和能力提升的大型活动，建立1支不少于20人的社区助老队伍……"。显然，上述的服务项目成效描述缺少了改变成效的内容。因此，社会工作者需要补充如45名照顾者学习掌握至少1种褥疮清洗和压力舒缓的方法等服务项目成效改变的考察指标。

可见，服务项目概要其实是由三句话组成的，第一句介绍服务项目依据什么，第二句描述服务项目怎么开展，第三句说明服务项目成效如何，它回答服务项目为什么要做、怎么做以及做的成效是什么这三个问题，构成服务项目设计的基本逻辑框架。因此，服务项目概要不能太长，通常而言，它只有三四百字，需要采用简洁明了的方式向人们陈述服务项目的核心内容和基本思路，让服务项目的所有利益相关方都能够清楚了解服务项目开展的基本要求以及预期达到的成效。

三 项目团队介绍的书写

服务项目团队介绍具体包括两部分内容：①项目工作团队的资质；②项目承担机构的资质。这一部分内容属于服务项目书的基本内容，它的目

---

① 服务项目产出成效是指服务投入的成效，如建立多少个档案，完成多少个个案服务、小组服务和社区活动等；服务项目改变成效则是指服务之后服务人群自身发生的改变，如错误认知的消除、情绪管理能力和应对行动能力的提升以及人际支持关系的扩展等。前者关注社会工作者做了什么，后者关注服务人群发生了什么改变。

的是让服务项目利益相关方了解承担服务项目的工作团队和机构是否有能力完成整个服务项目所要求的任务。一个优秀的服务项目除了服务项目本身"合情合理"，具有专业的服务水准之外，还需要承担这个服务项目的工作团队和机构有能力完成服务项目的工作要求。服务项目完成的好坏与服务人员的能力以及服务经验是直接相关的，因此，在考察服务项目基本要求的同时，也需要关注服务项目工作团队和项目承担机构的资质。

　　需要注意的是，这里所说的服务项目工作团队的资质是指承担项目的工作人员是否具有顺利完成这个服务项目的能力和经验。它包括：参与服务项目的工作人员是否具有相应的职业资格（如是否取得助理社会工作师或者社会工作师资格证书），是否具有相关的专业教育经历（如是否取得社会工作或者心理学等相关专业的学历、学位证书），是否具有完成这一服务项目所需要的专门服务领域的服务经验（如是否从事过所需专门服务领域的服务），以及参与服务项目的时间长短、服务项目的数量和承担服务的工作类型（如是不是服务项目的主管，是否完整负责过服务项目的实施）。特别是对于需要多专业工作团队一起工作的服务项目，除了上述的资质要求之外，还需要呈现服务项目工作团队多专业整合的特点。

　　在服务项目承担机构的资质方面，服务项目书的书写也需要围绕服务机构是否有能力承担这个项目进行介绍，而不是服务机构从事专业服务情况的介绍。它的具体内容包括：服务机构是否拥有从事这个服务项目的专业人员（如从事这个服务项目的专业人员的人数和资质），是否承接过与这个服务项目相似的服务（如承接过的相似服务项目的数量、时间以及完成的情况），是否在这个专门服务领域取得过奖励和荣誉，以及是否为这个服务项目的顺利完成做过必要的前期探索和准备（如是否在前期尝试过一些探索性的服务，是否为这个服务项目的顺利完成做过一些必要的物质、人才、经验方面的准备）。这样，服务项目利益相关方就能够通过对服务项目书的这一部分内容的阅读了解服务机构是否有能力承担这个服务项目及服务机构的项目工作团队是否有资质实施这个服务项目。社会工作者在书写服务项目书的这一部分内容时，需要摒弃这样一种错误的想法：只要服务机构实力雄厚，就能够承担各种不同的服务项目。实际上，社会工作涉及的服务领域很广，不同服务领域的专业服务需要不同的专业资质和要求，因而社会工作者在撰写服务项目团队介绍时就需要紧扣服务项目本身的专业服务要求进行阐述，绝不能没有针对性地泛泛而谈。

四　项目背景和需求分析的书写

　　服务项目背景和需求分析是服务项目书的核心内容之一，也是整个服务项目的现实基础，它不仅能够保证服务项目具有针对性，而且能够为服务项目的活动设计和安排提供依据。因此，社会工作者只有做好服务项目背景和需求分析，才能够设计出有针对性的科学的服务项目。就服务项目背景和需求分析来说，它包括三部分内容：①问题的重要性，涉及全国和当地（服务项目落地区域）面临的问题及其紧迫性；②问题的表现（服务项目目标人群面临的问题），涉及心理、人际和社会三个层面；③可运用的资源（服务项目目标人群可运用的资源），涉及内部的能力和外部的资源两个方面。这三部分内容是环环相扣、紧密关联的，社会工作者首先需要依据问题的重要性对服务项目目标人群面临的问题进行筛查，找出其中非常紧迫需要解决而且社会工作者有能力解决的重要问题；然后概括这一重要问题的具体表现，细致考察这一重要问题对服务项目目标人群日常生活的影响，协助服务项目目标人群找到需要解决的问题焦点；最后针对需要解决的问题焦点发掘服务项目目标人群可运用的资源，明确服务项目目标人群成长改变的具体途径。在实际工作中，这三个部分的内容是相互印证的，社会工作者并不是只采用从一个角度出发的线性思维方式，而是从三个不同角度相互印证的动态视角考察和书写服务项目的背景和需求。

　　就问题的重要性而言，它具体包括全国和当地两个层面的讨论。社会工作者在介绍服务项目的问题时，之所以把全国层面的讨论放在首位，原因有两点。第一，建立社会视角。站在全国的角度审视服务项目的问题，服务项目的问题考察就有了社会结构层面的前瞻性，服务项目的设计能够更好地体现社会工作的"社会"要求，回应社会的发展诉求，避免"只见树木不见森林"的现象。第二，关注倡导服务。站在全国的角度审视服务项目，就会促使社会工作者关注社会环境层面的因素，强调环境改变对服务项目目标人群成长改变所发挥的重要作用。这样，服务项目目标人群的改变也就自然能够放回到他们的日常生活中，倡导服务也就成为社会工作专业服务中不可或缺的重要服务方式。不过，值得注意的是，为了清晰地呈现服务项目的问题在全国层面的状况，社会工作者在书写时，需要尽可能采用那些能够展现整体状况的数字来描述，如人口占比、问题发生率以及总负担率等，避免使用模糊的文字描述来呈现问题，以便给服务项目利益相关方一个清晰的整体图像。在当地层面讨论服务项目的问题时，社会工作者除了需要运用清晰的数字来呈现问题之外，还可以适当结合感性的文字描述，以便能够与人们的日常生活经验联系起来，增强人们对服务项目的感性认识和价值认同。当然，这里的文字描述也需要避免冗长，要紧紧抓住那些能够打动人心的词语准确呈现服务项目的重要性。

完成了服务项目问题的重要性考察之后，社会工作者接着需要针对这个焦点问题的表现做进一步的细致分析。这样的问题分析通常涉及三个层面，即心理层面、人际层面和社会层面。心理层面是指这个焦点问题在服务项目目标人群个人内心产生的影响，主要包括对个人的行为、认知、情绪和自我四个方面的作用。例如，对遭遇学习困难的外来流动儿童而言，他们是怎么安排自己的学习的（行为），他们在学习过程中是怎么理解自己的学习安排的（认知），他们遇到学习困难时通常有什么情绪反应（情绪），以及他们在学习生活中对自己的评价如何（自我）。这样，通过四个方面的心理考察，社会工作者就能够准确了解学习困难对服务项目目标人群个人内心产生的具体影响。不过，在分析心理层面的影响时，社会工作者需要注意两点：①从行为入手，分析服务项目目标人群在应对问题过程中面临的认知、情绪和自我方面的表现；②注重整体分析，避免将心理的行为、认知、情绪和自我四个方面的考察分割开来。人际层面是指这个焦点问题对服务项目目标人群与他们身边重要他人之间的互动关系的影响，它通常涉及服务项目目标人群与重要他人之间的关系变化。人际层面影响的考察对于社会工作专业服务来说尤其重要，因为只有通过人际层面的分析，服务项目设计才能扎根于服务项目目标人群的日常生活中，成为他们带动日常生活改变的重要力量。正是因为如此，在实际的服务项目需求评估中，人际层面的考察常常作为首要的分析任务，以便能够明确服务项目目标人群在问题困境中与谁关联在一起，他们既是问题构成的一部分，也是问题解决的一部分。如外来流动儿童在学习中遭遇困境，社会工作者需要仔细观察他们的父母、同伴和老师等身边的重要他人是怎么应对这个问题的，了解父母的亲子沟通是否存在困难、老师是否缺乏指导的时间以及同伴之间是否能够形成积极的支持关系等。社会层面是指这个焦点问题对服务项目目标人群的社会角色及其扮演过程的影响。它不同于人际层面的考察，是人们对自身所处的社会位置的审视。就像外来流动儿童，他们所遭遇的学习困境与他们的家庭角色、同伴角色以及学校角色的理解和扮演紧密联系在一起。需要注意的是，心理、人际和社会三个层面的考察是相互关联的，每一个服务项目都需要从这三个层面进行综合需求分析，只是治疗性的服务项目偏向心理层面的考察，预防性的服务项目注重人际层面的观察，而发展性的服务项目侧重社会层面的分析。

对于社会工作者来说，了解服务项目问题的重要性和表现固然重要，但是因为社会工作是一门注重改变的学科，所以在需求分析中考察服务项目目标人群在改变过程中可运用的资源是必不可少的。这种可运用的资源包括两个部分：服务项目目标人群自身拥有的改变能力和外部存在的改变资源。值得注意的是，这里所说的自身拥有的改变能力是就服务项目目标人群遭遇的焦点问题而言的，如果焦点问题变化了，他们的改变能力也会随之变化，或者即使焦点问题没有变化，但是随着问题解决过程的展开，服务项目目标人群的改变能力也会有所变化。可运用资源的考察一样，需要围绕服务项目目标人群面对的焦点问题展开。否则，服务项目可运用资源的界定就会变得很宽泛，缺乏清晰的界限，而界定过程也会变得很随意，缺乏科学性。

五　项目规划的书写

在项目背景和需求分析的基础上，社会工作者需要开始项目规划的书写，它具体包括四部分内容：项目指导理论、项目总体设计（项目设计的总体框架图）、项目总体目标和项目具体目标。项目指导理论是指服务项目设计中采用的理论指导框架，它为服务项目活动的开展提供了整体的服务逻辑以及理论概念的支撑；项目总体设计则是对服务项目目标人群的改变焦点和成长路径进行规划，它主要借助服务项目设计的总体框架图来呈现（服务项目设计的总体框架图的具体绘制要求和方法在本书的第五章第四节中有详细的讨论，这里不再赘述）；项目总体目标是服务项目预期达到的总体改变目标；项目具体目标则是服务项目希望实现的具体改变目标。通过服务项目规划中这四个部分内容的书写，社会工作者能够向服务项目利益相关方清晰呈现服务项目的整体框架和基本逻辑。

　　就项目指导理论来说，由于服务项目的时间跨度比较大，而且服务的人群比较多，服务的范围也比较广，所以，通常而言一个指导理论无法覆盖服务项目的所有活动安排。实际上，社会工作理论也有自己的不同偏向，有的关注微观问题的处理，像以个人心理为主导的社会工作理论就注重人们心理层面的改变；有的注重宏观问题的解决，像以社会结构为主导的理论就侧重社会层面的改变。有意思的是，在实际的项目服务中社会工作者常常采用心理社会双重视角开展专业服务，这就导致服务项目的活动安排既涉及微观问题的处理，也涉及宏观问题的解决，两者交错在一起。这样，服务项目的指导理论需要同时涵盖微观和宏观两方面，将不同层面的项目服务活动整合起来。为此，一个比较简单的处理办法就是挑选两个理论作为服务项目的指导理论，一个偏向微观，另一个侧重宏观，同时根据服务项目的要求选择其中一个作为主要的项目指导理论，另一个作为辅助的项目指导理论。此外，在介绍服务项目指导理论时，社会工作者需要重点描述项目指导理论的两个方面：①该理论的核心概念和基本逻辑；②该理论指导实际服务项目开展的基本原则和主要策略。例如，社会工作者计划运用优势视角开展项目服务，需要介绍清楚优势视角理论的优势和优势视角这两个最核心的概念，以及它们运用于具体服务项目活动时的指导原则。需要注意的是，由于服务项目书是服务项目的活动计划，所以即使介绍服务项目的指导理论，社会工作者也需要把焦点放在如何做的逻辑介绍上，而不是是什么的分析上。

　　在目标设定方面，服务项目的目标通常包括总目标和子目标两类。从字面上看，总目标就是总体目标，它比较抽象，是原则性的一般服务目标；而子目标是小的任务目标，它比较具体，是可以观察的操作服务目标。实际上，这样的理解忽视了总目标与子目标之间的内在关联，仅仅把子目标作为总目标的具体化。我们来看一个社区矫正的项目，社会工作者把这个服务项目的总目标设定为"促进社区服刑人员顺利回归社会，减少再犯罪率"，把服务项目的子目标界定为两个层面的任务："个人层面：在监管期间遵纪守法，安心改造，学会调节情绪的方法，并合理释放情绪，建立及维护现有人际关系"；"社会层面：链接社会资源，创造接纳的氛围"。尽管从形式上看，这个案例中的服务项目的子目标确实是总目标的具体化，把总目标拆成了个人和社会两个层面的具体任务，但是仔细分析就会发现，这种拆分方式没有考察子目标与总目标之间的关系，无视项目服务人群多样化以及相互动态影响的特征，导致服务项目的总目标与子目标之间缺乏内在的联系。

正是因为如此，社会工作者在制定服务项目的子目标和总目标时，就需要考察项目服务人群之间因服务项目目标人群的问题以及问题的解决而形成的互动关系，从而了解服务项目子目标与总目标之间的内在关联，并且依据这种内在关联确定服务项目的子目标和总目标。按照个人和社会两个类别来划分子目标是不可取的，因为这样做就相当于将个人层面的改变与社会层面的改变割裂开来，没有把握个人在日常生活的多个结构层面上与外部环境之间的相互影响。个人往往不是与一个抽象的"社会"进行互动，而是通过和身边多种多样的人的交往建立起与"社会"的联系，个人在不同的关系结构中承担着不同的社会角色，同时也回应着关系结构中其他社会角色对其的要求。这些日常人际互动过程既与个人的身体经验和心理状态相联系，也与个人承担的社会角色过程中的决定和行动有关联。因此，从结构视角出发，个人的心理状态和其所处的社会结构是通过人际结构串联在一起的。如果将服务项目的子目标分为个人与社会两个层面来讨论，这样的做法实际上违背了生活具有多层结构的现实。因此，服务项目的子目标需要细分为三个项目服务人群的改变目标，即服务项目目标人群的改变目标、服务项目潜在人群的改变目标以及服务项目合作人群的改变目标，而服务项目的总目标则是这三个项目服务人群组合之后形成的改变目标。以上述的社区矫正项目为例，社会工作者可以将这个服务项目的子目标设定为：①针对服务项目目标人群，减少再犯罪的行为，学会运用多种方法（至少3种）调节情绪，扩大自己的社会交往圈（至少认识5位新朋友）；②针对服务项目潜在人群（家庭照顾者），学会以积极的方式与目标人群沟通，肯定目标人群的成长改变，学会识别和舒缓自己的照顾压力；③针对服务项目合作人群，建立由社区服刑人员参与的社区志愿服务队，链接社会资源开展职业培训。明确了服务项目的子目标之后，社会工作者就可以在子目标基础之上制定服务项目的总目标，即减少社区服刑人员的再犯罪率，促进他们回归家庭和社会。只有这样理解服务项目子目标与总目标之间的关系，制定服务项目的子目标和总目标，才能展现服务项目对目标人群遭遇问题的结构性把握，使服务项目具有清晰的层次性和逻辑性。

　　在服务项目子目标的设置中，社会工作者需要遵循以下三项原则。第一，服务项目的子目标是成效指标，不是过程指标。过程指标考察的是服务项目具体做什么，如项目要服务多少个个案和家庭，开展多少次大型活动，每个个案或家庭要入户多少次，每次大型活动有多少人参与，等等。成效指标则不同，它考察的是服务项目完成之后服务效果如何，它给服务人群，特别是目标人群带来多大程度的改变，如服务人群的问题得到哪些方面、何种程度的减轻，他们哪些方面的能力有所成长，他们的人际支持关系发生了什么变化，他们的人际支持网络是否有改变，他们的社会角色承担能力是否得到提升，等等。这样，通过成效指标的制定，社会工作者就能够明确服务人群到底发生什么改变、是否能够提高他们对日常生活的掌控能力。第二，服务项目的子目标通常包括核心指标和一般指标。顾名思义，核心指标指的是服务项目核心内容部分所做的改变，通常指服务项目目标人群的焦点问题是否得到解决以及他们应对问题的能力是否得到提升。在上述的社区矫正项目中，核心指标就是社区服刑人员再犯罪率是否降低。一般指标是指服务项目在实现核心指标改变过程中呈现的其他方面的改变，如社区服刑人员的情绪管理能力是否得到提升，他们的社会交往圈是否得到扩展，他们与家庭照顾者的沟通是否得到改善，家庭照顾者是否学会识别和舒缓自己的照顾压力，社区是否拥有一支社区服刑人员参与的志愿者队伍以及他们的职业技能是否得到提升，等等。一般而言，在服务项目规划的书写过程中，社会工作者需要把核心指标放在前面，把一般指标放在后面，而且一般指标中不同内容的排列顺序需要根据服务项目设计的思维逻辑，即根据问题解决和能力提升在服务项目过程中的层次来安排。第三，服务项目的子目标应尽量使用增量指标。服务项目的子目标有增量指标和减量指标两种表述方式。增量指标注重服务人群积极、正面的行为或者生活安排的增加，如个人技能的提升、人际支持网络的建立、应对困难的积极经验的积累和扩展以及生活安排的改善等。减量指标则强调消极、负面的行为或状况减少的程度，例如，压力减轻、负面情绪得到控制、冲突次数减少以及问题状况出现的频率降低等。服务项目设计倾向于多用增量指标，少用减量指标，因为积极、正面经验的增加和能力提升会给人们带来更多的信心，而减量指标的使用容易让人们产生挫败感。如果社会工作者在撰写服务项目目标时需要使用减量指标，最好在减量指标后添加一些增量指标，提升项目服务人群的成长改变信心。

六 项目活动计划的书写

服务项目活动计划具体包括服务项目活动安排和服务项目流程安排两个方面内容。服务项目活动安排是指整个服务项目包括哪些具体的活动、这些活动有哪几种类型以及每种类型活动的数量有多少等，它是对服务项目整个活动安排的介绍。社会工作者是在服务人群的日常生活中开展专业服务的，因而有些服务项目的活动是与服务人群的日常生活安排或者工作安排结合在一起的，像探访、义诊以及茶话会等，就是常见的活动形式。这样，服务项目活动安排也就包括两部分内容：①标准化的社会工作专业服务活动，如个案工作、小组工作和社区工作等，这些活动安排是按照社会工作专业服务要求来设计的；②融入式的社会工作专业服务活动，这是将社会工作的专业理念、方法或者技巧融入服务人群的日常生活中。社会工作者在书写这样的服务活动安排时，需要对日常生活安排内容进行改造，突出其中的专业元素，如把一般的探访变成邻里互助的探访，强调其中邻里支持的专业元素，或者把人们习以为常的义诊变成社区护老骨干队伍培育的义诊，呈现其中建立社区支持网络的专业元素，或者把普通的茶话会变成健康保健经验分享茶话会，突出其中社区健康意识增强的专业元素。值得注意的是，初入门的社会工作者常常忽视融入式的社会工作专业服务活动安排，认为这样的服务活动安排不专业，但是实际上恰恰相反，在社区日常生活中开展的专业服务不同于在机构中开展的专业服务，社会工作者越能够将社会工作的专业服务与服务人群的日常生活结合起来，就越能够影响他们的生活，当然也就越能够带动他们的成长改变，实现社会工作"助人自助"的目标。

就服务项目的流程安排来说，它是指整个服务项目活动如何按照时间的维度前后衔接起来，形成科学有序的项目服务过程。服务项目流程安排通常是以项目的时间为主线，重点考察每一个服务项目活动从什么时间开始、到什么时间结束以及不同的服务项目活动之间如何衔接等。此外，整个服务项目流程安排也会关注每一个服务项目预计产出的成效和使用的主要评估方法，因为服务项目成效和评估方法将在本节的"项目预期成效的书写"中进行具体介绍，这里也就不展开讨论。服务项目流程安排如表 6 –

2 所示。

表 6 - 2　服务项目流程安排

项目活动 内容	预计 产出	评估 方式	项目时间进度				备注
			第一季度	第二季度	第三季度	第四季度	

　　服务项目流程安排通常是以月为单位来规划的，介绍服务项目的每个月做什么服务活动以及每个服务活动延续几个月等。为了能够更精准地安排服务活动，跟踪服务活动的开展过程，有的服务项目以更小的半月或者10 天为单位来策划服务活动的安排。需要注意的是，并不是运用越小的时间单位安排服务项目的活动越好，因为越小的时间单位意味着监管、跟踪服务活动越频繁，它需要耗费的社会工作者的精力和时间也就越多。

七　项目风险管理的书写

　　服务项目的风险管理也是服务项目书中不可或缺的内容之一。尽管这一部分的内容常常被初入门的社会工作者忽视，但是作为一个科学规划的服务项目，对可能出现的风险做好准备是服务活动顺利实施的前提，特别是对于服务项目这样时间跨度比较大、服务内容比较复杂的社会工作专业服务，风险的预测和规避就成为整个服务项目的重要内容之一。否则，服务项目的顺利实施是很难想象的。

　　对于服务项目来说，它的风险通常涉及四个方面，即服务项目目标人群的风险、潜在人群的风险、合作人群的风险以及社会工作团队的风险。服务项目目标人群的风险是指在整个服务项目开展过程中服务项目目标人群可能脱离服务的风险，如离世、搬迁或者拒绝等原因导致他们退出项目的服务。尤其对于一些特殊人群的服务，例如，高龄老人服务、临终关怀服务等，这些类型的服务项目目标人群很容易在服务过程中出现退出专业服务的情况，需要社会工作者预先做好应对的准备。潜在人群也一样，他们在整个服务项目实施过程中也有可能退出项目的服务，因此，像目标人群一样，社会工作者也需要在服务项目开展之前做好潜在人群退出服务的应对准备。不过，对于跨专业的综合服务项目而言，合作人群的风险也是社会工作者需要重点考察的内容，因为这样的综合服务项目一旦脱离其他专业的合作人群，服务项目的顺利开展是很难做到的。此外，社会工作团队在服务项目执行过程中的稳定性也是不可忽视的风险，它直接关乎服务项目的成效，也需要社会工作者做好风险应对的准备。

尽管服务项目的风险涉及四个方面，但是就服务项目的风险管理的书写内容而言，它包括两部分内容：项目风险和应对方法。前者是社会工作者预计在服务项目执行过程中可能出现的四种人群脱离服务的风险，后者则是针对这些可能出现的风险采取的应对行动。例如，针对防跌倒居家风险管理项目，如果参与服务项目的老年人在服务项目执行过程中出现跌倒送医的情况，社会工作者就需要采取跟进老年人的住院治疗的风险应对方法，并且在社区防跌倒意识增强宣传中注重挖掘服务人群，以便补充服务项目目标人群人数的不足。这样，通过服务项目的风险管理社会工作者就能够对服务项目的顺利开展做好充分的准备。

值得注意的是，服务项目的风险管理不同于服务活动的风险管理。服务项目的风险管理是针对服务项目整个执行过程来说的，它重点考察项目的服务人群以及社会工作团队在服务项目实施过程中的稳定性；而服务活动的风险管理就不同了，它更关注服务活动在实施过程中可能面临的困难，如活动的场地、活动的社会环境、活动的时间安排以及交通线路等不利于服务活动的开展，甚至活动当天的天气状况也是社会工作者需要关注的服务活动的风险因素。

八 项目预期成效的书写

服务项目预期成效是服务项目书的核心内容之一，它向服务项目利益相关方展现整个服务项目预期达成的成效。具体而言，服务项目预期成效包括三部分内容：项目预期的产出和改变成效、项目成效评估指标体系和项目成效评估方法。项目预期的产出和改变成效是指服务项目完成之后预计实现的改变成果，它主要涉及两个方面：①项目预期的产出成效，即服务项目完成之后社会工作者能够提供的服务活动结果，如服务人群的建档量、辅导的个案数量、小组活动的数量以及社区大型活动数量等；②项目预期的改变成效，即服务项目完成之后服务人群发生的改变，特别是其中的服务项目目标人群，他们通过服务发生的改变是社会工作者重点考察的内容，如服务项目目标人群的问题界定能力、问题解决能力、情绪管理能力、人际支持状况以及社会角色扮演能力等。项目预期的产出成效与项目预期的改变成效的考察视角不同，前者关注社会工作者的服务活动安排，后者注重项目服务人群的感受和体验。不过，对于服务项目来说，两种成效考察都是必不可少的，尤其是服务项目的改变成效，直接影响项目服务人群对社会工作专业服务的接纳和认可。

明确了服务项目预期改变成效的考察焦点之后，社会工作者还需要制定服务项目成效评估指标体系，将服务项目改变成效的考察焦点细化为可以进行操作和测量的评估指标体系。例如，针对长期照顾者的喘息服务，社会工作者需要将喘息的成效指标化，可以首先将长期照顾者的喘息成效的表现分为照顾压力的舒缓、情绪管理能力的提升以及照顾技能的提高等，然后将每一个喘息成效的表现转化为具体的测量指标，如针对照顾压力的舒缓，可以设计出照顾压力的强度、持续时间、出现频率等指标，通过这些指标社会工作者能够测量出经过喘息服务之后长期照顾者的照顾压力是否得到舒缓。以此类推，社会工作者就能够制定出喘息服务中的情绪管理能力提升和照顾技能提高的成效评估指标，并围绕长期照顾者的喘息成效将这些指标组合起来，形成成效评估指标体系。有了服务项目预期成效的评估指标体系，社会工作者就能够从不同的方面对服务项目成效进行全面系统的考察。

不过，在具体测量服务项目的预期成效之前，社会工作者还需要规划服务项目成效评估方法，即明确采用什么方法测量服务项目的预期改变成效，呈现服务项目预期成效评估指标的变化。例如，经常采用的服务项目成效评估方法有测量、问卷调查、观察以及访谈等，社会工作者可以根据服务项目预期成效评估指标体系的要求选择合适的方式收集相关的数据，呈现服务项目预期成效指标的变化，从而准确掌握整个服务项目成效。实际上，项目预期的产出和改变成效、项目成效评估指标体系和项目成效评估方法这三个部分的内容是紧密关联的，缺一不可，项目预期的产出和改变成效提供了服务项目预期成效的评估焦点，项目成效评估指标体系则提供了服务项目预期成效的评估框架，而项目成效评估方法则提供了服务项目预期成效的具体评估办法，它们一起构成服务项目预期成效的核心内容。

九　项目可行性和创新性的书写

服务项目的可行性和创新性尽管不是服务项目书的核心内容，但也是服务项目书不可或缺的基本内容之一，它对服务项目是否可行以及在什么方面进行了创新探索的介绍。具体而言，服务项目可行性和创新性的书写包括三部分内容：①项目的可行性；②项目的创新性；③项目的可复制性。就服务项目的可行性来说，它是对服务项目计划实施的可能性进行分析，通常包括服务项目落地的合作单位的支持状况和服务项目前期的准备工作，如合作单位是否支持、与合作单位是否有接触以及是否做过服务项目前期的调研和一些必要的经验和物质准备等。显然，服务项目的执行是要冒一定的风险的，它有可能成功，也有可能不成功。因此，评价一个服务项目的好坏，除了需要考察它的专业性之外，还需要关注它的可行性。

就服务项目的创新性来说，它是指这一服务项目与同类服务项目的不同之处，能够给同类服务项目带来不同的理解和新的服务经验。只有通过对服务项目创新性的探讨，社会工作者才能够对这一服务项目的特色以及所具有的价值有更深入的理解，才能够从单独考察这一服务项目的设计和执行转变成站在同一类型服务项目角度审视这一服务项目的状况。因此，这里所说的服务项目的创新性，不是社会工作者根据这一服务项目的状况随意组织起来的特色，而是将这一服务项目放在全国的范围内进行细致考察得出来的结果。这样，社会工作者的服务项目创新性的分析就能够与服务项目书的立项背景分析对应起来，让服务项目利益相关方能够用更宽广的眼光理解这一服务项目设计的基本逻辑。值得注意的是，服务项目的设计不同于服务活动安排，它是针对特定场景中的特定问题而设计的，除了需要完成项目的服务任务解决面临的问题之外，还需要给其他服务项目提供值得学习的经验，因而服务项目创新性的考察也就成为服务项目设计中不可忽视的内容。

除了服务项目的可行性和创新性之外，服务项目的可复制性也是社会工作者需要重点分析的内容。尤其对于社会工作专业服务项目来说，这一方面的考察是不可或缺的，因为社会工作专业服务本身就强调倡导服务，而通过服务项目成功经验的倡导和学习就能够促进社会环境的改变。从这一角度而言，服务项目可复制性的分析其实不是简单地讨论这一服务项目的哪些经验值得学习，而是服务项目中值得学习的经验如何转换成他人可以学习经验的活动设计，包括服务项目的成功经验如何提炼以及如何让有需要的人有效地学习这样的成功经验，其中就涉及经验交流会的组织、工作坊的安排、课程开发以及服务组织联盟的建立等。这样，社会工作专业服务项目就能够将直接服务与间接服务、微观服务与宏观服务整合起来，多层面地展现社会工作专业服务项目的成效。

此外，服务项目费用预算也是服务项目设计和执行过程中不可或缺的部分，由于这一部分的内容与当地的政策和有关规定直接相关，而且各地的差异比较大，所以这里不再展开讨论。简单而言，服务项目书尽管包括"10 + 1"的内容，看起来很复杂，但是实际上它的背后有清晰简洁的问题解决的思维逻辑，就是"是什么"、"怎么做"和"成效在哪里"。这样，服务项目书的每一部分的内容也就与其他部分紧密联系在一起，它们一起构成一份完整的服务项目书。

第三节　服务项目书的书写案例

一份好的服务项目书不仅需要有清晰严谨的设计思路，而且需要有简洁明了的表达方式，能够让服务项目利益相关方准确了解服务项目的活动安排、预期达到的成效以及创新之处。因此，服务项目书如何书写才能让人们准确、快速地了解服务项目的内容，就不是简单的文字功夫，而是社会工作者思维逻辑的训练，督促社会工作者学会随时转换到周围他人，特别是服务项目利益相关方的角度审视服务项目的内容和表达方式，提高社会工作者的服务自觉能力，帮助社会工作者逐渐掌握多元的思考和工作方式。为了便于社会工作者学习，接下来按照"是什么"、"怎么做"和"成效在哪里"的逻辑完整呈现服务项目书的书写过程。

一　是什么

这是一个针对社区长期卧床不起老人的居家养老服务项目，经过前期的初步调研之后，社会工作者认为这个服务项目值得去做，它不同于医院（养老院）的老人长期照顾服务，平时的照顾服务都安排在家里，而家庭在承担这样的老人长期照顾服务中明显力不从心。因此，社会工作者给这个服务项目取名为社区"家庭病房"居家养老社工综合服务项目。社区是指这个服务项目依托社区的支持网络,"家庭病房"代表这是长期照顾服务,居家养老是指这个服务项目针对卧床不起的老年人开展服务,他们是服务项目的目标人群,社工综合服务则强调这个服务项目是围绕社区老年人的长期照顾建立社区支持网络的服务。

经过服务项目的需求评估之后,社会工作者设计出社区"家庭病房"居家养老社工综合服务项目,并提炼出项目概要。

通过对厦门市的 Q 和 L 两个社区的入户问卷调查和深度访谈发现,这两个社区现有不能自理的老年人 36 人、尚能自理的老年人 100 多人、健康老人 1800 多人,他们分别存在护理照顾、疾病预防和健康保健的需求。针对这两个社区三类老年人的不同需求,本项目围绕社区不能自理的 36 位老年人设计了"家庭病房"监护网络、社区预防网络以及社区互助网络三个层级的社区"家庭病房",以实现对 36 户不能自理老年人家庭的入户指导,提升家庭的照顾能力,举办 10 期"社区风险老人健康意识增强"讲座,提升社区高风险老年人的自我保健能力,组织 2 期社区家庭照顾技能提升培训,培养一支社区助老队伍。

显然,社区"家庭病房"居家养老社工综合服务项目需要一支跨专业的工作团队,其中既要有社会工作者,也要有医生和护理员。因此,针对该服务项目,它的项目团队介绍需要突出跨专业的特点。

承接该项目的厦门市 H 老年社会服务中心是依托厦门市某养老院创建的社会工作服务机构,拥有医生 1 名、护理员 6 名、社工 3 名。这 3 名社工均已获得社会工作专业本科毕业证书,其中 1 名是在读社会工作专业的硕士研究生。

二 怎么做

讨论服务项目怎么做,就需要从服务项目背景和需求分析开始。以社区"家庭病房"居家养老社工综合服务项目为例,它的项目背景、需求分析以及能力与资源可以用如下方式描述。

项目立项背景[①]

我国 2011 年第六次人口普查结果显示：60 岁以上老年人有 1.78 亿人，占总人口的 13.26%，比 2000 年增加了 2.93 个百分点。显然，养老已成为我国的社会问题；在独生子女政策的影响下，我国城市家庭人口逐渐出现 4：2：1 现象，即一个孩子需要承担父母双方的照顾，同时需要面对 4 位老年人；由于家庭小型化，城市家庭养老因经济和观念上的限制而很难实现，城市机构养老又面临床位有限、资源紧张等挑战，甚至受观念方面的制约。因此，社区居家养老就成为我国的一项现实国情。在社区居家养老中，长期卧床不起不能自理的老人急需他人的帮助。

厦门市的 Q 和 L 两个社区地处厦门市改革开放的试验区，流动人口较多，属于混合型的新型社区，也是厦门市的明星社区，不仅志愿服务开展得很普遍，而且愿意尝试政府购买项目的服务方式。这两个社区现有不能自理的老年人 36 人、尚能自理的老年人 100 多人、健康老人 1800 多人。其中不能自理的老年人由于长期卧床不起，需要他人长期照顾，他们的照顾者主要是配偶、子女和保姆，以配偶居多，占总数的一半，而这些配偶照顾者自身也上了年纪，通常还患有慢性病。因此，他们家庭的照顾压力急需缓解，照顾能力急需提高。

项目需求分析

这 36 位不能自理的老年人目前面临的主要问题：

在心理层面，表现为因褥疮、伤口不能及时清理等问题带来的病痛、生活不能自理需要他人照顾的不便以及照顾环境不佳导致的孤单；

在人际层面，表现为与照顾者和家庭成员在照顾过程中的冲突以及照顾者的压力过大和照顾能力不足；

在社会层面，表现为邻里互助不足、社区缺乏相关的志愿者队伍

[①] 社区"家庭病房"居家养老社工综合服务项目是厦门市湖里区政府在 2012 年立项和实施的政府购买项目。

以及居民健康保健意识不强。

能力与资源

这两个社区是厦门市的明星社区，平时志愿服务丰富，而且社区的主管和工作人员的工作热情比较高，愿意与社会工作者一起尝试政府购买项目的服务方式。

完成了服务项目背景和需求分析之后，社会工作者需要针对需求分析的结果规划项目的服务活动，提供服务项目的总体思路，包括项目指导理论、项目总体设计（项目设计的总体框架图）、项目总体目标（总目标）和项目具体目标（子目标）。

项目指导理论

由于本项目关注照顾者照顾技能的学习和照顾压力的舒缓以及社会支持网络的建设，因此，选择微观层面的社会学习理论和宏观层面的社会支持网络理论作为服务项目的指导理论。

社会学习理论，是由美国学者班杜拉（Albert Bandura）提出的，他认为人的行为是个人内部心理与外部环境因素两者相互作用的结果，个人内部的心理因素在行为学习中发挥着重要作用。他把预期（expectations）和理性思考（thoughts）等认知因素引入行为学习中，强调人的观察学习分为三个基本的步骤：第一步，观察，即让人们观察示范者的行为，并且给予这一行为一定的关注；第二步，记忆，即让人们对观察到的经验进行整理，梳理出这一行为实施的基本要素和程序，形成有关这一行为的记忆；第三步，强化，即在服务中设计观察行为出现的场景，并且引导和鼓励人们根据自己的行为记忆指导自己的行为学习。班杜拉还提出了帮助人们提高自我效能的两种常见方式：一种是行为预演（behavioral rehearsal），即让人们在事件发生之前就准备好行为的应对方式；另一种是行为技巧关联信息的提供，即让人们观察示范者的行为应对过程，掌握行为应对方式与行为结果之间的内在关联。

社会支持网络理论，是在20世纪80年代走进社会工作并成为社会工作的一项重要理论视角。它假设，人们生活在由周围他人形成的社会支持网络中，这样的社会支持网络影响人们的日常生活安排和日常困扰的处理，既给人们的生活产生积极的作用，也给人们的生活带来消极的影响。作为社会工作者，如果掌握这种社会支持网络的评估和运用技能，特别是非正式社会支持网络的挖掘以及非正式与正式社会支持网络的整合，就能够帮助人们克服面临的问题。尽管目前有关社会支持网络理论的内涵有多种不同的看法，但是都认同社会支持网络理论具有三个基本要素：①链接，即帮助人们确认可利用的周围资源，并且协助人们建立起资源链接的方式；②能力，即从人们现有的能力以及与周围资源链接的方式开始实施服务的计划，注重人们利用周围资源能力的提升，是一种能力导向的服务；③合作，即让人们参与整个服务计划的制订和实施，帮助人们学会以合作的方式处理日常生活中面临的各种冲突。

　　因此，本项目注重微观层面的观察学习和自我效能感的提升，宏观层面则强调非正式支持网络的挖掘和能力导向的资源运用与合作关系的创建。

项目总体设计

　　基于服务项目的需求评估，针对社区中 36 名不能自理的老年人计划开展社区"家庭病房"居家养老社工综合服务项目，该项目设计的总体框架图如图 6-1 所示。

图 6-1　社区"家庭病房"居家养老社工综合服务项目设计的总体框架

项目总体目标（总目标）

　　提升不能自理老年人的家庭照顾质量，提高照顾者的照顾能力，增强社区风险老年人的健康意识和社区互助网络。

项目具体目标（子目标）

1. 服务项目目标人群（36 位不能自理的老年人）

1.1 建立 36 位不能自理老年人的健康档案，进行跟踪管理

1.2 处理 36 位不能自理老年人的褥疮和伤口，减轻病痛

1.3 监护其中不能自理的高风险老年人的健康状况变化

1.4 疏导不能自理老年人的内心不满情绪

1.5 增加不能自理老年人的人际沟通

1.6 建立由照顾者、家人、居委会工作人员和社工组成的社区不能自理老年人的监护网络

2. 服务项目其他人群

2.1 舒缓照顾者的照顾压力

2.2 提高照顾者的照顾能力（特别是褥疮处理和翻身）

2.3 改善照顾者与被照顾者之间的沟通（主要针对沟通中的冲突）

2.4 增强社区风险老年人的健康意识（不少于 100 人）

2.5 促进社区风险老年人的社会交往（不少于 100 人），建立预防网络

2.6 提升社区居民的家庭照顾技能

2.7 建立一支助老社区志愿者队伍，增强社区互助网络

有了服务项目的目标和总体框架之后，社会工作者接着需要制订服务项目活动计划，策划服务项目的具体活动安排（见表 6-3）和基本流程，保证服务项目活动能够有序地推展开来。

项目活动安排

1. 标准化的社工活动

个案 36 个

小组 2 个

社区活动 2 个

2. 融入式的社工活动

建立不能自理老年人的健康档案（36 人）

社区风险老年人健康意识增强的讲座 10 期

社区家庭照顾技能提升的培训 2 期（12 次）

项目流程

表 6 - 3　项目活动安排

项目活动内容	预计产出	评估方式	第一季度	第二季度	第三季度	第四季度	备注
健康档案	36 人的健康档案	实务考察	√ √ √				一人一档
个案	36 个（12 人的高风险监护）	文字记录、访谈、量表	√ √ √	√ √ √	√ √ √	√ √ √	高风险健康监护
小组	2 个	文字记录、访谈		√ √ √	√ √		压力舒缓和技能学习
社区活动	2 个	文字记录、访谈			√	√ √ √	户外活动
健康意识增强的讲座	10 期（至少 400 人次参与）	文字记录、访谈、问卷		√ √	√ √ √	√	注重分享和交流
照顾技能提升的培训	2 期（12 次，至少 500 人次参与）	文字记录、访谈、问卷			√ √	√ √ √	协助社区活动开展

社会工作者在制订服务项目活动计划时，还需要分析服务项目在执行过程中可能面临的风险，做好服务项目的风险管理（见表 6 - 4）。

表 6 - 4　项目风险管理

序号	风险类型	项目风险	应对方法
1	目标人群的风险	（1）出现高风险； （2）过世或者搬离	（1）增加入户服务的次数，每周 1 次，同时联系家人确认信息 1 次； （2）与社区核对，结束服务
2	潜在人群的风险	（1）生病或者照顾责任调整 （2）搬离	（1）与照顾者和家人确认，变更照顾者； （2）与社区核对，结束服务
3	合作人群的风险	社区更换联系人	及时联系社区，加强项目沟通
4	社会工作团队的风险	（1）医生和护理人员不足； （2）社会工作团队不稳定	（1）与合作医院和医学院保持联系，做好兼职聘任和专业志愿者工作； （2）配备团队主管助理，做好及时应对变化的准备
5	其他	社区骨干志愿者搬离	与社区骨干志愿者及时联系，采取 1 个骨干带 2 个副手的方式

三 成效在哪里

完成了项目活动安排和流程的设计之后，社会工作者就需要规划项目的服务成效，让人们能够清晰了解这样的服务项目设计最终希望帮助服务项目的目标人群以及其他相关人群实现哪些方面的改变。通常而言，服务项目预期成效包括项目预期产出和改变成效、项目成效评估指标体系以及项目成效评估方法三个部分的内容，这些内容可以这样来书写（见表 6 - 5）。

表 6 - 5 项目预期成效

项目活动内容	预期产出成效	预期改变成效	成效评估指标体系	成效评估方法	备注
不能自理老年人的健康档案	36 人建档	(1) 了解健康状况； (2) 知晓健康风险因素	(1) 建档数； (2) 健康状况知晓率； (3) 健康风险知晓率	(1) 实务考察； (2) 访谈	实务考察是指检查档案记录本
个案	(1) 36 人入户跟进； (2) 12 人高风险监护	(1) 处理褥疮和伤口，减轻病痛； (2) 不满情绪疏导； (3) 增加人际沟通； (4) 监护健康风险状况变化； (5) 建立健康风险监护网络	(1) 褥疮和伤口的处理人数/变化状况； (2) 不满情绪出现的次数/强度/时长； (3) 沟通交流的次数/人数/时长； (4) 健康风险监护人数/处理的次数/及时性； (5) 健康风险监护网络人数/完善程度	(1) 文字记录； (2) 观察； (3) 访谈； (4) 量表	文字记录是指个案服务中相关文字记录
小组	(1) 1 个照顾压力舒缓小组； (2) 1 个家庭照顾技能学习小组	(1) 舒缓照顾者的照顾压力； (2) 提高照顾者的照顾能力； (3) 改善照顾者与被照顾者之间的沟通	(1) 照顾压力的数量/强度/时长； (2) 照顾技能（褥疮处理和翻身）掌握数量/使用频率； (3) 照顾者与被照顾者沟通冲突的次数/强度/时长	(1) 文字记录； (2) 观察； (3) 访谈； (4) 量表	
社区活动	2 次社区大型活动	(1) 促进社区风险老年人的社会交往（不少于100 人）； (2) 建立一支助老社区志愿者队伍	(1) 社区风险老年人社会交往的人数/次数/内容； (2) 社区志愿者骨干人数/参与程度/时长； (3) 社区志愿者队伍人数/参与服务次数	(1) 文字记录； (2) 观察； (3) 访谈； (4) 量表； (5) 问卷	

续表

项目活动内容	预期产出成效	预期改变成效	成效评估指标体系	成效评估方法	备注
健康意识增强的讲座	10 期	增强社区风险老年人的健康意识（不少于100人）	社区风险老年人的健康知识的知晓率	（1）观察； （2）问卷	
照顾技能提升的培训	2 期/12 次	提升社区居民的家庭照顾技能	社区居民家庭照顾技能的掌握人数/掌握数量	（1）观察； （2）问卷	

从广义而言，项目的服务成效除了体现为直接的服务成效之外，还表现为它的创新性和可复制性。一个好的服务项目是要能够在同类项目中起到示范作用的，可以学习和推广，成为带动这一领域服务不断创新前行的推动力。因此，完成了服务项目预期成效设计之后，社会工作者接着需要分析和撰写服务项目的可行性和创新性。

项目可行性和创新性

项目的可行性：①社区"家庭病房"是在组建了多专业团队基础上设计的服务项目，项目服务团队包括1名医生、6名护理员和3名社工，其中这3名社工均已获得社会工作专业本科的毕业证书，完全有能力承担本项目所要求的围绕长期卧床不起老人的社区"家庭病房"居家养老社工综合服务项目；②该项目落地的Q和L两个社区是厦门市的明星社区，不仅社区工作人员素质高，愿意主动尝试政府购买项目的服务方式，而且社区具有丰富多彩的各类活动，志愿服务非常普遍，居民的互助意识较强；③该项目的多专业团队是依托养老院创建的，具备多专业团队的工作能力，而且在社区中已经开始初步尝试这种多专业的居家养老社工综合服务项目，有一定的项目前期经验的积累。

项目的创新性：①社区"家庭病房"居家养老社工综合服务项目是将社工服务融入多专业服务中的跨专业综合服务项目，具有极强的创新性和项目示范引领作用，特别是在社区居家养老方面，涉及老年人多层面的需求，急需这种多专业综合服务项目；②该项目以照顾康复为主，同时结合社区资源的运用，创建社区的监护和互助网络，提升社区高风险老年人的风险抵抗能力，培育社区的健康志愿服务队，将照顾康复的家庭为本的服务与互助网络搭建的社区为本的服务有机结合，使服务既具有家庭跟踪的深度，又具有社区挖掘的广度，创建"家庭－社区"为本的综合服务模式；③该项目在以家庭为本的照顾康复的服务中采用了个案管理的方式，根据长期卧床老年人及其家庭的多重需要整合多专业团队的服务和社区多方面的资源，创造个性化的综合服务，为社区中的综合健康服务提供示范。

项目的可复制性：①社区"家庭病房"居家养老社工综合服务项目将与高校社会工作实务研究团队合作，根据服务尝试的经验总结撰写宣传单张和服务手册，规范服务的流程和方法，形成一套可以学习和复制的操作模式，便于服务的推广；②该项目将在服务尝试的经验总结基础上开展全市范围内的社区"家庭病房"居家养老社工综合服务工作坊（至少2次），提升社工的多专业团队的工作能力，了解"家庭－社区"为本的服务模式以及居家养老综合服务中的个案管理模式的使用；③该项目将组织参与一线服务的社工撰写优秀案例，提升一线社工的服务能力，并且鼓励一线社工参与国家、省市组织的案例比赛，分享和交流服务的经验。

由于项目费用预算受当地政府相关政策的影响比较明显，各地差异比较大，甚至项目购买方不同也会有不同的要求，所以，这里不再展开讨论。总之，一个好的服务项目设计需要搭建以生态社会理论为基本的服务框架，满足服务项目设计的针对性、结构性、转接性和累加性四个方面的基本要求。针对性是强调服务项目的设计需要有明确的目标人群和焦点问题；结构性则关注服务项目的基本架构是否清晰，这个架构有没有考虑到目标人群的焦点问题在其生活中不同结构层面的表现，以及这些表现之间的相互关系；转接性侧重微观辅导服务与宏观大型活动在一个服务项目中如何自然衔接、合理搭配，以实现服务人群个人成长与环境改善的相互促进；累加性则注重服务项目设计是否有一以贯之的整体逻辑，不同阶段服务活动的成效能否积累起来，循序渐进地实现整个服务项目的改变目标。

参考文献

"大爱之行"全国项目办公室，2016，《社会工作项目管理手册》，北京：中国社会出版社。

高广旭，2015，《辩证法的内涵革命——重释马克思对黑格尔辩证法的"颠倒"》，《学术界》第 10 期。

李迎生，2016，《中国社会工作模式的转型与发展》，北京：人民出版社。

陆德全，2017，《社会发展视角探索社会工作的本土化策略——以南非建构发展性社会工作体系的路径为例》，《中国农业大学学报》第 3 期。

马骏达，2015，《政府购买社会服务研究——以 G 省民办社工机构服务为案例》，北京：中国社会出版社。

民政部社会工作研究中心，2013，《中国社会工作发展报告（2011～2012）》，北京：社会科学文献出版社。

童敏，2011，《社会工作专业服务的规划与设计》，北京：社会科学文献出版社。

童敏，2016a，《项目服务的专业逻辑：社会工作专业化的本土路径》，《社会工作》第 3 期。

童敏，2016b，《中国本土社会工作发展的专业困境及其解决路径——一项历史和社会结构的考察》，《社会科学辑刊》第 4 期。

童敏、史天琪，2017，《社会工作专业服务的本土框架和理论依据——一项本土专业服务场域的动态分析》，《中国农业大学学报》（社会科学版）第 3 期。

童敏、吴宝红，2019，《专业化的"陷阱"：三社联动下计生特殊家庭帮扶服务的反思》，《中国行政管理》第 4 期。

童敏、许嘉祥，2019，《深度社会工作的百年审视与本土理论体系建构》，《厦门大学学报》（哲学社会科学版）第 3 期。

Abramovitz, M. (1998). "Social work and social reform: An arena of struggle. " *Social Work*, 43 (6), 512 – 526.

Adams, P. , & Nelson, K. (1995). "The context of community-and family-centred practice. " In Adams, P. , and Nelson, K. (eds.), *Reinventing Human Services: Community and Family-centred Practice* (pp. 15 – 17). New York: Aldine de Gruyter.

Berg, I. K. , & Kelly, S. (2000). *Building Solutions in Child Protective Services*. New York: W. W. Norton.

Besthorn, F. (2002). "Radical environmentalism and the ecological self: Rethinking the concept of self-identity for social work practice. " *Journal of Progressive Human Services*, 13 (1), 53 – 72.

Bronfenbrenner, U. (1989). "Ecological systems theory. " *Annals of Child Development*, 6 (2), 187 – 249.

Brooks-Gumn, J. (1995). "Children in families and communities: Risk and intervention in the bronfenbrenner tradition. " In Moem, P. , Elder, G. H. , & Luscher, K. (eds.), *Examining Lives in Context* (pp. 451 – 467). Washington, DC: American Psychological Association.

Cews, D. , & Besthorn, F. H. (2016). "Ecosocialwork and transformed consciousness: Reflections on eco-mindfulness engagement with the silence of nature world. " *Journal of Religion & Spirituality in Social Work: Social Thought*, 35 (5), 91 – 107.

Coates, J. (2003). "Exploring the roots of the environmental crisis: Opportunity for social transformation. " *Critical Social Work*, 15 (2), 116 – 125.

Cowger, C. D. , Anderson, K. M. , & Snively, C. A. (2006). "Assessing strengths: The political context of individual, family, and community empowerment. " In D. Saleebey (ed.), *The Strengths Perspective in Social Work Perspective* (pp. 93 – 115) (4th ed.). Boston: Pearson Education, Inc.

Cowley, A. D. S. (1993). "Transpersonal social work: A theory for the 1990s. " *Social Work*, 38 (5), 527 – 534.

De Shazer, S. (1994). *Words Were Originally Magic*. New York: W. W. Norton & Company, Inc.

Dominelli, L. (2002). *Anti-oppressive Social Work Theory and Practice*. New York: Palgrave.

Folgheraiter, F. (2004). *Relational Social Work: Toward Networking and Society Practices*. London: Jessica Kingsley Publishers.

Fook, J. (2002). *Social Work: Critical Theory and Practice*. London: Sage.

Fook, J. (2003). "Critical social work: The current issues. " *Qualitative Social Work*, 2 (2), 123 – 130.

Fook, J. (2015). *Social Work: Critical Theory and Practice* (3rd ed.). London: Sage.

Fook, J. (2016). *Social work: A Critical Approach to Practice*. London: Sage.

Fook, J. , Ryan, M. , & Hawkins, L. (1997). "Towards a theory of social work expertise. " *British Journal of Social Work*, 27 (3), 399 – 417.

Freedberg, S. (2009). *Relational Theory for Social Work Practice: A Feminist Perspective*. New York: Routledge.

Gelfand, B. (1988). *The Creative Practitioner: Creative Theory and Method for the Helping Services*. New York: Haworth Press.

Germain, C. B. (ed.) (1979). *Social Work Practice: People and Environment*. New York: Columbia University Press.

Germain, C. B. , & Gitterman, A. (1995). "Ecological perspective. " In Edwards, A. (ed.), *Encyclopedia of Social Work* (19th ed. , pp. 816 – 824). Silver Spring, MD: National Association of Social Workers.

Gitterman, A. , & Germain, C. B. (2008). *The Life Model of Social Work Practice: Advances in Theory and Practice* (3rd eds.). New York: Columbia University.

Glicken, M. D. (2004). *Using the Strengths Perspective in Social work Practice: A Positive Approach for the Helping Professions*. Boston: Allyn and Bacon.

Goldstein, E. G. (1995). *Ego Psychology and Social Work Practice* (2nd ed.). New York: The Free Press.

Goldstein, E. G. (1996). "Ego psychology theory. " In Francis J. Turner (4 ed.), *Social Work Treatment: Interlocking Theoretical Approaches* (pp. 191 – 217). New York: The Free Press.

Gould, K. H. (1987). "Life model versus conflict model: A feminist perspective." *Social Work*, 32 (4), 346 – 351.

Gray, M., & Webb, S. A. (2009). "Critical social work." In Gray, M., and Webb, S. A. (eds.), *Social Work Theories and Methods* (pp. 76 – 85). London: Sage.

Greene, R. R. (2008a). "Ecological perspective: An eclectic theoretical framework for social work practice." In Greene, R. R. (ed.), *Human Behavior and Social Work Practice* (pp. 199 – 236). New Jersey: Transaction Publishers.

Greene, R. R. (2008b). "General systems theory." In, *Human Behavior Theory and Social Work Practice* (*3rd ed.*) (pp. 165 – 197). New Jersey: Transaction Publishers.

Halpern, R. (1995). "Neighborhood-based services in Low-income neighborhood: A brief history." In Adams, P., and Nelson, K. (eds.), *Reinventing Human Services: Community-and Family-centred Practice* (pp. 19 – 39). New York: Aldine de Gruyter.

Haraway, D. (1988). "Situated knowledges: The science question in feminism and the privilege of partial perspective." *Feminist Studies*, 14 (3), 575 – 599.

Healy, K. (2000). *Social Work Practice: Contemporary Perspectives on Change*. London: Sage.

Healy, K. (2014). *Social Work Theories in Context: Creating Frameworks for Practice* (2nd ed.). New York: Palgrave Macmillan.

Hick, S., & Pozzuto, R. (2005). "Introduction: Towards 'becoming'a critical social worker." In Hick, S., Fook, I., and Pozzuto, R. (eds.), *Social Work: A Critical Turn* (pp. ix-xviii). Toronto: Thompson Educational Publishing, Inc.

Howe, D. (2002). "Psychosocial work." In R. Adams, L. Dominelli and M. Payne (2nd eds.), *Social Work: Themes, Issues and Critical Debates* (pp. 170 – 179). New York: Palgrave.

Howe, D. (2009). *A Brief Introduction to Social Work Theory*. Basingstoke: Palgrave Macmillan.

Ife, J. (1997). *Rethinking Social Work: Towards Critical Practice*. Melbourne:

Longman.

Kemp, S. P. , Whittaker, J. K. , & Tracy, E. (1997). *Person-environment Practice: The Social Ecology of Interpersonal Helping.* New York: Aldine de Gruyter.

Krill, D. F. (2014). "Existential social work. " *Advances in Social Work*, 15 (1), 117 – 128.

Mattaini, M. A. , Lowery, C. T. , & Meyer, C. H. (2002). *Foundations of Social Work Practice: A Graduate Text.* Washington DC: NASW.

McGarrigle T. , & Walsh, C. A. (2011). " Mindfulness, self-care, and wellness in social work: effects of contemplative training. " *Journal of Religion & Spirituality in Social Work Social Thought*, 30 (3), 212 – 233.

McMahon, M. O. (1990). *The General Method of Social Work Practice: A Problem-solving Approach* (2nd ed.). Englewood Cliffs, NJ: Prentice-Hall.

Meyer, C. H. (ed.) (1983). *Clinical Social Work in the Ecosystems Perspective.* New York: Columbia University Press.

Miehls, D. (2011). "Relational theory and social work. " In Francis J. Turner (5th ed.), *Social Work Treatment: Interlocking Theoretical Approaches* (pp. 401 – 412). New York: Oxford University Press.

Mosely, J. E. (2016). "Yes, macro practice matters: Embracing the complexity of real-world social work. " *Human Service organization: Management, Leadership & Government*, 21 (2), 4 – 6.

Okitikpi, T. , & Aymer, C. (2010). *Key Concepts in Anti-discriminatory Social Work.* London: Sage.

Orme, J. , (2009). "Feminist social work. " In M. Gray and S. A. Webb (eds.), *Social Work Theories and Methods* (pp. 65 – 75). London: Sage.

Page, T. (2011). "Attachment theory and social work treatment. " In Francis J. Turner (5 ed.), *Social Work Treatment: Interlocking Theoretical Approaches* (pp. 30 – 47) . New York: The Free Press.

Parsloe, P. (1996). "Helping individuals to take power. " In Parsloe, P. (ed.), *Pathways to Empowerment* (pp. 111 – 123). Birmingham: Venture.

Parton, N. , & O'Byrne, P. (2000). *Constructive Social Work: Towards a New*

Practice. Bashingstoke: Palgrave Macmillan.

Payne, M. (2005). *Modern Social Work Theory*. New York: Palgrave Macmillan.

Payne, M. (2011). *Humanistic Social Work: Core Principles in Practice*. London: LYCEUM Books Inc.

Perlman, H. (1957). *Social Casework: A Problem-solving Process*. Chicago: University of Chicago Press.

Phillips, C. (2007). "Pain (ful) subjects regulated bodies in medicine and social work." *Qualitative Social Work*, 6 (2), 197 - 212.

Pincus, A. , & Minahan, A. (1973). *Social Work Practice: Model and Method*. Itasca, IL: Peacock.

Rapp, C. A. , & Goscha, R. J. (2006). *The Strength Model: Case Management with People with Psychiatric Disabilities* (2nd ed.). New York: Oxford University Press.

Reid, W. J. (1992). *Task Strategies: An Empirical Approach to Clinical Social Work*. New York: Columbia University Press.

Richmond, M. E. (1922). *What is Social Casework?* New York: Russell Sage.

Saleebey, D. (2006a). "Introduction: Power in the people." In *The Strengths Perspective in Social Work Perspective* (4th ed.) (pp. 1 - 24) . Boston: Pearson Education, Inc.

Saleebey, D. (2006b). "The strengths perspective: Possibilities and problems." In *The Strengths Perspective in Social Work Perspective* (4th ed.) (pp. 279 - 303). Boston: Pearson Education, Inc.

Sands, R. , & Nuccio, K. (1992) . "Postmodern feminist theory and social work." *Social Work*, 37 (6), 480 - 494.

Simons, M. A. (ed.) (2010). *Feminist interpretations of Simone de Beauvoir*. Pennsylvania: Pennsylvania State Press

Snyder, C. R. & Lopez, S. J. (2007) . *Positive Psychology: The Scientific and Practical Explorations of Human Strengths*. Thousands Oaks: Sage.

Specht, H. (1988) . *New Directions for Social Work Practice*. Englewood Cliffs, New Jersey: Prentice-Hall, Inc.

Specht, H. , & Courtney, M. E. (1994) . *Unfaithful Angels: How Social Work has Abandoned Its Mission?* New York: The Free Press.

Thomlison, R. J. , & Thomlison, B. (2011). "Cognitive behavior theory and social work treatment. " In Francis J. Turner (5th ed.), *Social Work Treatment: Interlocking Theoretical Approaches* (pp. 77 – 103) . New York: Oxford University Press.

Tracy, E. M. , & Brown, S. (2011). "Social networks and social work practice. " In Francis J. Turner (5th ed.), *Social work Treatment: Interlocking Theoretical Approaches* (pp. 447 – 459). New York: Oxford University Press.

Webb, S. A. (2006). *Social Work in a Risk Society: Social and Political Perspective.* Basingstoke: Palgrave Macmillan.

Weick, A. , & Chamberlain, R. (1997). "Putting problems in their place: Further explorations in the strengths perspective. " In Saleebey, D. (ed.) *The Strengths Perspective in Social Work Practice* (2nd ed.). (pp. 39 – 48). White Plains: Longman Publishers.

Weick, A. , Rapp, C. , Sullivan, W. P. , & Kisthardt, W. (1989). "A strengths perspective for social work practice. " *Social Work*, 34 (4), 350 – 354.

Woods, M. E. & Hollis, F. (1990). *Casework: A Psychosocial Theory* (4th eds.) . New York: McGraw-Hill Publishing Company.

图书在版编目（CIP）数据

社会工作专业服务项目的设计：实践逻辑与理论依据／童敏著 . -- 北京：社会科学文献出版社，2020.9（2023.11 重印）
（社会工作硕士专业丛书 . 实务系列）
ISBN 978 - 7 - 5201 - 6755 - 0

Ⅰ.①社⋯ Ⅱ.①童⋯ Ⅲ.①社会工作 - 研究 - 中国
Ⅳ.①D632

中国版本图书馆 CIP 数据核字（2020）第 099841 号

社会工作硕士专业丛书·实务系列
社会工作专业服务项目的设计
——实践逻辑与理论依据

著　　者／童　敏

出 版 人／冀祥德
责任编辑／杨桂凤
文稿编辑／马甜甜
责任印制／王京美

出　　版／社会科学文献出版社·群学出版分社（010）59367002
　　　　　地址：北京市北三环中路甲 29 号院华龙大厦　邮编：100029
　　　　　网址：www. ssap. com. cn
发　　行／社会科学文献出版社（010）59367028
印　　装／三河市尚艺印装有限公司

规　　格／开　本：787mm × 1092mm　1/16
　　　　　印　张：16　字　数：262 千字
版　　次／2020 年 9 月第 1 版　2023 年 11 月第 3 次印刷
书　　号／ISBN 978 - 7 - 5201 - 6755 - 0
定　　价／49.00 元

读者服务电话：4008918866